Aktuelle Frauenforschung
Band 27

Women's Studies im internationalen Vergleich

Erfahrungen aus der Bundesrepublik Deutschland, den Niederlanden und den USA

H. Fleßner / M. Kriszio
R. Kurth / L. Potts (Hg.)

Centaurus Verlag & Media UG 1994

Die Deutsche Bibliothek – CIP-Einheitsaufnahme

Women's studies im internationalen Vergleich : Erfahrungen aus der Bundesrepublik Deutschland, den Niederlanden und den USA / Heike Flessner ... (Hg.). – Pfaffenweiler : Centaurus-Verl.-Ges., 1994.
  (Aktuelle Frauenforschung ; Bd. 27)
  ISBN 978-3-89085-971-2   ISBN 978-3-86226-502-2 (eBook)
  DOI 10.1007/978-3-86226-502-2
NE: Flessner, Heike [Hrsg.]; GT

ISSN 0934-554X

Alle Rechte, insbesondere das Recht der Vervielfältigung und Verbreitung sowie der Übersetzung, vorbehalten. Kein Teil des Werkes darf in irgendeiner Form (durch Fotokopie, Mikrofilm oder ein anderes Verfahren) ohne schriftliche Genehmigung des Verlages reproduziert oder unter Verwendung elektronischer Systeme verarbeitet, vervielfältigt oder verbreitet werden.

© CENTAURUS-Verlagsgesellschaft mit beschränkter Haftung, Pfaffenweiler 1994

Umschlagentwurf: Wilfried Gebhard, Maulbronn
Satz: Vorlage der Herausgeberinnen

Inhalt

Heike Fleßner, Marianne Kriszio, Rita Kurth, Lydia Potts
Zur Einführung.. 11

Die Entwicklung im Überblick

Elaine Hedges
Women's Studies in the United States: Its History, Present Status, and Future Prospects... 21

Andrea Griesebner
Einschließende Ausschließung? Zur Entwicklung und Institutionalisierung von Women's Studies in Europa.. 29

Heike Kahlert
Frauenstudien in der BRD - Ein Überblick........................... 37

Iteke Weeda
Sozialer Wandel, Frauenbewegung, Wissenschaftsperspektiven und Frauenstudien... 51

Chris Stearns
Is there Life after Women's Studies?................................ 65

Konzepte und Beispiele

Rita Kurth
Women's Studies und Prinzipien feministischer Pädagogik - Methodik und Inhalt.. 71

Sara Coulter
Curriculum Transformation. The Impact of Women's Studies on the Academic Disciplines.. 79

Ellen Offers
Das Frauenstudien-Programm in Groningen......................... 85

Angelika Wellnitz-Kohn
Studienschwerpunkt "Frauen und Wirtschaft" an der Fachhochschule für Wirtschaft in Berlin.. 91

Angela Kemper
Frauenstudien - Falle oder Chance? Erfahrungen des Frauenstudiengangs am
Oberstufenkolleg in Bielefeld 97

Gisela Steenbuck
Chancen und Grenzen der Qualifizierung für eine emanzipatonische
Frauenarbeit 103

Übersicht: Frauenstudien in Aus- und Weiterbildung 110

Sigrid Metz-Göckel
Institutionalisierung von Frauenforschung und Frauenstudien in der
Bundesrepublik am Beispiel des Graduiertenkollegs "Geschlechterverhältnis und
sozialer Wandel". 113

Gabriele Jähnert
Frauenforschung und Frauenstudien im Konzept des Zentrums für interdisziplinäre
Frauenforschung an der Humboldt Universität 125

Themen und Inhalte I: Frauenarbeit

Anni Weiler
Frauenlohnpolitik in den USA, Schweden und der Bundesrepublik Deutschland 131

Hildegard Theobald
Arbeits- und Lebenssituation von Frauen in leitenden Postitionen in (West)-
Deutschland und Schweden 139

Dana Crowley Jack
Women Doctors and Lawyers: Personal, Ethical, and Economic Dilemmas Facing
American Working Women in the 90's. 151

Ellen Offers
Frauenarbeit in den Niederlanden. 165

Annette Chappell
Affirmative Action and Administrative Networks for Women 173

Themen und Inhalte II: Sprache und Literatur

K Edgington
Language Theory and Curriculum Revision. 181

Helen Wilcox
Shakespeare's Sisters: Women's Studies and English Literature 189

Hannelore Scholz
Ost-West-Widersprüche als Problem kultureller Reflexion in Texten schreibender
Frauen. 195

Themen und Inhalte III: Sexuelle Diskriminierung
Beth E. Vanfossen
The Evolution of the Issue of Sexual Harassment in the United States 211
Christine Färber
Sexuelle Diskriminierung und Gewalt gegen Frauen an der Freien Universität
Berlin 229

Anschriften der Autorinnen und Herausgeberinnen 237
Über die Herausgeberinnen 240

Danksagung

Der vorliegende Band dokumentiert die internationale Konferenz "Women's Studies im internationalen Vergleich", die vom 10. bis 12. Juni 1993 an der Carl von Ossietzky Universität Oldenburg stattfand. Wir möchten an dieser Stelle den zahlreichen Personen und Institutionen danken, die am Erfolg der Konferenz beteiligt waren wie auch denjenigen, die uns bei der Arbeit an diesem Buch engagiert und kompetent unterstützten.

Petra Adelaide, Elsa Menzel und Susanne Osterkamp bewältigten souverän die umfangreichen Übersetzungsarbeiten. Die Frauengleichstellungsstelle und Deidre Graydon als Frauenbeauftragte der Carl von Ossietzky Universität hatten immer dann noch eine Lösung parat, wenn es keine mehr zu geben schien und Doris Garduhn gab der Konferenz mit ihrem Plakatentwurf eine ästhetische Dimension, zu der auch das Layout von Ines Müller beitrug. Christiane Fischer, Margrit Ladenthin und Gisela Pick übernahmen das Tagungssekretariat und andere Verwaltungsaufgaben. Sie schützten damit uns und andere vor einem administrativen Chaos. Ines Müller und Rotraud Poehl verarbeiteten unermüdlich Manuskripte und Fragmente zu leserlichen Texten und übernahmen manche andere Aufgabe, so daß schließlich Andreas Lembeck als 'computer wizard' fungieren konnte und aus vielerlei Programmen, Disketten, Korrekturfassungen, Notizen und Telefonaten die Druckvorlage des Buches erstellte.

Schließlich fühlen wir uns den Institutionen verpflichtet, die finanzielle Mittel bereitstellten. Die Realisierung der Tagung wurde ermöglicht durch die Gewerkschaft Erziehung und Wissenschaft (GEW) und die Hans-Böckler-Stiftung sowie die Universitätsgesellschaft Oldenburg e.V.
Für Zuschüsse zur Veröffentlichung des Buches danken wir dem Niedersächsischen Frauenministerium und der Bertha-Ramsauer-Stiftung, Oldenburg.

Heike Fleßner, Marianne Kriszio, Rita Kurth, Lydia Potts

Zur Einführung

Women's Studies, Frauenstudien - im Arbeitszusammenhang der Herausgeberinnen dieses Bandes sind sie seit geraumer Zeit präsent: An der Carl von Ossietzky Universität Oldenburg gibt es seit Mitte der siebziger Jahre Lehrveranstaltungen zu Frauenthemen in einer ganzen Reihe von Fächern: Pädagogik, Soziologie und Anglistik, Haushalts- und Textilwissenschaft, Germanistik, Musik und Kunst, Psychologie und evangelische Theologie, Geschichte und durchaus auch in den Naturwissenschaften.

Eine wesentliche Rolle für die Präsenz und Entwicklung der Frauenstudien an der Hochschule spielten auch die Frauenprojekte, in denen sich in der zweiten Hälfte der siebziger und in den achtziger Jahren Studentinnen und Wissenschaftlerinnen zusammenfanden, um interdisziplinär die in ihren Fächern und/oder der Frauenbewegung diskutierten Themen zu bearbeiten.

Im Laufe der Jahre summierten sich alle diese Lehrveranstaltungen auf mehr als fünfhundert. Eine beachtliche Zahl, in der sich das Interesse von Lehrenden und Lernenden ausdrückt, ihre gesellschaftliche und individuelle Existenz als Frauen zu erforschen und zu reflektieren. Eine beachtliche Zahl auch deshalb, weil diese Lehrveranstaltungen durchgeführt wurden, ohne daß es einen institutionellen Rahmen für sie gab, d.h. ohne daß Frauenstudien als Prüfungsgebiet, Bestandteil von Studienordnungen oder gar als Fach etabliert worden wären.

Im Vergleich zu dieser für eine Reihe von bundesdeutschen Universitäten eher typischen Entwicklung stellt sich die Situation in den USA und ihrem Hochulsystem heute ganz anders dar: Dort haben sich Women's Studies als eigenständige Studiengänge etabliert. Gegenwärtig gibt es rund 600 Women's Studies-Programme, die als Haupt- oder Nebenfach bzw. Studienschwerpunkt belegt werden können. Darüber hinaus kann dieses Fach für die Wahlpflichtveranstaltungen im Rahmen der allgemeinbildenden Teile eines Studiums gewählt werden. Abschlüsse in Women's Studies können - je nach Universität - sowohl auf der Ebene des 'Bachelor' (B.A.) wie des 'Master' (M.A.) oder der Promotion (Ph.D.) erworben werden.

Die Herausgeberinnen dieses Bandes haben die Praxis und den Alltag von Frauenstudien in den USA aus der Perspektive des Women's Studies Program der Towson State University kennengelernt. An dieser mittelgroßen staatlichen Universität (ca. 15.000 Studierende) im Großraum Baltimore an der amerikanischen Ostküste hat sich vor gut zwanzig Jahren eines der ersten Women's Studies-Programme der USA etabliert, das landesweit einen guten Ruf genießt. In jedem Semester belegen hier einige hundert Studierende - Frauen und Männer - Einführungskurse in Women's Studies, vor allem als Wahlpflichtveranstaltungen im Rahmen der allgemeinbildenden Studienanteile. Die weiterführenden Kurse besuchen dann überwiegend diejenigen, die Women's Studies als Haupt- oder Nebenfach in dem auf vier Jahre angelegten, mit dem Grad des 'Bachelor of Arts' abschließenden Grundstudiums gewählt haben.

Auf der Grundlage der Kooperationsbeziehungen zwischen der Carl von Ossietzky Universität Oldenburg und der Towson State University ergaben sich Möglichkeiten zu Forschungs- und Studienaufenthalten dort (Rita Kurth, Heike Fleßner) sowie jeweils einjährige Aufenthalte für eine Lehrtätigkeit im Women's Studies Program (1989/90 Marianne Kriszio, 1991/92 Lydia Potts).

Aus der Begegnung und Erfahrung mit dieser so anderen Organisations- und Arbeitsform entstand im Sommer 1991 die Idee, auf einer international angelegten Tagung einen intensiveren Austauch über institutionelle, inhaltliche, methodische und didaktische Fragen von Frauenstudien zu initiieren.

Unser Interesse richtete sich dabei darauf, sowohl US-amerikanische als auch europäische Women's Studies-Programme einzubeziehen. Diese Überlegungen konnten aufbauen auf den intensiven Vorarbeiten des Workshops "Women's Studies in den USA und ihre Relevanz für des bundesdeutsche Hochschulwesen", der im Juli 1989 - organisiert durch die Arbeitsstelle für das amerikanische und kanadische Hochschulwesen (USCHE) und ihre beiden Mitarbeiterinnen Rita Kurth und Margrit Ladenthin - an der Oldenburger Universität stattfand.

Außerdem lag es nahe, auf Erfahrungen zurückzugreifen, die im Rahmen der seit den achtziger Jahren etablierten 'Vrouwenstudies' an der Rijksuniversiteit Groningen gemacht werden, zumal auch zu dieser Universität Kooperationsbeziehungen bestehen.

Die Konferenz wurde von uns als eine Möglichkeit zum internationalen Erfahrungsaustausch angelegt. Die Auswahl der Teilnehmerinnen und der Themen wurde vor allem durch die existierenden Kooperationsbezüge der Universität bestimmt. Wir gewannen die deutschen Referentinnen und Teilnehmerinnen durch gezielte Ansprache von Frauen aus uns bekannten Frauenstudien- und Frauenforschungsschwerpunkten, ferner durch Vorankündigungen und "Calls for Paper" über die jeweiligen Frauen-Netzwerke innerhalb der verschiedenen wissenschaftlichen Fachverbände. Außerdem informierten wir alle Frauenbeauftragten und Frauenreferate an den Hochschulen über das Konferenzprogramm.

Die weitgehende personelle Eingrenzung auf die drei Länder Deutschland, USA und die Niederlande, ergänzt durch Wissenschaftlerinnen aus Österreich, Polen und

Rußland, prägte die inhaltliche Gestaltung der Konferenz. Ausgeblendet blieben Women's Studies-Programme aus Ländern der Dritten Welt; auf der Konferenz der International Federation of University Women (IFUW) 1992 in Palo Alto, Kalifornien, war über solche Programme z. B. in Indien und Uganda berichtet worden.

Die Oldenburger Konferenz umfaßte Beiträge auf unterschiedlichen Ebenen, die sich auch in diesem Band wiederfinden. Zum einen ging es uns um den Stand der Entwicklung von Frauenstudien(programmen) sowie um die Vor- und Nachteile verschiedener curricularer Konzepte und Institutionalisierungsstrategien. Zum anderen wollten wir einen exemplarischen Einblick in die inhaltliche Thematik von Frauenforschung geben. Dabei war uns bewußt, daß wir zahlreiche wichtige Themen nicht behandeln konnten wie etwa Patriarchatskritik, Frauen / Gesundheit / Körper / Sexualität oder Frauen und Alter. Unser Auswahlprinzip bestand darin, zu jedem der Themenbereiche nach Möglichkeit Beiträge aus allen beteiligten Ländern bzw. Universitäten zusammenzustellen. Hiervon sind wir nur in der Arbeitsgruppe "Frauen und Erwerbstätigkeit im internationalen Vergleich" abgewichen. Die anderen Gruppenthemen lauteten: "Zur Vereinbarkeit von Beruf und Familie", "Frauen in akademischen Berufen", "Frauenforschung und Frauenstudien in der Literaturwissenschaft", "Sexuelle Belästigung in Hochschule und Arbeitswelt". In der zuletzt genannten Arbeitsgruppe gab es im Konferenzverlauf heftige Auseinandersetzungen über unterschiedliche Sichtweisen und Strategien.

Es stieß im Verlauf der Konferenz auf Kritik, daß im Programm ein Themenbereich fehlte, der in der neuen Frauenbewegung und konsequenterweise auch innerhalb der Women's Studies-Programme immer wieder für Kontroversen sorgt: die Situation lesbischer Frauen und das Verhältnis zwischen lesbischen und heterosexuellen Frauen. Auch der Problembereich "Frauen und ethnische Zugehörigkeit" (in den USA unter den Stichworten "race and gender" oder "women of color" diskutiert) bzw. Frauen und Rassismus fehlte. Nicht nur in der Frauenforschung, sondern auch auf künftigen Konferenzen zu Frauenstudien müßte einer Auseinandersetzung mit dem komplexen und mehrdimensionalen Zusammenwirken von Rassismus und Sexismus unbedingt ein bedeutender Stellenwert eingeräumt werden.

Im Zusammenhang mit den Beiträgen zu curricularen Konzeptionen gab es intensive Diskussionen z. B. zu den unterschiedlichen Institutionalisierungsstrategien (eigene Programme versus Integration in die regulären Studienangebote) oder auch zur Frage der Bewertung der Funktion von Frauenforschungsprofessuren. Auch die Frage "Von Women's Studies zu Gender Studies?" wurde unterschiedlich beantwortet: Was sich für die Repräsentantinnen der frühen US-amerikanischen Women's Studies-Programme als schlechte Anpassung an neuere Trends des Rückschlags für die Frauenbewegung darstellt, erscheint z. B. den Vertreterinnen des Groninger Programms als positive Erweiterung der Fragestellung. Fragen einer eigenständigen feministischen Didaktik als notwendige didaktisch-methodische Ergänzung zu den inhaltlichen Ansprüchen von Women's Studies-Programmen wurden insbesondere im Zusammenhang mit Frauenstudienprogrammen in der Weiterbildung diskutiert. Diese bildeten auch Anlaß zu kontroversen Einschätzungen über den Nutzen von Frauenstudienprogrammen, in denen als Folge der konzeptionellen Ausrichtung auf Teilnehmerinnen ohne Hochschulzugangsberechtigung keine anerkannten Hochschulabschlüsse vergeben werden können.

Der Band vereint den größten Teil der während der Tagung referierten Beiträge. Allerdings fügen wir sie unter einer geringfügig anderen Gliederungsstruktur zusammen als in der Konferenz.

Die Vorträge der englischen und amerikanischen Referentinnen werden in der Originalsprache wiedergegeben; zur Orientierung stellen wir ihnen eine deutschsprachig gefaßte Zusammenfassung voran. Die niederländischen Beiträge sind aus der englischen Originalfassung ins Deutsche übertragen worden.

Die Gliederung markiert drei Schritte:

Dem ersten Kapitel werden jene Vorträge zugeordnet, die einen Überblick über die Entwicklung von Women's Studies geben:

Elaine Hedges referiert als Gründerin der ersten Stunde über die Entwicklung in den USA und vermag eine kritische Bilanz über 20 Jahre zu formulieren, aus der für die deutsche Entwicklung viel zu lernen ist. Erwähnt seien die nach wie vor geringe Reputation des Lehr- und Forschungsbereichs und das inhaltliche Verhältnis zu anderen zentralen Dimensionen sozialer Diskriminierung, etwa der ethnischen Zugehörigkeit.

Andrea Griesebner erstattet einen differenzierten Entwicklungsbericht über die europäische Situation der Women's Studies von Finnland bis Portugal und akzentuiert dabei die unterschiedlichen Institutionalisierungsstrategien (eigenständige Institutionen und Studiengänge oder Integration in vorhandene Lehr- und Forschungsstrukturen).

Heike Kahlert vertieft die Bilanz für die Bundesrepublik Deutschland. Sie unterstreicht die Abhängigkeit der Frauenstudien-Entwicklung an deutschen Hochschulen von Faktoren wie den jeweils vorhandenen hochschulpolitischen Konstellationen, den hochschulstrukturellen Rahmenbedingungen und der Präsenz von Akteurinnen vor Ort. Eine besondere Bedeutung kommt ihres Erachtens dabei den Frauenforschungs-Professorinnen zu.

Der Zusammenhang zwischen Frauenstudien und Frauenbewegung ist evident, auch wenn die letztere kräftigen Schwankungen in der politischen Präsenz unterliegt. Iteke Weeda bindet den Zusammenhang von Frauenbewegung, Frauenstudien, Wissenschafts- und Gesellschaftsentwicklung in Überlegungen zu einer

Theorie des Wandels der Geschlechterkultur und deren Einfluß auf gesellschaftliche Strukturveränderungen ein.

In diesem Kontext scheint uns auch die von Chris Stearns provokativ gestellte Frage "Is there live after Women's Studies?" am richtigen Platz zu sein. Die Frage nach dem gesellschaftlichen Tauschwert von Frauenstudien verweist zu allererst auf gesellschaftspolitische Dimensionen.

Die Überschrift des zweiten Kapitels "Konzepte und Beispiele" signalisiert, daß es hier - dem Stand der Entwicklung entsprechend - keineswegs um ein geschlossenes Gesamtbild gehen kann; vielmehr werden bedeutsame Aspekte der inhaltlichen Planung und praktischen Durchführung von Women's Studies an verschiedenen Beispielen aufgezeigt.

Wir vertiefen zum einen den Blick auf Universitäten, an denen Women's Studies auf eine entwickelte Tradition zurückblicken. So stellt Ellen Offers das Programm der Rijksuniversität Groningen im Hinblick auf Struktur und Geschichte vor. Das Programm der Towson State University, Maryland (USA) wird nach verschiedenen Richtungen analysiert: Sara Coulter erläutert das zugehörige staatlich geförderte Modellprojekt der Curriculum Transformation, d.h. des Versuchs der Curriculumrevision etablierter Studiengänge. Ziel ist es, deren traditionelle Inhalte aus dem feministischen Blickwinkel heraus zu verändern, zu ergänzen und neu zu bewerten. Rita Kurth untersucht Women's Studies-Kurse an der Towson State University aus didaktischer Perspektive - mit anregenden Schlußfolgerungen für die aktuelle Diskussion hierzulande.

Ein zweiter Blick richtet sich sodann auf Ansätze von Frauenstudien an deutschen Hochschulen. Ohne Anspruch auf Vollständigkeit werden hier exemplarisch einige Programme vorgestellt. Nicht vertreten auf der Konferenz war das Beispiel des 1990 eingeführten Wahlfach-/ Wahlpflichtfachstudiums "Frauenforschung" im Lehrangebot der Fakultät für Soziologie an der Universität Bielefeld - unseres Wissens in der Bundesrepublik Deutschland das erste curricular abgesicherte Angebot im Rahmen universitärer Erstausbildung. Bis heute ist deren Zahl äußerst rar geblieben.

Im Rahmen der deutschen Hochschulausbildung stellt das von Angelika Wellnitz-Kohn vorgetragene Beispiel des seit 1992 eingerichteten Studienbereichs "Frauenstudien" an der Fachhochschule für Wirtschaft und Politik eine der vermutlich am ehesten durchsetzbaren Varianten von Hochschul-Frauenstudien dar. Daß dies dennoch nur unter Anspannung starker Kräfte der Frauen und gleichzeitig günstiger Gesamtsituation gelang (in diesem Falle Rückenwind durch die Hochschulleitung und Bereitstellung von Tutorenmitteln als Ergebnis eines studentischen Streiks für bessere Studienbedingungen), zeigt das Beispiel auch.

Am nachhaltigsten verankert sind Frauenstudien in Deutschland, so Heike Kahlert in diesem Band, im Bereich der wissenschaftlichen Weiterbildung. Das am längsten erprobte und seit 1990 als einziger Studiengang dieser Art institutionalisierte Beispiel ist das weiterbildende Studium "Frauenstudien" an der Universität Dortmund. Gisela Steenbuck bilanziert in ihrem Beitrag Chancen und Grenzen dieses Qualifizierungsweges entlang der Nahtstelle von persönlichkeitsbildenden und Ausbildungsinteressen von Frauen.

Angela Kemper arbeitet in ihrer Darstellung des Faches "Frauenstudien" als Teil des Lehrangebots des Oberstufenkollegs Bielefeld didaktische Probleme in aller Deutlichkeit heraus. Sie deutet aber auch Lösungen an und skizziert damit - ähnlich wie Rita Kurth - erste Konturen einer feministischen Didaktik.

Ein dritter Blick innerhalb des Kapitels richtet sich auf wissenschaftspolitische Entwicklungen im Interesse der Etablierung von Frauenforschung und Frauenstudien. Beider Vorankommen ist eng miteinander verbunden. Sigrid Metz-Göckel bettet das Beispiel des Graduiertenkollegs "Geschlechterverhältnis und sozialer Wandel" in eine kritische, gleichwohl von vorsichtigem Optimismus getragene Bilanz der Frauenforschungsentwicklung in Deutschland.

Ursula Müller spannt den internationalen Bogen mit ihrer Vorstellung des europäischen Studienverbundes Women's Studies im Rahmen des ERASMUS-Programms.

Ein ambivalentes Resümee der hochschulpolitischen Veränderungen an den ostdeutschen Hochschulen formuliert Gabriele Jähnert vom Zentrum für interdisziplinäre Frauenforschung (ZIF) an der Humboldt-Universität zu Berlin. Einerseits ist um das ZIF herum seit der Wende (und anknüpfend an erste Ansätze noch in der DDR) eine Vielfalt an produktiven frauenspezifischen bzw. feministischen Initiativen in Forschung und Lehre entstanden. Andererseits wird mit Bitterkeit registriert, daß die Umstrukturierung der ostdeutschen Hochschulen insgesamt bis heute stark zu Lasten der Frauen geht, insbesondere auch derer, die sich bereits zu DDR-Zeiten aus kritisch-feministischer Sicht mit der herrschenden Wissenschafts- und Gesellschaftspraxis auseinandergesetzt haben.

Women's Studies zielen auf dreierlei, so Elaine Hedges in ihrem Beitrag: Wissenserwerb, feministisch-kritische Annäherung an das traditionelle Wissen und Benutzung des Wissens als Werkzeug, mit dem Frauen sich befähigen, die Gesellschaft und sich selbst zu verändern.

In diesem Sinne sollen im dritten Kapitel Wissensbereiche von Women's Studies vorgestellt werden. Zwei der Bereiche ("Frauenarbeit" sowie "Sprache und Literatur") verweisen auf gesellschaftliche Zusammenhänge, in denen - auch international gesehen - frühzeitig gesellschaftlicher Frauenprotest und kritische wissenschaftliche Analyse entstanden sind. Der dritte Bereich ("Sexuelle Diskriminierung") steht erst seit wenigen Jahren als Thema öffentlicher Auseinandersetzung zur Debatte.

Die erfolgreiche Zukunft von Frauenstudien in der Bundesrepublik hängt von einer dauerhaften Institutionalisierung ab, die gewährleistet, daß die Ergebnisse von Frauenforschung als Lehrangebote im Hochschulcurriculum verankert werden.

Dabei ist es notwendig, daß die Hochschulen individuell vorgehen und jeweils nach ihren speziellen Rahmenbedingungen entscheiden können, wo und wie sie Frauenstudien in ihrem Lehrangebot einbinden wollen.

Ein solcher hochschulinterner Diskussionsprozeß findet z.Zt. an der Carl von Ossietzky Universität Oldenburg statt. Unmittelbar nach der Konferenz "Women's Studies im internationalen Vergleich" gründete sich eine Arbeitsgruppe Frauenstudien. Sie verfolgt das Ziel, erste Schritte für eine dauerhafte Institutionalisierung frauenspezifischer und feministischer Inhalte zu unternehmen.

Anstrengungen wie diese werden in der Regel - wenn überhaupt - nur durch unzureichende personelle und finanzielle Ressourcen unterstützt, so daß konkrete Erfolge selten sind: Anregungen und konkrete Entwicklungen können nur in den Fachbereichen vorangebracht werden, wo es schon Wissenschaftlerinnen gibt, die sich dafür engagieren.

Solange es keinen ausdrücklichen hochschulpolitischen Willen zur Institutionalisierung von Frauenstudien gibt und deutliche Maßnahmen zu ihrer Realisierung fehlen, fallen Vorschläge und Ideen nur begrenzt auf fruchtbaren Boden.

Die niedersächsische "Kommission zur Förderung von Frauenforschung und zur Förderung von Frauen in Lehre und Forschung" hat in ihrem Anfang 1994 erschienenen Bericht "Frauenförderung ist Hochschulreform - Frauenforschung ist Wissenschaftskritik" umfangreiche Empfehlungen für die Verankerung von Frauen- und Geschlechterforschung gegeben. Die Autorinnen plädieren für eine Absicherung der Frauenforschung in Prüfungs- und Studienordnungen. Frauenspezifische/feministische Inhalte sollen als regelmäßige Lehrangebote in den einzelnen Fächern vorgeschrieben werden, und zwar auch in naturwissenschaftlichen, technischen und medizinischen Disziplinen. Die Kommission spricht sich damit für eine integrative Institutionalisierung von Frauenstudien aus, hält es aber auch für denkbar, daß Frauen- und Geschlechterforschung in bestimmten Bereichen in eigene Curricula einmündet.

Die Idee zur Einrichtung einer Frauenuniversität wird von der Frauenforschungskommission ausdrücklich unterstützt. Die Umsetzung dieses Reformexperiments bietet nach Ansicht der Autorinnen die Chance, feministische Wissenschaftskritik, Interdisziplinarität und demokratische Beteiligungsstrukturen zu vereinigen und in der Forschungs- und Studiengestaltung völlig neue Wege zu gehen, ohne sich im Kampf um Veränderungen des Bestehenden aufzureiben.

Die konkreten Empfehlungen der Wissenschaftlerinnen zur personellen Ausstattung der Frauen- und Geschlechterforschung basieren auf der Erkenntnis, daß Lehre und Forschung in diesem Gebiet nur dann dauerhaft gewährleistet werden können, wenn ein Ausbau von Stellen erfolgt und Frauen auf allen Ebenen im Hochschulbereich repräsentiert sind. In diesem Zusammenhang ist auch die Empfehlung der Kommission, in Niedersachsen einen Frauenforschungsentwicklungsplan zu erstellen und fortzuschreiben, für die Etablierung und Anerkennung von Frauenstudien von besonderer Bedeutung.

Der Bericht der Frauenforschungskommission zeigt zukunftsweisende Perspektiven auf. Aber: Die Rahmenbedingungen für die Realisierung der Empfehlungen sind erst durchzusetzen; hier sind WissenschafterInnen und PolitikerInnen gleichsam gefordert.

So konkret die Diskussion um die Etablierung, Anerkennung und Institutionalisierung von Frauenstudien und Frauenforschung in vielen Hochschulen derzeit auch geführt wird, so unkonkret und zaghaft wurden bisher folgende Fragen und Aspekte diskutiert:

* Wie kann der Zusammenhang zwischen Frauenstudien/Frauenforschung und gesellschaftlicher Realität weiterentwickelt und die Bedeutung wissenschaftlicher Ergebnisse für die Lebensbedingungen von Frauen intensiviert werden?

* Wie kann der wechselseitige Transfer zwischen Frauenstudien im Hochschulbereich und Frauenbildungsinitiativen in anderen Bildungsbereichen (z.B. in der schulischen und beruflichen Ausbildung) ausgebaut und verstärkt werden?

* Wie können Entwicklungsmöglichkeiten für eine feministische Hochschuldidaktik geschaffen werden, um das bestehende Defizit im Bereich der didaktischen Umsetzung von Frauenstudien aufzuarbeiten und die aktuelle Fachdiskussion um Frauenstudien und Women's Studies in diesem Punkt zu bereichern?

Fragestellungen wie diese bilden aus unserer Sicht den Rahmen für die zukünftige nationale und internationale Diskussion um Frauenstudien und Women's Studies dar. Besonders das im Verlauf der Konferenz verschiedentlich konstatierte Fehlen einer feministischen Didaktik weist unseres Erachtens auf ein bedeutendes Defizit in der aktuellen Fachdiskussion hin. Der vorliegende Band versteht sich in diesem Sinne nicht in erster Linie als eine Tagungsdokumentation, sondern möchte Anregungen und Ideen für die Weiterentwicklung von Frauenstudien und Women's Studies geben.

Zusammenfassung

Women's Studies (Frauenstudien), oft als "akademischer Arm der Frauenbewegung" bezeichnet, entstanden in den späten 60er Jahren, als Wissenschaftlerinnen in Lehre und Forschung das Fehlen ihrer Geschichte, Erfahrungen und Perspektiven im Hochschulwesen der Vereinigten Staaten zu erkennen und zu dokumentieren begannen. Innerhalb weniger Jahre wurden aus einzelnen Kursen offizielle Programme / Studiengänge entwickelt, das erste davon 1970 an der San Diego State University. Ein typisches Programm ist das der Towson State University, das 1973/74 offiziell eingerichtet wurde. Hier können Studierende Women's Studies als Hauptfach wählen, ebenso wie Biologie, Geschichte oder ein anderes traditionelles Fach. Das Wachstum der Kurse und Studienprogramme war eindrucksvoll. Es wurde sowohl inspiriert wie unterstützt durch eine Explosion feministischer Wissenschaft in allen traditionellen Studienfeldern.

Women's Studies sind beschrieben worden als 1) Wissensgebiete 2) eine kritische Herangehensweise an Wissenschaft durch ihre Herausforderung von androzentristischen Inhalten, Voraussetzungen und methodischen Vorgehensweisen in den herkömmlichen Disziplinen und 3) ein Werkzeug für individuelle und soziale Veränderungen. Sowohl Inhalt wie feministische Pädagogik in Women's Studies-Kursen zielen darauf ab, Studentinnen zu mehr Stärke zu verhelfen, und feministische Wissenschaft, die in den späten 60ern als Teil einer breiten, radikalen politischen Bewegung zum Abbau von Ungleichheit und zur Veränderung der Gesellschaft entstand, hat immer eine politische Zielsetzung gehabt.

Gegenwärtig wird jedoch die Frage gestellt, ob nicht gerade der Erfolg von Women's Studies in der Institutionalisierung ihr revolutionäres Potential verwässert. Haben sie sich geschieden von ihren früheren Verbindungen zu politischem Aktivismus und öffentlicher Politik? Die Umbenennung einiger Women's Studies-Programme oder ihre Ersetzung durch "Gender Studies"-Programme und die hohe Wertschätzung, die gewissen apolitischen Schulen post-moderner feministischer Theorie entgegengebracht werden, sind Anlaß zur Besorgnis für viele Lehrende und Forscherinnen in Women's Studies.

Auf der anderen Seite sind das erhöhte Bewußtsein für Themen wie Geschlecht, Rasse, Klasse, Ethnizität, die verstärkte Beachtung des Aspekts der Multikulturalität im Curriculum, und die Tatsache, daß über 50 % aller Studierenden im Hochschulwesen Frauen sind, Realitäten, die auch weiterhin dafür sorgen werden, die Präsenz von Women's Studies in der Wissenschaft zu sichern.

Elaine Hedges
Women's Studies in den USA: Geschichte, gegenwärtiger Stand und Zukunftsperspektiven

Elaine Hedges

Women's Studies in the United States: Its History, Present Status, and Future Prospects

This past spring we celebrated the twentieth anniversary of the establishment of the Women's Studies program at Towson State University, and so the invitation to speak at this conference on the history, present status and future prospects of Women's Studies in the United States came at an auspicious time. As the coordinator of the Towson program, I was researching our own history for a booklet we were publishing. In the process, I was also remembering the origins of Women's Studies itself, in the late 1960s.

Those origins, of course, were broadly political. Women's Studies has been called the "academic arm of the women's movement," and it was as part of the then-developing women's movement that Women's Studies came into being. My own experience was fairly typical. In the 1960s I had been involved in the civil rights and the anti-Vietnam war movements. By 1969 I was part of a group of women agitating for change within the Modern Language Association, the national professional association for language and literature teachers in the United States. We got the MLA to establish a Commission on the Status of Women (of which I became Chair in 1972), and we began to document the discrimination against women faculty in hiring, salaries, and promotions; in addition, we sponsored scholarly sessions on women writers and feminist criticism at the Asssociation's annual meetings; and we worked to support the creation of Women's Studies courses.

At first, there was only a scattering of courses, but soon, the number was increasing rapidly, largely because of the generous and widespread *sharing* of research and ideas. Especially important were volumes of course syllabi, called "Female Studies," published between 1969 and 1973, first by a small women's press in Pittsburgh, then by the MLA Women's Commission. To suggest how rapidly Women's Studies grew: the 1969 volume contained 17 syllabi; the 1970 volume had 64; and by 1971 we knew of over 600 courses being offered in the United States.

I might note that we called these volumes "Female Studies" and not "Feminist Studies," because the word "feminist" was seen as too politically charged, and possibly alienating to some of those whose support we needed. And for the same reason we called the courses and programs we were creating "Women's Studies" rather than "Feminist Studies," a decision that probably helped our early growth and that no doubt still helps, but that has also served to mute the more radical implications of our work.

This course development was strongly supported, and often initiated, by students - some of them older women returning to college to finish interrupted educations; others, younger women already involved in the women's movement, who were demanding a curriculum that reflected their lives, and a campus environment that reflected their presence and their needs.

At Towson, Women's Studies developed in this way - as one part of a multifaceted effort to make the university more responsive to women. In 1971 a group of faculty and students met with the University President to discuss the need for Women's Studies courses, for child care facilities, a Women's Center for students, salary equity for women faculty, and increases in the number of women faculty and administrators. In that same year we offered our first Women's Studies course. Two years later, in 1973, the University had established a child care center and a Women's Center, and had begun making salary adjustments; and we had enough courses to create a Women's Studies program (that is, enough courses that a student could officially concentrate, or major, in Women's Studies).

The curriculum in Women's Studies at Towson, and the program's structure and organization, are fairly typical of programs throughout the United States. It is an interdisciplinary program, modeled on those, like American Studies and African American Studies, that preceded it. It consists of two kinds of courses: interdisciplinary courses created and administered by the program itself, and discipline-based courses offered through traditional departments and taught by faculty in those departments.

The interdisciplinary courses comprise the "core" of the program, and are required of the student who majors in Women's Studies. They include an introductory course, a course in feminist theory, and two upper-level courses, one in the arts and humanities and one in the social sciences. The introductory course includes study of the history of 19th and 20th century women's protest movements, women in the family and in the paid labor force, issues of health, reproduction, sexuality, and sexual violence against women, and some study of women's literature and of language. The course emphasizes gender as socially constructed, and differences among women according to race, class, ethnicity, and sexual preference. The two upper level courses, intended to be culminating interdisciplinary experiences for students, examine in more depth women's culture and creativity in the visual arts and literature, and women's work both in the home and in the paid work force. The program also offers other interdisciplinary courses as free "electives," and an internship, that lets students work off-campus in a woman's organization. The internship, as well as at least one course focused on race, ethnicity, or nonwestern cultures, is by now often an additional requirement for the major in many programs.

The departmental courses, currently available at Towson in about a dozen departments including English, History, Philosophy, Psychology, Art, Theater, Mass Communications, Anthropology, Sociology, Political Science, and Economics, focus on the study of women within those disciplines. The courses we offer include, for instance, courses in British and American Women Poets, Caribbean Women Writers, Women in Western Art, the History of Women in the United States, African American Women's History, Women and Public Policy, Gender and Economics, Women in Film, and the Psychology of Lesbian Cultures. Students choose among these courses and the interdisciplinary electives to complete their concentration. Like most programs, Towson's is strongest in the humanities - especially literature and history - and in the social sciences. The so-called pure or hard sciences are still the least affected by feminist scholarship, and the fewest courses exist in those fields.

Also like programs elsewhere, Towson's, especially in its earliest years, depended for its development largely on the good will, dedication, and willingness to invest time and energy, of individual faculty, who were motivated by their belief in both the academic and the political importance of their work. We did receive some essential administrative support - modest grants of money to develop courses, some released time from teaching for a faculty member to administer the program, and toleration of small enrollments until courses became established. But it was faculty commitment that most mattered, and that commitment put some faculty at risk, since Women's Studies was often viewed with suspicion, and working in it could count against one in decisions regarding promotion and tenure. The early years of Women's Studies in the United States are filled with stories of feminist faculty who were not promoted, or who lost their jobs; and the high price that many women paid to help create Women's Studies is an important part of the history of its early development.

For Towson, and for many other programs, that development unfortunately still today rests on less than adequate staffing and funding. We have only a half-time secretary and a small operating budget. We have in fact only two faculty members with appointments specifically in Women's Studies (as distinct from those who hold appointments in traditional departments), and each of these Women's Studies faculty is only a half-time appointment. We depend heavily on temporary part-time help, mostly graduate students from nearby universities, to teach sections of our introductory course. And we are painfully aware of the contradiction to feminist principles that this practice involves, since these women are paid only one-third to one-fifth of what a regular faculty person is paid per course. Women's Studies is thus complicit in what has been called the increasing proletarianization of higher education in the United States - the heavy use, to staff courses, of poorly paid, temporary, part-time faculty, most of whom are women.

Despite these constraints, however, Women's Studies in the United States has shown an impressive, even extraordinary, growth. In 1970 there was one program (at San Diego State University in California); by 1980 there were over 300. Today, there are over 620 programs, and over 30,000 courses. Of 3000 institutions of higher education in the United States, over 2000 offer some Women's Studies work, and the number offering postgraduate work, leading to the Master's or the doctoral degree, also continues to grow, with slightly over 100 institutions currently offering such work.

Most of this growth, it might be noted, initially occurred inside public colleges and universities, like San Diego State or Towson State, rather than in the elite, private schools. Much slower to recognize Women's Studies, ironically, were the private women's colleges, like Smith, Wellesley, Barnard, or Vassar, that in the nineteenth-century had pioneered higher education for women; and slower still were the large private universities, like Princeton or Harvard. Harvard, for example, only created a formal, degree granting Women's Studies program about four or five years ago. Until Women's Studies became "respectable," until it had amassed a body of scholarship so prodigious it could no longer be ignored, many elite institutions of higher education refused to recognize it as a legitimate, separate field of study in which students might concentrate.

The growth of Women's Studies has both inspired and been supported by a parallel growth in the number of journals, magazines, and publishing houses devoted to feminist scholarship and women's writing. There are well over 100 nationally circulated periodicals and scholarly journals, including those with broad general coverage and those reporting on research in specific disciplines. Increasingly, university presses highlight their Women's Studies books, and the number of presses specializing in whole or in part in feminist scholarship continues to increase, as of course does the amount of that scholarship itself. Related to this has been the establishment of women's caucuses or commissions - similar to the one I described in the Modern Language Association - within more than 170 academic and other professional associations. There are also by now several dozen research centers attached to colleges or universities, including one at Towson, that specialize in feminist research.

By any set of external measurements, therefore, Women's Studies has been an academic success: it is established across the full range of postsecondary institutions; it has moved, in many schools, from being a program to becoming a regular department - as Towson's program is presently in the process of moving - with the increased authority and resources, including more faculty of its own, that such status carries; Women's Studies programs offer courses in which thousands of students enroll every year and in which they are exposed to subject matter, perspectives, and methodologies that challenge those of the traditional disciplines; it has, both through its own courses and programs and through the over 200 curriculum transformation projects it has mounted (and about which we shall be hearing in another talk at this conference), successfully challenged the androcentric bases of traditional structures of knowledge and in some cases begun to transform those knowledge bases. It has, in a word, been true to what I would call its threefold purpose, of being 1) a body of knowledge, 2) a critical approach to all knowledge, and 3) a tool, insofar as it empowers teachers, scholars, and students, for both individual and social change.

Despite this success, however, Women's Studies in 1993 faces serious problems and challenges, both from without and from within.

One problem is the current retrenchment in higher education, which is suffering from both the economic recession and its own rapid expansion and even overexpansion in the 1960s and 1970s. Colleges and universities are drastically cutting budgets and programs, reducing the number of faculty, freezing salaries, and increasing class size; and these trends are not going to be reversed in the foreseeable future. Public institutions like Towson, that depend on state tax dollars, are especially threatened, as tax revenues decline while at the same time needing to be spread over more social services. In such a situation, small programs are especially vulnerable, and Women's Studies is of course small, compared to most traditional departments. While we see no real threat to the existence of our program at Towson - that is, it is not going to disappear - it is also not going to grow as quickly as we expected a few years ago, when we drafted plans to hire additional permanent faculty and to move towards departmental status.

Meanwhile, it also remains the case that despite over twenty years of feminist activity women's professional status in the academy has not substantially improved. There have been some gains, but women are still crowded into the lower academic ranks and the less prestigious institutions. The proportion of women who are full professors, especially at elite universities, has increased only slightly since the early 1970s.

The other important current external threat to Women's Studies is the backlash. The damage done under the Reagan and Bush administrations to civil rights, access to abortion, and to affirmative action and equal opportunity programs is far from being repaired, and college campuses are seeing new outbreaks of sexism and racism, in the form of hate speech and of acts of physical violence against minority students. Women's Studies has been a major target of this backlash. It has been the subject of hostile attacks especially in 1991 and 1992 in the press and by conservative academic groups such as the National Association of Scholars, a well-funded group organized to resist challenges to the while male curriculum. Women's Studies is especially accused of what is called "political correctness," a pejorative term spread by the media and used to label as coercive and undemocratic those who argue for limits on hate speech or who work for a more inclusive and diverse curriculum. And "feminism" is once again a word that many of our students find hostile and intimidating. A Stanford University professor recently said that it took an entire 15 week Women's Studies course to get students to understand, much less accept, the word; and our experience at Towson is similar.

What lies behind much of this backlash is one fundamental reality - the changing nature of the population of the United States. That population is becoming more and more heterogeneous, and less and less white. The 1980s saw the largest immigration into the country - some 8.8 million people - since the first decade of the twentieth century. Currently there are 150 language groups represented in the public school system. By sometime early in the 21st century whites will be a minority, and more people will have Spanish as their native language than English. The threat these population changes poses to the white majority, especially in a time of job scarcity, is obvious. (Here in Germany you are experiencing your own version of this "threat," in the recent violence against the Turkish population).

Among educators, this demographic change - as well as the increasing awareness that we must teach students to live in a truly global world - has been a major motivation for efforts to create a curriculum that will recognize diversity and multiculturalism. But efforts to create such a curriculum have led to heated, and often divisive debates, debates in which Women's Studies is involved in complex and often painful ways.

Over twenty years ago Women's Studies challenged the absence of women from the curriculum. By now similar challenges have arisen from other minority groups, as African Americans, Hispanic Americans, Asian Americans, Native Americans, and lesbians and gays have entered the academy in numbers sufficient to make their voices heard. The sometimes uneasy or fragile coalitions between Women's Studies and some of these groups has led to a renewal of charges that Women's Studies has been largely a white, middle class movement, guilty of its own brands of racism and classism; and these charges have led to serious internal dissension. The most critical event occurred two years ago, at the annual conference of the National Women's Studies Association, the major national organization for Women's Studies programs. At the NWSA meeting in Akron, Ohio in 1991 a group of minority women charged the association with racism and undemocratic procedures and walked out, taking a significant part of the membership with them. The NWSA is still trying to recover from this split, and its future is in some doubt. There is a distinct fear, recently expressed for example by the Director of Women's Studies at Rutgers University, that, precisely because we are increasingly sensitive to the need to recognize difference and diversity among women, we in Women's Studies are spending our time on internal struggle instead of uniting against sexism and racism in the world outside the academy, and that the factionalism and oppositional politics we are experiencing put us in danger of destroying ourselves.

Another form of factionalism that is fragmenting Women's Studies is one that is the result, ironically, of our success in developing by now a vast amount of scholarship and, especially, of feminist theory. There is today a proliferation of feminist theories; the rarefied vocabularies of some of them act to exclude many readers; their disagreements with each other create conflicts; and the theories that are most in fashion - those derived from poststructuralism, deconstruction and French feminism - are also often the most divorced from political action. This in turn has led to generational conflicts. The newer theorists are mostly younger women who learned their feminism in the classroom rather than in the street, and they tend to view older feminists as intellectually less sophisticated. The attitude often extends to Women's Studies programs as well. Practising feminist theory is fashionable. Practising Women's Studies is not. Most of the high powered theorists are in English departments and not in Women's Studies programs, which are often seen as grubby and pedestrian. The rise of programs in "gender studies" is a related phenomenon. Doing gender studies carries more cachet than doing Women's Studies, but by shifting the focus from women to the study of men and women these programs can be a threat to Women's Studies.

These, then, are what I see as the major current challenges to Women's Studies. However, I also see encouraging signs that the challenges are being faced. The National Women's Studies Association has reorganized itself, and a larger attendance is expected at its conference to be held this month (June, 1993), a conference to which 450 people submitted papers or proposals for sessions. Although dissensions between white women and women of color persist, a national conference that was held in April, 1992 attended by over 600 people involved in feminist and multicultural curriculum work, saw much serious talk of coalition building, both within Women's Studies and between Women's Studies and African American and Ethnic Studies programs. *Signs* magazine, the most important feminist scholarly journal, has just issued a call for papers for a special issue that will deal with the need to join feminist theory once again to political practice outside the academy. And above all, the imperative need of American education to respond to the realities of its increasingly diversified population, to include in the curriculum issues of gender, and of race, class, ethnicity as well, is a need that Women's Studies is in a strong position to address and help fulfill. At Towson, we already reach almost 1000 students a year through multiple sections of our introductory course, because it fulfills a university requirement; and colleges and universities are increasingly establishing such requirements in diversity and multiculturalism. Women's Studies programs, as well as the curriculum transformation projects they sponsor and that continue to proliferate, are themselves becoming, as they must, more multicultural, and global, in their course offerings and perspectives. If we can deal with our internal dissensions - and I believe we can - Women's Studies should continue to be one of our best ways of working, within the academy, for social equality.

References

Faludi, Susan: Backlash. The Undeclared War against American Women, New York: Crown Publishers, 1991

Hirsch, Marianne and Evelyn Fox Keller: Conflicts in Feminism, New York: Routledge, Chapman and Hall, 1990

Kessler-Harris, Alice: The View from Women's Studies, in: Signs 17:4, Summer 1992

Leidner, Robin: Constituency, Accountability, and Deliberation: Reshaping Democracy in the National Women's Association, in: NWSA Journal 5:1, Spring 1993, pp. 4-27

Schultz, Debra: To Reclaim a Legacy of Diversity: Analzing the "Political Corectness" Debates in Higher Education, New York: National Council for Research on Women, 1993

Andrea Griesebner

Einschließende Ausschließung? Zur Entwicklung und Institutionalisierung von Women's Studies in Europa[1]

Die mir bei dieser Konferenz zugedachte Aufgabe ist es, Ihnen in zwanzig Minuten einen Überblick über den Stand der Institutionalisierung von Women's Studies an europäischen Universitäten zu geben. Ich kann in diesen wenigen Minuten auf die unterschiedlichen theoretischen Positionen und deren historische Entwicklung nicht näher eingehen, sondern werde den englischen Terminus Women's Studies als Überbegriff für die verschiedenen Richtungen, d.h. für Frauenforschung, feministische Forschung, Geschlechterforschung, édudes féminines und Differenztheorien verwenden. Da ich den Blick bevorzugt auf das universitäre Feld richten werde, möchte ich vorweg betonen, daß Women's Studies, die heute beinahe in allen westeuropäischen Industriestaaten auf eine zwanzigjährige Tradition zurückblicken, ihren Ausgangspunkt außerhalb des universitären Feldes nahmen und in den meisten Ländern die außeruniversitären Frauengruppen auch heute noch einen wesentlichen Teil der feministischen Wissensproduktion tragen. Dies auch deshalb, als - sattsam bekannt - Frauen an den Universitäten nach wie vor eklatant unterrepräsentiert sind.

Durch ein grobes Raster betrachtet lassen sich hinsichtlich des Institutionalisierungsgrades an den europäischen Universitäten drei unterschiedliche Gruppen ausmachen: Zur ersten Gruppe zähle ich die nordischen Länder (mit Ausnahme Finnlands), Holland, Großbritannien und teilweise Irland, wo sich Studentinnen und Wissenschaftlerinnen bereits Ende der siebziger Jahre/Anfang der achtziger Jahre für die Einrichtung von Women's Studies Centers bzw. Frauenforschungsprofessuren und für formelle Abschlüsse in Women's Studies einsetzten und Women's Studies heute institutionell am stärksten verankert sind. Zur zweiten Gruppe rechne ich Finnland, Italien, Spanien, Frankreich, die Schweiz, Deutschland und Österreich, deren Studentinnen und Wissenschaftlerinnen sich bis vor wenigen Jahren mehrheitlich gegen eine formale Institutionalisierung an den Universitäten aussprachen und es daher auch kaum Women's Studies Centers oder eigenständige Women's Studies Programme gibt. In den Ländern der dritten Gruppe, zu der ich die ehemaligen osteuropäischen Länder, aber auch Portugal, Griechenland und die Türkei zähle, stellt sich die Situation völlig anders dar, da Women's Studies in diesen Ländern eine vergleichbar kurze Geschichte haben, die

Wissenschaftlerinnen, mit wenigen Ausnahmen erst am Beginn der Forschungen im Bereich von Women's Studies stehen.

Bei der Analyse dieser recht unterschiedlichen Entwicklungen muß - neben divergierenden gesamtpolitischen Rahmenbedingungen, kulturellen Unterschieden und differierenden Wissenschaftstraditionen - sowohl die Stärke der Frauenbewegungen als auch deren Position zur Institutionalisierungsfrage mitberücksichtigt werden. Ohne Frage hatten in keinem der Länder alle Frauengruppierungen die gleiche Institutionalisierungspräferenz, einzelne Positionen setzten sich jedoch durch, erwiesen sich als die mächtigeren.

Kurz zu den Entwicklungen in den einzelnen Ländern:

In Norwegen, wo die außeruniversitäre Forschung generell über eine lange Tradition verfügt, setzten sich feministische Wissenschaftlerinnen und Studentinnen Ende der siebziger Jahre für außeruniversitäre Women's Research Centers ein. Da die Vernachlässigung der universitären Lehre einen Mangel an Nachwuchswissenschaftlerinnen zur Folge hatte, strebten die norwegische Wissenschaftlerinnen ab Mitte der 80er Jahre die Gründung von universitären Women's Studies Centers an. Mittlerweile konnten zwei Centers an der Universität Bergen, zwei Centers in Oslo und eines an der Universität Trondheim durchgesetzt werden.

Auch die Däninnen beschäftigten sich bereits zu Beginn der achtziger Jahre mit der Institutionalisierungsfrage. Zum einen hatten sich die Women's Studies - speziell in den geistes- und sozialwissenschaftlichen Disziplinen - bereits stark ausdifferenziert, zum anderen waren, als eine Folge der allgemeinen budgetären Kürzungen, die Verträge vieler Wissenschaftlerinnen nicht verlängert worden. Das Ausscheiden der Wissenschaftlerinnen hätte auch einen Rückgang der Women's Studies bedeutet. Um dem entgegenzuwirken entschieden sich auch die Däninnen für die Einrichtung von Women's Studies Centers. Gegenwärtig gibt es zwei Women's Studies Centers an der Universität Copenhagen, je eines an den Universitäten in Aarhus, Odense, Aalborg und ein Forum of Women's Studies in Roskilde.

In Schweden wurde die Institutionalisierungsphase Ende der siebziger Jahre über Forschungsprojekte/Foren eingeleitet, die sich in erster Linie Fragen der Unterrepräsentanz von Wissenschaftlerinnen im universitären Feld widmeten. Diese Zusammenschlüsse wurden ab 1982 allmählich als Centers in die bestehenden Universitätsstrukturen integriert. Heute haben sich diese Centers - zwei an der Universität Göteborg und jeweils eines an den Universitäten in Linköping, Lulea, Lund, Örebro, Stockholm, Umea und Uppsala - zu Lehr-, Forschungs- und Servicestellen für Studentinnen und Wissenschaftlerinnen entwickelt.

Eine ähnliche Strategie schlugen auch die englischen Studentinnen und Wissenschaftlerinnen ein. Sie setzten sich sowohl für die Einrichtung von Women's

Studies Centers als auch für die Anerkennung der von den unterschiedlichen Disziplinen angebotenen Women's Studies courses als eigenständiges Degree-Programme ein. Gegenwärtig existieren an den englischen Universitäten etwa ein Dutzend M.A. Programme in Women's bzw. Gender Studies, einige B.A. Programme sowie Women's Studies Centers an den Universitäten Kent, London, Warwick, York, Liverpool, Lancaster, Coleraine und an der Fachhochschule Wolverhampton. Ende der achtziger Jahre konnten auch die irischen Studentinnen und Wissenschaftlerinnen einige M.A. Programme sowie bisher insgesamt vier Women's Studies Centers durchsetzen: zwei in Dublin und je eines in Galway und Limerick.

Die Holländerinnen beschritten einen etwas anderen Institutionalisierungsweg. In den achtziger Jahren gründeten sie teilweise fakultäre, teilweise interfakultäre Women's Studies Werkgroups, wobei die beteiligten Wissenschaftlerinnen mit einem bestimmten Prozentsatz diesen interdisziplinären Arbeitsgruppen zweitzugeordnet waren bzw. sind. Für die interne Koordination erreichten sie die Finanzierung von Women's Studies-Koordinatorinnen. Die Doppelzuordnung (traditionelle Disziplin plus Women's Studies) erwies sich für die Wissenschaftlerinnen allerdings als enorme Belastung, die Institutionalisierungspräferenz geht heute daher eher in Richtung eigene Women's Studies Vakgroups. So hatten 1990 bereits zwölf Wissenschaftlerinnen eine eigene Frauenforschungsprofessur inne, waren 110 Wissenschaftlerinnen einer Vakgroup Women's Studies und eine noch größere Anzahl den Werkgroups Women's Studies zweitzugeordnet. Da sich die Interfacultären Women's Studies Werkgroups zudem schwer in die rigid nach Fakultäten strukturierte Universitätsorganisation integrieren ließen und die Dezentralisierungspolitik des holländischen Wissenschaftsministeriums den Kampf um Drittmittel, die Konkurrenz unter den Universitäten verschärfte, haben sich sowohl die Amsterdamer als auch die Utrechter Wissenschaftlerinnen mittlerweile ebenfalls für Women's Studies Centers entschieden (zu Beginn der neunziger Jahre wurden das Anna Maria van Schurmann Center in Utrecht sowie das Belle van Zylen Instituut in Amsterdam verwirklicht).

Gemeinsam ist den Länder der ersten Gruppe die sehr früh geknüpfte Allianz zwischen "Feminismus und Sozialismus", die sich in einer engen Zusammenarbeit und wechselseitigen Unterstützung von Frauenbewegung und sozialistischen/sozialdemokratischen Politikerinnen und Institutionsfrauen, den sogenannten Femokrats, äußerte. Diese Allianz hat die Institutionalisierungsdebatte geprägt und die Verankerung von Women's Studies an den Universitäten beschleunigt.

In den Ländern der zweiten Gruppe grenzte sich die Frauenbewegung hingegen mehrheitlich von Politikerinnen und sonstigen in patriarchalen Strukturen agierenden Frauen und damit teilweise auch von den Wissenschaftlerinnen an den Universitäten ab, prägte der Diskurs "Autonomie versus Institutionalisierung" die Institutionalisierungsdebatte. Der Fakt, daß sich auch in diesen Ländern Women's Studies stark ausdifferenzierten und die notwendige Koordinations- und Informationsarbeit nicht mehr nebenbei leistbar ist, aber auch der allgemeine politische "Rechtsruck" in Europa, führten Ende der achtziger Jahre zu einer Wiederaufnahme des Institutionalisierungsdiskurses. Während sich die Spanierinnen in dieser zweiten Runde für Women's Studies Centers entschieden (Ende der achtziger wurden an den Universitäten Barcelona, Madrid und Valencia Women's Studies Centers eingerichtet), sprachen sich beispielsweise die österreichischen Studentinnen und Wissenschaftlerinnen sowohl aus wissenschaftstheoretischen Überlegungen (Feministische Forschung ist keine eigene Disziplin sondern soll die Prämissen und erkenntnistheoretischen Grundlagen aller Disziplinen verändern), als auch aus wissenschaftspolitischen Überlegungen (Gefahr von Nischenbildung und Ghettoisierung), wiederum mehrheitlich gegen eigene Studienabschlüsse und gegen universitäre Forschungszentren aus. Statt dessen konnten sie Anfang der neunziger Jahre erfolgreich die Verankerung dreier interuniversitärer Koordinationsstellen für Frauenforschung und Frauenstudien durchsetzen. Diese Koordinationsstellen fungieren als reine Dienstleistungseinrichtungen, d.h. sie bieten selbst keine Lehre an und führen auch keine eigene Forschung durch, sondern sollen die Arbeit von Studentinnen und Wissenschafterinnen unterstützen, die nationale als auch internationale Zusammenarbeit fördern und zur Visualisierung der Women's Studies beitragen. Welche Institutionalisierungsstrategie sich in der Schweiz, aber auch in Frankreich durchsetzen wird, ist gegenwärtig noch offen. In Italien scheint die Tendenz ebenfalls in Richtung koordinierende Einrichtungen zu gehen. So haben beispielsweise die römische Universität La Sapienza und die Cassino Universität 1992 gemeinsam ein Interuniversitäres Center for the Studies on Women in History and Society errichtet. Das geplante Aufgabengebiet umfaßt die Förderung und Koordination von Women's Studies, den nationalen und internationalen Informationsaustausch, die Organisation von Tagungen, Konferenzen, etc. sowie den Aufbau einer Bibliothek und einer Dokumentationsstelle.

In Finnland, wo es im Vergleich zu den andern nordischen Ländern keine starke Frauenbewegung gab, setzten sich die Wissenschaftlerinnen und Studentinnen von Beginn an für eine Integration der Women's Studies in das Lehrangebot der traditionellen Diziplinen ein. Als ab Mitte der 80er Jahre eine Koordination der Women's Studies courses nicht mehr "nebenbei" geleistet werden konnte, forderten Studentinnen und Wissenschaftlerinnen erfolgreich die Einrichtung von spezifischen Dienstleistungseinrichtungen. So ist das 1986 gegründete Institute of Women's Studies an der Universität Turku beispielsweise eine reine Koordinations- und Informationsstelle, das Center for Womens's Studies and Gender Research an der Universität Tampere und das Christina Institute of Women's

Studies an der Universität Helsinki führen auch Forschungen durch bzw. bieten Programme für Postgraduierte an.

Die Bundesrepublik Deutschland, die ich zwar der zweiten Gruppe zugeordnet habe, nimmt insoferne eine Zwischenposition ein, als die föderalistische Regelung des Universitätssystems regional unterschiedliche Institutionalisierungsstrategien ermöglichte. So hatten mit Stand Oktober 1990 beispielsweise sechs der zu diesem Zeitpunkt (noch) elf Bundesländer insgesamt 31 sogenannte Bindestrichprofessuren eingerichtet, gab es an vier Universitätsstädten (Berlin, Hamburg, Münster und Essen) Koordinationsstellen für Frauenstudien und Frauenforschung und in Bielefeld, Dortmund, Kassel, Bremen, etc. interdisziplinäre Frauenforschungsstellen.

Zur dritten Gruppe: Über die Institutionalisierungsdiskussion in Portugal, Griechenland und der Türkei kann ich Ihnen leider nichts sagen, vielleicht kann dies eine der Teilnehmerinnen in der Diskussion ergänzen. In den ehemals osteuropäischen Länder wurde - für mein Gefühl zu rasch - der Weg von eigenständigen Women's Studies Centers bzw. Gender Studies Centers beschritten. Die Begrifflichkeit Gender Studies fand in diesen Ländern großen Anklang, vermutlich nicht ausschließlich aus wissenschaftstheoretischen, sondern eher aus wissenschaftspolitischen Überlegungen, da diese Begrifflichkeit eine »wissenschaftlichere« und »neutralere« Zugangsweise suggeriert. In Tschechien gibt es mittlerweile zwei autonome Centers: Das 1991 gegründete Research and Coordination Centre for Gender Studies East-West in Prag, welches, wie bereits aus der Bezeichnung hervorgeht, neben der Förderung von Gender-Studies innerhalb der ehemaligen osteuropäischen Staaten und der Sowjetunion, insbesondere die Zusammenarbeit zwischen ost- und westeuropäischen Wissenschaftlerinnen forcieren möchte. Um das Defizit an Women's Studies zu kompensieren, möchte das Center, neben dem Aufbau einer Bibliothek, auch eigene Forschungen durchgeführt und Kurse zu feministischer Theorie und feministischen Methoden anbieten. Das Curriculum Centre and Library for Gender Studies, welches ebenfalls in Prag angesiedelt ist, bietet Gender Studies Lehrveranstaltungen für Studierende und Postgraduierte an und partizipiert gegenwärtig an einer sechsteiligen Fernsehdokumentation über "Gewalt in der Gesellschaft". Geplant ist die Publikation eines eigenen Newsletters, ein Angebot an Englisch-Kursen, die Stimulation von Forschungsprojekten, die Kooperation mit nationalen und internationalen Women's Studies Centers sowie der Aufbau einer Bibliothek.

In Rumänien, konkreter in Bukarest, begründeten Studentinnen und Wissenschaftlerinnen ein kleines Dokumentationszentrum und kämpfen derzeit für die Umwandlung in ein Women's Information, Training and Research Center. Auch in Litauen gibt es mittlerweile zwei Women's Studies Centers, eines an der Vilnus Universität und eines an der Kaunas Technological Universität. Beide

Centers führen eigene Forschungen durch und organisieren zur Sichtbarmachung aber auch zur Initiierung von Women's Studies multidiziplinäre Vorlesungsreihen. Das Center an der Vilnus University ist gegenwärtig dabei, die erste frauenspezifische/feministische Bibliothek des Landes aufzubauen. In Ungarn hat sich das Budapester Women's Studies Center hingegen die Ausbildung von Frauen als künftige Führungskräfte in Wirtschaft und Politik, den internationalen Austausch von Studentinnen und Wissenschaftlerinnen sowie das allgemeine Engagement für eine stärkere Gleichberechtigung von Männern und Frauen zum Ziel gesetzt.

Gemeinsam ist allen Centers der ehemaligen osteuropäischen Staaten, daß sie primär über Spenden von Privatpersonen und von westlichen Women's Studies Institutionen finanziert werden. Da sie von staatlicher Seite keinerlei finanzielle Unterstützung erhalten, ist gegenwärtig offen, welche ihrer Ziele die Frauen langfristig verwirklichen können, hängt dies nicht zuletzt von den eingeworbenen Drittmittel aus dem Ausland ab.

Abschließend möchte ich betonen, daß für die Entwicklung, Ausdifferenzierung und Etablierung der Women's Studies in den westlichen Industriestaaten die staatliche Sonderfinanzierung essentiell war und nach wie vor ist. Nur wenige der westeuropäischen Women's Studies Einrichtungen werden heute zur Gänze von den Universitäten finanziert, die M.A. und B.A. Programme sind ebenso wie die nicht curricular verankerten Women's studies courses vom individuellen Engagement der Wissenschaftlerinnen und dem Druck der Studentinnen abhängig, stehen und fallen oft mit Einzelpersonen.

Conclusio: Eine Förderung der Women's Studies kann meiner Ansicht nach nicht von einer Förderung von Frauen im Wissenschaftsbetrieb getrennt werden. Womit wir bei der Unterrepräsentanz von Frauen im Wissenschaftsbetrieb und deren Ursachen wären. Aber das ist ein neues Thema, welches die Konferenz sicherlich noch beschäftigen wird.

Anmerkungen

1 Basis meines Vortrages bildet ein mit Finanzierung des österreichischen Bundesministerium für Wissenschaft und Forschung unter der Leitung von Univ. Prof. Dr. Herta Nagl-Docekal und Univ. Prof. Dr. Edith Saurer mit Mag. Anette Baldauf durchgeführtes Forschungsprojekt zum Thema "Förderung von Frauen und Frauenforschung/feministischer Forschung". In einem wienspezifischen Teil versuchten wir auszuloten, mit welchen Bedingungen sich gegenwärtig an Frauenforschung/feministischer Forschung interessierte Studentinnen und Wissenschaftlerinnen (insbesondere Lehrbeauftragte) der beiden philosophischen Fakultäten (Geisteswissenschaftliche und Grund- und Integrativwissenschaftliche Fakultät) konfrontiert sehen, wie sie die Universität beurteilen/wahrnehmen und welche Institutionalisierungsmodalität(en) sie für die universitäre Frauenforschung/feministische Forschung favorisieren (vgl. Baldauf/Griesebner 1991). Im zweiten Forschungsabschnitt beschäftigten wir uns mit der Entwicklung und den unterschiedlichen Institutionalisierungmodalitäten von Women's Studies

sowie mit Frauenfördermaßnahmen in ausgewählten (west)europäischen Ländern (vgl. Baldauf Anette/Griesebner Andrea (1992), Entwicklung und Institutionalisierung von Women's Studies im europäischen Vergleich. Materialen zur Förderung von Frauen in der Wissenschaft. Bd. 1, Wien: Bundesministerium für Wissenschaft und Forschung.

Heike Kahlert

Frauenstudien in der BRD - Ein Überblick

Die Ende der sechziger Jahre entstandene neue Frauenbewegung erfaßte auch Frauen aus den Hochschulen, die ihren Studien- bzw. Arbeitsplatz aus feministischer Perspektive zu kritisieren begannen. Sie wendeten sich gegen traditionell männlich geprägte Wissenschafts- und Hochschulstrukturen und die geringe Repräsentanz von Frauen als Studierende, vor allem aber als Lehrende und Forschende an den Hochschulen. Wissenschaftlerinnen nahezu aller Disziplinen machten sich daran, den Androzentrismus von Philosophie und den Wissenschaften aufzudecken und zu kritisieren, die in Theoriebildung und empirischer Forschung einem "geschlechtsneutral-männlichen" Maßstab gefolgt waren, ohne diesen in seiner Begrenztheit zu reflektieren. Diese Kritik ist bis heute ungebrochen aktuell. Frauen bzw. die (hierarchischen) Verhältnisse der Geschlechter betreffende Fragen finden keine systematische Berücksichtigung in den sich als allgemein, d.h. universell gültig, verstehenden patriarchal geprägten Erkenntnissen. Dies gilt nicht nur für die Inhalte, sondern auch für die Produktionsformen, die Vermittlung und den Erwerb von Wissen. Frauenforscherinnen bleiben bei ihrer Kritik nicht stehen, sondern entwickeln neues Wissen oder hinterfragen und transformieren das bestehende aus feministischer Perspektive. Der dadurch in Gang gesetzte und längst nicht abgeschlossene Prozeß feministischer Wissensproduktion läßt sich als "Knowledge Explosion" (Kramarae/Spender 1992) beschreiben. In nahezu allen Disziplinen und in vielfältigen Organisationsformen gibt es Frauenstudien und Frauenforschung.

Einige Aspekte dieser Entwicklung in der BRD stehen im Mittelpunkt dieses Beitrags. Im folgenden werde ich mich mit Ansätzen, Formen und dem Stand der Institutionalisierung von Frauenstudien und Frauenforschung im Hochschulbereich beschäftigen und abschließend einige Perspektiven für ihre Weiterentwicklung formulieren. Ich beziehe mich auf Entwicklungen innerhalb der Hochschulen, den Schwerpunkt bildet die Situation in den alten Bundesländern. Auf die vielfältigen Ansätze von Frauenstudien und Frauenforschung außerhalb der Hochschulen kann ich hier leider nicht näher eingehen, auch kann in diesem Rahmen keine systematische Aufarbeitung der nunmehr über zwanzigjährigen Frauenbewegung an den Hochschulen der BRD geleistet werden. Den Anfang bildet eine kurze Bestimmung des Gegenstands meiner Ausführungen: welches Verständnis von Frauenstudien und Frauenforschung liegt diesem Beitrag zugrunde?

Frauenstudien und Frauenforschung - Versuch einer Begriffsklärung

In den USA, aber darüber hinaus auch im angelsächsisch-beeinflußten Diskurs, sind Women's Studies ein Sammelbegriff für vielfältige Initiativen feministischer Lehre und Forschung innerhalb und außerhalb der Hochschulen, Forschung und Lehre sind in diesem Verständnis eng miteinander gekoppelt. Der deutschsprachige Diskurs faßt die feministische Bildungs- und Forschungsbewegung in den Begriffen Frauenstudien und Frauenforschung: zum Teil werden die beiden Begriffe synonym, häufiger aber als Differenzierung zwischen verschiedenen Bereichen von Frauenaktivitäten vor allem in den Hochschulen verwendet. Die Definition dessen, was Frauenstudien und Frauenforschung sind, ist genauso heterogen wie die dazugehörige Bewegung der Frauen. Die (kontroversen) Debatten um diese Begriffe nachzuzeichnen würde den Rahmen dieses Beitrags sprengen, daher beschränke ich mich darauf, hier mein Verständnis von Frauenstudien und Frauenforschung auszuführen.

Frauenstudien stellen eine Verbindung von Frauenforschung, Frauenbildung und Frauenbewegung dar. Ihre Organisationsformen und ihre Orte sind vielfältig. Ich verstehe Frauenstudien als hochschulische Bildungsmöglichkeiten für Frauen, die aus der (neuen) Frauenbewegung entstanden sind und feministisches Gedankengut weitervermitteln. Zu ihren Zielsetzungen gehören u.a. die Öffnung der Hochschulen für Frauen, die Integration von Fragen der Geschlechterdifferenz und der Geschlechterverhältnisse in die Lehre und eine diesbezügliche Veränderung der Curricula, die Entwicklung neuer Lehr- und Lernformen, der Abbau von Hierarchien zwischen Lehrenden und Lernenden sowie eine stärkere Verknüpfung von Theorie und Praxis. Mit ihrem Bildungs- und Wissenschaftsverständnis leisten sie einen wesentlichen Beitrag zur individuellen und gesellschaftlichen Emanzipation von Frauen.

Frauenforschung ist von Frauen betriebene gesellschafts- und wissenschaftskritische Forschung, die parteilich im Interesse von Frauen ist. Sie folgt emanzipatorischen Ansprüchen und ist in diesem Sinne politisch. Frauenforschung zielt ab auf die Erweiterung und Modifizierung vorhandener Theorien um die feministische Perspektive und auf reale Veränderungen von gesellschaftlichen Strukturen, die zur Unterdrückung von Frauen beitragen. Eine, wenn nicht die zentrale, Kategorie der Frauenforschung ist die der Strukturkategorie Geschlecht bzw. des Geschlechterverhältnisses, denn: "Einem bestimmten Geschlecht zuzugehören heißt, einen bestimmten sozialen Ort zugewiesen zu bekommen: oben/unten, in der Familie/in der Außenwelt, in der Genealogie, in der Arbeitsverteilung und in den kultisch-religiösen Räumen. Nicht nur die soziale Schicht bestimmt darüber, welche Positionen, Funktionen, Lebenschancen Individuen zukommen. Darüber entscheidet auch die Geschlechtszugehörigkeit. (...) Wenn 'Geschlecht' als Strukturkategorie gedacht werden muß, dann impliziert das einen (...) Paradigmenwechsel in der Frauenforschung: Ihr Gegenstand kann nicht nur 'Weiblichkeit' sein, sondern die historischen Formen, in denen sich die Beziehung der Geschlechter als gesellschaftliches Verhältnis ausdrückt." (Becker-Schmidt 1988, 195) Damit wird auch deutlich, daß Frauenforschung in diesem Verständnis mehr ist, als der traditionellen Wissenschaft einen weiteren Gegenstand, nämlich Frauen oder Geschlecht als Variable, hinzuzufügen. Frauenforschung beansprucht daher nicht den Status einer neuen Disziplin, sondern begründet einen spezifischen Blick gegenüber "herrschender", d.h. traditioneller, Wissenschaft. Diese Perspektive der Geschlechterdifferenz war der Ausgangspunkt feministischer Wissenschaftskritik und feministischer Theoriebildung, ohne ein Denken der Geschlechterdifferenz hätte z.B. die Androzentrismuskritik auf erkenntnistheoretischer Ebene und auf der Ebene der empirischen Forschung nicht formuliert werden können (Müller 1991, 74). Auch Frauenstudien gehen von einem Denken der Geschlechterdifferenz aus. Zur inhaltlichen Bestimmung der Geschlechterdifferenz und Begründung der hierarchischen Geschlechterver-hältnisse gibt es verschiedene Ansätze in der feministischen Diskussion.

Frauenstudien stehen in einem wechselseitigen Verhältnis zur Frauenforschung. Sie sind Gegenstand von Frauenforschung, denn sie können nur im Prozeß feministischer Forschung weiterentwickelt werden. Umgekehrt ist Frauenforschung aber auch Gegenstand von Frauenstudien, denn ihre Inhalte und Methoden gehen in die Frauenstudienangebote mit ein (Stahr/Bruchhagen 1990). Damit können Frauenstudien auch als die Umsetzung von Frauenforschung in Bildungsarbeit, als Lehre der Frauenforschung angesehen werden.

Während die feministische Forschung und Theoriebildung inzwischen in vielen Bereichen eine Fülle von Ergebnissen hervorgebracht hat, kann der Wissensstand zu Frauenstudien als defizitär bezeichnet werden. Frauenbildung an der Hochschule war bisher kein Thema der feministischen Forschung, von einigen Untersuchungen im Bereich der wissenschaftlichen Weiterbildung für Frauen einmal abgesehen. Wenige empirische Ergebnisse und nur sehr punktuelle Theoretisierungen über Frauenstudien stehen vielen offenen Fragen gegenüber. Der Frauenstudienalltag läßt kaum Raum für Reflexionen, folglich sind schriftliche Überlegungen zur feministischen Bildung eher selten. Die Entwicklung und Etablierung einer feministischen Hochschulforschung steckt noch in den Anfängen. Liegt die hochschuldidaktische Diskussion nahezu brach - darüber sollten auch aktuelle Debatten und einige Untersuchungen zur "Qualität der Lehre" nicht hinwegtäuschen - , so gilt dies erst recht für eine geschlechtsdifferenzierte Hochschuldidaktik. Könnte ein Grund in der allgemeinen Geringbewertung der akademischen Lehre im deutschen Hochschulsystem liegen, für die zwar alle berufen, die wenigsten aber ausgebildet sind? Frauen haben sich in der Diskussion um die

Lehre an den Hochschulen bisher nicht lautstark zu Wort gemeldet. Ihre Aktivitäten konzentrier(t)en sich eher auf Institutionalisierungsbemühungen vor Ort.

Zur Institutionalisierung von Frauenstudien und Frauenforschung an den Hochschulen

In den Anfängen der Frauenbewegung wurde sehr kontrovers um die Orte und die Institutionalisierung von Frauenstudien und Frauenforschung gestritten. Die vor allem zu Beginn der achtziger Jahre heftig geführten Diskussionen um Institution oder Autonomie sind jedoch bald Fragen nach den Formen der Institutionalisierung gewichen (zur Widersprüchlichkeit des - vermeintlichen - Gegensatzes zwischen "Institution" und "Autonomie" vgl. Appelt 1991). Frauenstudien und Frauenforschung finden nun in außerhochschulischen Einrichtungen statt, und es gibt verschiedene Formen der Institutionalisierung im bestehenden Hochschulsystem. Einige Initiativen sind auch am Rande der Hochschulen angesiedelt, zwischen den einzelnen Initiativen innerhalb und außerhalb der Hochschulen gibt es vielfältige Kooperationsbeziehungen. In der bundesdeutschen Diskussion wird die Forderung nach Frauenstudien in der Regel bisher nicht als Einrichtung spezieller Studiengänge für Frauen verstanden. Vielmehr sollen im Rahmen des regulären Curriculums der einzelnen Disziplinen Veranstaltungen zu Frauenthemen angeboten und dafür auch Leistungsnachweise (Scheine) ausgestellt bzw. zu Themen aus der Frauenforschung wissenschaftliche Abschlußarbeiten (v.a. Examens- und Doktorarbeiten) verfaßt werden können. Die Aufnahme von Frauenforschung als Teilprüfungsgebiet in die jeweiligen Prüfungsordnungen wird als ergänzende Absicherung verstanden. Zwei Wege zur institutionellen Verankerung von Frauenstudien und Frauenforschung bestimmen die Diskussionen: die Integration in die jeweiligen Fachdisziplinen und die Konzentration in besonderen wissenschaftlichen Einrichtungen (Kriszio 1991, 36). In den deutschen Hochschulen werden beide Wege verfolgt, in je unterschiedlichen Varianten. Vereinfachend läßt sich sagen, daß in der wissenschaftlichen Erstausbildung, d.h. im Regelstudium, überwiegend das integrative Modell verfolgt wird, in der wissenschaftlichen Weiterbildung hingegen liegt der Schwerpunkt eher auf der Entwicklung von besonderen Studienprogrammen für Frauen. Unterstützt bzw. ergänzt werden die jeweiligen Initiativen vor Ort häufig z.B. durch Koordinations- und Serviceeinrichtungen, Studentinnengruppen und Zusammenschlüsse von Wissenschaftlerinnen.

Die folgenden Ausführungen zu Formen und Stand der Institutionalisierung von Frauenstudien und Frauenforschung stellen einen Einblick in gegenwärtige Entwicklungen im Hochschulbereich dar[1]. Sie sind keineswegs vollständig, ein Überblick über den Institutionalisierungsstand kann hier nicht geleistet werden: Es liegen keine umfassenden Erhebungen vor, auch ist in diesem Bereich einiges in

Bewegung, und bereits zum Zeitpunkt ihrer Veröffentlichung sind Bestandsaufnahmen bereits von der Wirklichkeit überholt.

In der wissenschaftlichen Erstausbildung gibt es z.b. am Oberstufenkolleg der Universität Bielefeld einen Frauenstudiengang, in den Studien- und Prüfungsordnungen einzelner Fakultäten und Institute verschiedene Beispiele der curricularen Verankerung von Frauenforschung sowie die Einrichtung von Frauenforschungsprofessuren. An vielen Hochschulen und in fast allen Disziplinen werden Frauenseminare angeboten. In autonomen studentischen Arbeitsgruppen, im Rahmen von Ringvorlesungen und sog. Frauenwochen werden feministische Fragestellungen bearbeitet. Seit einigen Jahren diskutieren Wissenschaftlerinnen und Studentinnen, zum Teil getrennt, zum Teil miteinander, verschiedene Modelle einer Frauenuniversität. Die Umsetzung dieser Idee steht bisher noch aus.

Vor allem im Bereich der wissenschaftlichen Weiterbildung nehmen Frauenstudien die Form von Studiengängen von Frauen für Frauen an. Bereits 1979 hatten im Ruhrgebiet Frauen begonnen, an der Universität Dortmund ein weiterbildendes Studium "Frauenstudien" zu entwickeln, auch an anderen Hochschulorten in der Bundesrepublik entstanden Ansätze für weiterbildende Frauenstudien-Initiativen, z.B. in Bielefeld, Essen, Hamburg, Koblenz, Saarbrücken und Ulm, die sich an verschiedene Adressatinnengruppen richten und sich zum Teil auch in den Organisationsformen unterscheiden (als Einblick vgl. Bruchhagen 1989). Im Juni 1990 wurden, nach mehr als zehn Jahren, die Dortmunder Frauenstudien als erstes universitäres Angebot der wissenschaftlichen Weiterbildung für Frauen in der BRD institutionalisiert (vgl. Kettschau u.a. 1993). Die anderen hier erwähnten Projekte arbeiten bisher zumeist ohne ausreichenden Rückhalt in der jeweiligen Hochschule, und ihr weiterer Bestand ist keineswegs gesichert. Eine relativ neue Form der wissenschaftlichen Weiter-qualifizierung für Frauen stellen die seit einigen Jahren an deutschen Hochschulen eingerichteten Graduiertenkollegs dar. (Explizit der Frauenforschung widmen sich gegenwärtig nur zwei Graduiertenkollegs: in München (Literaturwissenschaft) und in Dortmund (Sozialwissenschaften).

Auch die verschiedenen Koordinationsstellen, Serviceeinrichtungen und Arbeitsgruppen bzw. Netzwerke von Studentinnen und Wissenschaftlerinnen innerhalb oder am Rande der Hochschulen sind als Ansätze der Institutionalisierung von Frauenforschung zu nennen. Als Organisationsformen zu erwähnen sind u.a. die Koordinationsstellen, Dokumentations- und Serviceeinrichtungen (z.B. in Hamburg, Berlin), institutionalisierte Arbeitsgruppen von Wissenschaftlerinnen (z.B. die Interdisziplinäre Arbeitsgruppe Frauenforschung [IAG] an der Gesamthochschule Kassel) oder Frauenforschungseinrichtungen (z.B. das Interdisziplinäre Frauenforschungszentrum [IFF] an der Universität Bielefeld), Netzwerke und Wissenschaftlerinnen-Arbeitskreise (z.B. in Nordrhein-Westfalen, Niedersachsen, Hessen), Vereine (z.B. Frauen in Naturwissenschaft und Technik e.V., Sozialwissenschaftliche Forschung und Praxis für Frauen e.V.) und berufsständische Zusammenschlüsse als eigene Arbeitskreise, Kommissionen oder Sektionen in den disziplinären Wissenschaftsgesellschaften (z.B. von Soziologinnen, Erziehungswissenschaftlerinnen und Politologinnen).

Zusammenfassend läßt sich festhalten, daß Formen der Institutionalisierung nicht verallgemeinerbar sind. Rezepte sind kaum formulierbar, die eine "richtige" Strategie für die Institutionalisierung von Frauenstudien und Frauenforschung scheint es nicht zu geben, vielmehr sind die jeweiligen Bedingungen und Möglichkeiten "vor Ort" entscheidend. Diese können z.B. von der Größe der Hochschule, ihrer Struktur und Forschungsorganisation (Institutsverfassung oder Fachbereichsorganisation), den institutionellen Bedingungen der Wahlmöglichkeiten zwischen Serviceeinrichtungen oder selbständigen Forschungseinrichtungen, dem reformerischen Selbstverständnis einer Hochschule sowohl auf Leitungs- wie auf Fachbereichsebene und den Fachkulturen der einzelnen Herkunftsfächer der Frauenforschung beeinflußt werden (Jacobi 1992). Institutionalisierungsbemühungen und -erfolge sind immer auch von den Akteurinnen vor Ort abhängig, diese Bemühungen werden häufig von einzelnen Frauen oder Gruppen von Studentinnen und/oder Wissenschaftlerinnen über einen längeren Zeitraum hinweg, zumeist mit erheblichem Kraftaufwand, verfolgt (vgl. WRK 1990). Daß Frauen viel Durchhaltevermögen und einen langen Atem brauchen, wenn sie Frauenstudien und Frauenforschung in der Hochschule institutionalisieren wollen, zeigen viele Beispiele: Die Einrichtung von einzelnen Stellen für Frauenforscherinnen oder die Etablierung von Frauenstudien-Programmen kann durchaus mehr als zehn Jahre dauern, wie z.B. beim Frankfurter Frauenforschungslehrstuhl (vgl. Autonomes Lesben- und Frauenreferat 1986) oder bei den Dortmunder Frauenstudien. Institutionalisierungsbemühungen können durch eine entsprechende Wissenschaftspolitik unterstützt werden.

Zwischen den Problemen der Institutionalisierung und Absicherung von Frauenstudien und Frauenforschung und einer Frauenpolitik zur Erhöhung des Anteils von Wissenschaftlerinnen im Lehrpersonal besteht ein enger inhaltlicher Zusammenhang (Kriszio 1991, 35). Die dauerhafte Verankerung von Frauenstudien und Frauenforschung ist im bestehenden deutschen Hochschulssytem nicht ohne die Einrichtung fester Stellen möglich; dies bedeutet die Einrichtung von entsprechenden Professuren, denn Stellen im Mittelbau können in der bestehenden Personalstruktur mit ihren befristeten Beschäftigungsverhältnissen diese Funktionen nicht erfüllen. Nur durch Professuren kann in den deutschen Hochschulen die Kontinuität von Frauenforschung in der Lehre gewährleistet werden. Vor allem an diesem Punkt setzt die Frauenförderpolitik an, die seit der Novellierung des Hochschulrahmengesetzes 1985 rechtlich verankert und in den Hochschulen ihren Niederschlag in der Institutionalisierung von Frauenbeauftragten und Richtlinien zur Erhöhung des

Frauenanteils am wissenschaftlichen Personal gefunden hat.[2] Sie dient der Herstellung der Chancengleichheit von Frauen im Wissenschaftsbetrieb.

Auch die Einrichtung von speziellen Programmen zur Förderung von Frauen und Frauenforschung ist Teil von Frauenpolitik in der Wissenschaft. Sowohl der Bund als auch die einzelnen Länder haben Förderprogramme etabliert, hier gibt es regional sehr unterschiedliche Schwerpunkte und Umsetzungen. Ein aktuelles Beispiel ist das Hochschulsonderprogramm (HSP) II, das einen Teil zur Frauenförderung enthält und von Bund und Ländern gemeinsam getragen wird. Dieses Programm gilt nur für die alten Bundesländer, das Äquivalent für die neuen Bundesländer, das Hochschulerneuerungsprogramm (HEP), enthält keine speziell für die Förderung von Frauen und Frauenforschung ausgewiesenen Mittel (zur Situation von Wissenschaftlerinnen in den neuen Bundesländern vgl. z.B. Arndt u.a. 1993).

Zwar ist der Anteil der hochqualifizierten Wissenschaftlerinnen prozentual gestiegen, dies korrespondiert aber nicht mit ihrer Integration in den und Repräsentanz im Wissenschaftsbetrieb. Noch immer führen Frauen in der Institution ein randständiges Dasein, noch immer liegt der Frauenanteil an den Professuren konstant bei 5%, noch immer gibt es schicht- und fachspezifische Ungleichheiten unter Frauen aller Qualifikationsstufen, noch immer trägt die bestehende Personalstruktur mit ihren befristeten Stellen und dem Habilitationszwang zum Ausschluß von Frauen bei. Daß durch die Frauenförderpolitik einige wenige Arbeitsplätze für hochqualifizierte Frauen und eine neue Hochschulprofession entstanden sind, der Beruf der Frauenbeauftragten bzw. Frauenreferentin, kann dennoch nicht über die "relative Wirkungslosigkeit der gegenwärtigen Frauenförderung" (Neusel 1991) hinwegtäuschen.

Als eine Verknüpfung von Frauenforschung und Frauenförderung sind Frauenforschungsprofessuren anzusehen, die etwa seit Mitte der achtziger Jahre in der BRD verstärkt eingerichtet werden. Dies sind Professuren, die explizit der Frauenforschung gewidmet sind, und zwar ausschließlich oder als zusätzliche Aufgabe, im Sinne einer "Besonderheit". Ihre Einrichtung steht im Zusammenhang mit den Bemühungen, Frauenforschung an den Hochschulen in Lehre und Forschung zu verankern, und zwar in allen, zumindest aber in den geistes- und sozialwissenschaftlichen Fächern. Frauenforschungsprofessuren sollen darüber hinaus die Entwicklung des theoretischen Potentials von Frauenforschung forcieren und die konstruktive Auseinandersetzung mit anderen Forschungsansätzen eines Faches vorantreiben (Bock 1992). Auch auf anderen Professuren oder Stellen im Mittelbau wird vereinzelt Frauenforschung betrieben. Frauenforschung findet dennoch noch immer überwiegend außerhalb der Hochschulen bzw. jenseits der hochschulischen Lehre statt, z.B. in Drittmittelprojekten, Promotionen und Habilitationen, die häufig nicht an die Lehre gekoppelt sind. Der theoretische Diskussionsstand in der

Frauenforschung ist weit fortgeschrittener als ihr Institutionalisierungsgrad, trotz ihrer mangelhaften materiellen Absicherung.

Aktuelle Untersuchungen zeigen, daß es bezüglich der Verankerung von Frauenstudien und Frauenforschung in den Hochschulen große regionale Unterschiede gibt, Nordrhein-Westfalen und Berlin sind Spitzenreiter, während einige alte und die meisten neuen Bundesländer kaum über Institutionalisierungen verfügen. Diese Aussagen beziehen sich vor allem auf eingerichtete oder geplante Frauenforschungsprofessuren, von denen es ungefähr 70 in der gesamten Bundesrepublik gibt (vgl. Bock 1992; Metz-Göckel 1993), die wenigsten davon sind Lehrstühle, d.h. C4-Professuren. Die meisten Frauenforschungsprofessuren sind in die Fachdisziplinen integriert, nur an wenigen Orten wurden bzw. werden eigene Institute zur Frauenforschung gegründet, manchmal ergänzen sich diese Institutionalisierungsformen auch.

Neben den regionalen Unterschieden im Institutionalisierungsgrad gibt es große disziplinäre Unterschiede zwischen den Geistes- und Sozialwissenschaften und den Naturwissenschaften, (institutionalisierte) Frauenforschung findet vor allem in den Geistes- und Sozialwissenschaften (v.a. Soziologie, Pädagogik, Geschichte und Literaturwissenschaften) statt, in Philosophie sowie in den Technik- und Naturwissenschaften finden sich keine oder nur kaum Ansätze (vgl. Jansen 1991).

Insgesamt ist die Institutionalisierung von Frauenstudien und Frauenforschung in deutschen Universitäten schwierig und kommt nur sehr zögerlich voran, die Gründe dafür sind vielfältig. Festzustellen ist, daß Frauenforschung bisher eher neben den wissenschaftlichen Hauptströmen und neben den Disziplinen angesiedelt ist, als daß tatsächlich von einer Integration gesprochen werden kann. Der Dialog mit Vertretern der "männlichen" Wissenschaft wird nur wenig geführt (als Beispiel für einen entsprechenden Versuch vgl. Interdisziplinäre Forschungsgruppe Frauenforschung 1992), was freilich nicht einseitig den Frauen anzulasten ist, sondern ebenso auf die Ignoranz männlicher Kollegen gegenüber der Frauenforschung zurückgeführt werden kann. In Deutschland läßt sich bisher kaum von einer Rezeption der Ergebnisse von Frauenforscherinnen durch männliche Kollegen sprechen, von einigen - zum Teil polemischen - Ausnahmen einmal abgesehen (z.B. Luhmann 1988; Beyme 1991).

Dieser fragmentarische Versuch einer Zwischenbilanz zum Stand der Institutionalisierung von Frauenstudien und Frauenforschung in deutschen Hochschulen gibt also wenig Anlaß zur Freude. Auf einige Perspektiven der Weiterentwicklung von Frauenstudien und Frauenforschung will ich nun näher eingehen.

Perspektiven der Weiterentwicklung von Frauenstudien in der BRD

Die italienische Philosophin Luisa Muraro schreibt: "Der Feminismus hat eine gründliche Kritik des Patriarchats und der vielen philosophischen, religiösen, literarischen u.a. Komplizenschaften, die sein Herrschaftssssystem stützten, geleistet. Aber diese Arbeit der Kritik, so weitreichend und sorgfältig sie auch war, wird in ein oder zwei Generationen ausgelöscht sein, wenn sie nicht ihre positive Aussage findet." (Muraro 1993, 28) Muraro spricht sich, wie viele andere italienische Feministinnen auch, gegen die Institutionalisierung von Frauenstudien als speziellen Bereich im Wissenschaftsbetrieb aus, gegen eine Strategie also, die auch von den meisten Wissenschaftlerinnen in Deutschland abgelehnt wird. Die Arbeit an der "positiven Aussage" hat andere Formen angenommen und mit den oben beschriebenen Prozessen und Initiativen der Institutionalisierung von Frauenstudien und Frauenforschung längst begonnen: Frauen verschiedener Disziplinen haben eigenständiges Wissen erarbeitet, das das traditionelle Curriculum und Wissen hinterfragt und aus der Perspektive der Geschlechterdifferenz neu schreibt und ordnet. Dieses Wissen sollte auch in den Hallen der "Alma Mater" gelehrt und gelernt werden können, Strategien und Formen der Institutionalisierung wurden entwickelt und erprobt.

Bei der institutionellen Verankerung dieses Wissens im traditionellen Wissenschaftsbetrieb mußten zum Teil Kompromisse geschlossen werden: hochschulpolitisch betrachtet scheint die Etablierung von Frauenstudien und Frauenforschung im bestehenden deutschen Hochschulsystem nur in Form von Teilbereichen, z.B. in Form von Teilcurricula oder Frauenforschungsprofessuren, durchsetzbar zu sein, während wissenschaftstheoretische Überlegungen weitgehender sind: hier gilt die Geschlechterdifferenz kaum als additiver Wissenschaftsbereich bzw. als neue Disziplin, sondern als Strukturkategorie und damit als spezifische Perspektive, unter der alle Forschungsfragen betrachtet werden sollen. Frauenstudien und Frauenforschung bewegen sich in einem spezifischen Verhältnis von Theorie und Politik mit unterschiedlicher Nähe und Distanz zu den akademischen Institutionen und ihren Spielregeln. Insbesondere im Bereich der Institutionalisierungsdiskussionen vermischen sich diese beiden Aspekte miteinander, realpolitisch umsetzbare Strategien fallen zum Teil hinter ursprüngliche wissenschaftstheoretische Positionen zurück. Eine (selbst-) kritische Reflexion der politischen und theoretischen Erfolge und Folgen des Erreichten sowie eine Überprüfung der Ziele scheint angebracht.

In diesem Zusammenhang kann die seit einiger Zeit auf philosophischer Ebene geführte Debatte um die Geschlechterdifferenz angesehen werden. Einige Wissenschaftlerinnen kritisieren die Kategorie Geschlecht als Festschreibung und "Reifizierung" (Gildemeister/Wetterer 1992) der Geschlechterdifferenz, z.B. durch

Maßnahmen im Rahmen der Frauenförderpolitik. Es gelte vielmehr, die Differenz zu dekonstruieren. Befürworterinnen dieses "dekonstruktiven Feminismus" schwärmen von den vielfältigen Anregungen für die Theoriebildung, überzeugende Vorschläge für eine dekonstruktive Politik habe ich der Debatte bisher nicht entnehmen können. Bisher scheint mir eine feministische Theorie, die ihre Theoriebildung noch immer an die vielfältigen Lebensentwürfe, -bedingungen und -realitäten von Frauen zurückzubinden versucht, nicht an der "Perspektive der Geschlechterdifferenz" (Cavarero 1990) vorbeizukommen, freilich nicht im Sinne eines Verharrens innerhalb der tradierten Geschlechterstereotypen, die Frauen und Männern zuschreiben, wie sie sind oder aber zu sein haben. Zu frisch ist noch der "Gründungsakt der weiblichen Subjektivität" (Tommasi 1989, 122) im Denken und in der Kultur, als daß das Denken in Kategorien von weiblich und männlich leichtfertig aufgegeben werden sollte. In diesem Sinne erscheint es mir gegenwärtig politisch notwendig, am Begriff Frauenforschung festzuhalten. Die Möglichkeiten, phantasievoll und spielerisch mit dem kulturellen Symbolsystem der Zweigeschlechtlichkeit umzugehen, sind längst noch nicht ausgeschöpft, dies gilt auch für feministische erkenntnistheoretische Überlegungen und für politisches Handeln von Frauen.

Abschließend möchte ich Anregungen für eine entsprechende Politik der Frauen skizzieren. Drei Aspekte finden hier Berücksichtigung: frauenpolitisches Handeln in der Institution, Institutionalisierungsstrategien und eng damit verbunden die (weitere) Entwicklung einer Wissenschaftskultur von Frauen.

- Veränderungen in der Frauenpolitik an den Hochschulen sind nur durch eine Politik der Einmischung von Frauen in alle relevante Gremien und alle Politikbereiche möglich (vgl. Muraro 1992) - nichts anderes meint ein konsequentes Ernst-Nehmen der Strukturkategorie Geschlecht in Bezug auf politisches Handeln. So betrachtet ist jegliche Politik Frauenpolitik. Frauenpolitik an der Hochschule ist in diesem Verständnis Hochschulstrukturpolitik und nicht nur auf einzelne Nischen wie z.B. den Bereich der Frauenförderung beschränkt. So lange die Frauenförderpolitik weitgehend außerhalb hochschulischer Gremienstrukturen angesiedelt ist, so lange bleiben Männer unter sich und treffen weiterhin Entscheidungen, die die Belange von Frauen, wie Frauenstudien und Frauenforschung, nicht oder kaum einbeziehen (Neusel 1991). Eine stärkere Verknüpfung der Bemühungen um Frauenförderung mit der Verankerung von Frauenstudien und Frauenforschung ist sinnvoll, ohne jedoch beide Politikwege einfach gleichzusetzen und aufeinander zu reduzieren. Frauenstudien gehören zur Hochschul- und Studienreform, die gegenwärtig in vieler Hochschulforscher und Bildungspolitiker Munde ist, sie können wichtige Anstöße zur Veränderung der Hochschulen geben, gleichzeitig bieten sie für Frauen veränderte Lernmöglichkeiten und Orte der Emanzipation.

- An den verschiedenen Ansätzen der Institutionalisierung führt kein Weg (mehr) vorbei, so problematisch die mit ihrer Integration in den akademischen Betrieb verbundenen "Disziplinierungsprozesse" (Giebeler 1992) von feministischer Forschung auch sind. Die große "feministische Revolution" in den Disziplinen findet nicht statt, vielmehr scheinen Teilcurricula Frauenforschung die Schmerzgrenze politischer Kompromißbereitschaft innerhalb der Institution darzustellen. Während an vielen Orten noch um erste Schritte zur Institutionalisierung gestritten wird, nehmen an anderen Orten jüngere Studentinnen diese Ansätze bereits als festen Bestandteil des universitären Curriculums und weniger als etwas Widerständiges mit Wurzeln in und lebendigen Bezügen zu der Frauenbewegung außerhalb der Hochschulen wahr. Die Öffnung der Hochschulen auch für Frauen, die nicht dem traditionellen Bildungsweg gefolgt sind, könnte die Bezüge zur Frauenbewegung außerhalb des Wissenschaftsbetriebs unterstützen und zu einem stärkeren Praxisbezug und durch die Heterogenität der Teilnehmerinnen und ihrer Lebensläufe zu einer größeren Lebendigkeit innerhalb der Lehre beitragen. Feministische Lehre und Curricula, die die Perspektive der Geschlechterdifferenz und die Geschichte von Frauenforschung aufgreifen, können die Tradierung des feministischen Wissens und seine Weitergabe an andere Frauen, auch nachfolgende Generationen, fördern (vgl. Piussi 1990).

- Zentral für diese Bemühungen erscheint mir die Entwicklung und Pflege einer Wissenschaftskultur von Frauen. Mit den Beziehungen zwischen Frauen in der Öffentlichkeit steht es nicht zum Besten, die privaten und öffentlichen Diskussionen zu Kooperation und Konkurrenz unter Frauen im Wissenschaftsbetrieb nehmen zu (vgl. z.B. Keller/Moglen 1990). Bemühungen um die Etablierung feministischer Ethikkodexe (die z.B. von Soziologinnen diskutiert werden) weisen auf Probleme zwischen Frauen hin, die es zu lösen gilt. Und das Beklagen eines Generationenkonflikts in der Frauenbewegung trägt bei einigen zwar zu erhellenden Erkenntnissen bei, verbessert aber nicht unbedingt auch die Umgangsformen der Frauen miteinander. Offensichtlich steht die Entwicklung einer Beziehungskultur von Frauen in der Öffentlichkeit noch sehr am Anfang: eine bewußte Stärkung der Bezüge unter Frauen kann der Zersplitterung und den zunehmenden Ab- und Ausgrenzungstendenzen untereinander entgegenwirken, die Vielfalt der Frauen und Frauenstudieninitiativen könnten durchaus als Stärke begriffen werden. Das meint nicht eine Vereinheitlichung von Frauen, sondern die Entwicklung von Kommunikationsformen untereinander auch über theoretische, politische und persönliche Differenzen und unterschiedliche institutionelle Verortungen hinweg, die Bildung einer weiblichen Genealogie. Dazu sind vertikale und horizontale Bezugssysteme unter Frauen auf- bzw. auszubauen, denn schließlich leben Frauenstudien und Frauenforschung von den Interaktionen der beteiligten Frauen und ihrer Unterschiedlichkeit. Zentral für die feministische

Bewegung sind die Interaktionen und Beziehungen unter den beteiligten Frauen. Existieren diese Beziehungszusammenhänge nicht mehr, existieren auch feministische Institutionen wie z.B. Frauenstudien nicht mehr (vgl. Giebeler 1992, 211). Das kann doch nicht das Ziel aller Anstrengungen und Aktivitäten gewesen sein?!

Literatur

Appelt, Erna: Zur Transformation feministischer Anliegen im institutionellen Kontext, in: Angerer, Marie-Luise / Appelt, Erna / Bell, Anni / Rosenberger, Sieglinde / Seidl, Hadwig (Hg.): Auf glattem Parkett. Feministinnen in Institutionen, Wien 1991, S. 13 - 34

Arndt, Marlies / Deters, Magdalene / Harth, Gabriele / Jähnert, Gabriele / Kootz, Johanna / Riegraf, Birgit / Roßbach, Manuela / Zimmermann, Karin (Hg.): Ausgegrenzt und mittendrin - Frauen in der Wissenschaft, Berlin: Edition Sigma Bohn 1993

Autonomes Lesben- und Frauenreferat (Hg.): Dokumentation zum Frankfurter Frauenlehrstuhl, Frankfurt/Main 1986

Becker-Schmidt, Regina: Frauenforschung, in: Asanger, Roland / Wenninger, Gerd (Hg.): Handwörterbuch Psychologie, München/Weinheim 1988, S. 194 - 199

Beyme, Klaus von: Feministische Theorie der Politik zwischen Moderne und Postmoderne, in: Leviathan, 19. Jg. 1991, Heft 2, S. 208 - 228

Bock, Ulla: Frauenforschungsprofessuren an Universitäten in Deutschland, Extra-Info 15 der Zentraleinrichtung zur Förderung von Frauenstudien und Frauenforschung an der Freien Universität Berlin, 1992

Bruchhagen, Verena (Hg.): Frauenstudien. Konzepte, Modelle und Praxis wissenschaftlicher Weiterbildung, Weinheim/München 1989

Cavarero, Adriana: Die Perspektive der Geschlechterdifferenz, in: Gerhard, Ute / Jansen, Mechthild / Maihofer, Andrea / Schmid, Pia / Schultz, Irmgard (Hg.): Differenz und Gleichheit. Menschenrechte haben (k)ein Geschlecht, Frankfurt am Main 1990, S. 95 - 111

Giebeler, Cornelia: Zwischen Protest und Disziplin: Die feministische Paradoxie, Bielefeld 1992

Gildemeister, Regine / Wetterer, Angelika: Wie Geschlechter gemacht werden. Die soziale Konstruktion der Zweigeschlechtlichkeit und ihre Reifizierung in der Frauenforschung, in: Knapp, Gudrun-Axeli / Wetterer, Angelika (Hg.): TraditionenBrüche. Entwicklungen feministischer Theorie, Freiburg 1992, S. 201 - 254

Interdisziplinäre Forschungsgruppe Frauenforschung (IFF): Zweierlei Welten? Feministische Wissenschaftlerinnen im Dialog mit der männlichen Wissenschaft, Frankfurt am Main/New York 1992

Jacobi, Juliane: Überlegungen zum Thema "Institutionalisierung von Frauenforschung: Fächerintegration oder Zentralisierung", unveröff. Vortragsmanuskript für eine Tagung am 15.12.1992 im Kulturwissenschaftlichen Institut Essen

Jansen, Sarah: Naturwissenschaftlerinnen und Ingenieurinnen: Von der Forderung nach Gleichstellung zur feministischen Forschung, Wiesbaden: Schriftenreihe der Frauen in Naturwissenschaft und Technik e.V., Band 1, 1991

Keller, Evelyn Fox / Moglen, Helene: Gefallene Engel. Frauen in der Wissenschaft, in: Miner, Valerie / Longino, Helen E. (Hg.): Konkurrenz. Ein Tabu unter Frauen, München 1990, S. 14 - 34

Kettschau, Irmhild / Bruchhagen, Verena / Steenbuck, Gisela u.a.: Frauenstudien. Qualifikationen für eine neue Praxis der Frauenarbeit, Pfaffenweiler 1993

Kramarae, Cheris / Spender, Dale (Hg.): The Knowledge Explosion. Generations of Feminist Scholarship, New York: Teachers College Press 1992

Kriszio, Marianne: Frauenforschung, Frauenstudium, Frauenförderung, Frauenbeauftragte - Störung des Betriebsfriedens oder notwendige Korrektur eines strukturellen Defizits? In: Forum Wissenschaft - Studienheft Nr. 16, 1991: "Hochschulstrukturen - Studium und Lehre in den 90er Jahren", S. 33 - 42

Luhmann, Niklas: Frauen, Männer und George Spencer Brown, in: Zeitschrift für Soziologie, 17. Jg., 1988, Heft 1, S. 47 - 71

Metz-Göckel, Sigrid: Zur Institutionalisierung von Frauenforschung an Universitäten der Bundesrepublik, in: Neue Impulse 3, 1993, S. 20 - 25

Müller, Ursula: Gleichheit im Zeitalter der Differenz: Einige methodologische Erwägungen zur Frauenforschung, in: Psychologie & Gesellschaftskritik Nr. 59/60, 1991, Heft 3/4, S. 73 - 89

Muraro, Luisa: Politik ist Frauenpolitik, in: Unterschiede, 1. Jg., 1992, Heft 4, S. 6 - 8

Dies.: Die symbolische Ordnung der Mutter, Frankfurt am Main/NewYork 1993

Neusel, Aylâ: Eingangsstatement zum öffentlichen Expertengespräch "Frauen und Hochschule" am 29. November 1989, in: Kuhlwein, Eckart (Hg.): Diskussionspapiere der Enquete - Kommission "Zukünftige Bildungspolitik - Bildung 2000" des 11. Deutschen Bundestages "Perspektiven der Hochschulentwicklung", Bonn 1991, S. 269 - 279

Piussi, Anna Maria: Towards a Pedagogy of Sexual Difference: Education and female Genealogy, in: Gender and Education, Vol. 2, 1990, No. 1, S. 81 - 90

Stahr, Ingeborg / Bruchhagen, Verena: Bundesarbeitsgemeinschaft "Wissenschaftliche Weiterbildung für Frauen", Essen/Dortmund, unveröff. Manuskript

Tommasi, Wanda: Die Versuchung des Neutrums, in: DIOTIMA: Der Mensch ist Zwei. Das Denken der Geschlechterdifferenz, Wien 1989, S. 103 - 125

WRK - Westdeutsche Rektorenkonferenz: Zur Förderung von Frauen in den Hochschulen, Bonn: Dokumentation Nr. 25/1990 vom 13. Juli 1990 (vervielf. Manuskript).

Anmerkungen

1 Diese Ausführungen werden zum Teil in einzelnen Beiträgen dieses Bandes aufgegriffen und detaillierter dargestellt.
2 1985 wurde das Hochschulrahmengesetz novelliert, die Verbesserung der Situation von Frauen im Wissenschaftsbetrieb ist im §2, Absatz 2 festgeschrieben: "Die Hochschulen wirken bei der Wahrnehmung ihrer Aufgaben auf die Beseitigung der für Wissenschaftlerinnen bestehenden Nachteile hin." Damit ist Frauenförderung als eine Aufgabe der Hochschulen formuliert.

Iteke Weeda

Sozialer Wandel, Frauenbewegung, Wissenschaftsperspektiven und Frauenstudien

Sozialer Wandel

Wissenschaftlich, gefühlsmäßig und rational vertrete ich die Auffassung, daß die in der Welt bedeutendste Polarität, nämlich Mann-Sein (masculinity) und Frau-Sein (femininity) mit der Konsequenz unterschiedlicher Geschlechtsrollen, die Grundlage für allen sozialen Wandel bildet. Soziologen sprechen im Falle gesellschaftlicher Veränderungen häufig von Phänomenen wie z. B. Industrialisierung, Bürokratie, demographischen Trends, technischen Entwicklungen oder Säkularisierung. Meine Theorie aber geht davon aus, daß die elementaren Kräfte für den sozialen Wandel zum einen in jenen Grenzen, Polaritäten und Dualitäten enthalten sind, die auf der Grundlage des Mann-Seins und Frau-Seins entstehen, zum anderen im Prozeß der Individualisierung, verbunden mit wachsender Solidarität.

Die Frauenbewegung

Die Frauenbewegung muß als Teil des allgemeinen gesellschaftlichen Wandels betrachtet werden, der sich insbesondere in den letzten drei Jahrzehnten vollzogen hat. Innerhalb dieser Zeitspanne können drei wesentliche Abschnitte unterschieden werden, die auch für Frauenstudien, ihre Theorie und ihre Methoden von Bedeutung sind.
Vom Ende der sechziger bis in die siebziger Jahre hinein war unsere Ausgangsthese, daß Frauen insgesamt unterdrückt würden und daher die Solidarität *aller* Frauen miteinander erforderlich sei. Diese Periode war durch radikale feministische Aktivitäten geprägt. Zuweilen waren sie extrem, etwa getragen durch die Überzeugung, daß alle Frauen gut und alle Männer böse seien. Die Folge waren Aussagen wie "Schlafe nicht mit Deinem Unterdrücker" oder "Werde lieber eine Lesbe" . Diese extremen Positionen waren nicht weit verbreitet, aber sie schossen Löcher in das rigide System der traditionellen Rollenmodelle. Die Bedrohung, die von der Bewegung ausging, veranlaßte (männliche) Journalisten dazu, die Berichterstattung über radikale Aktivitäten zu übertreiben und die gesamte Frauenbewegung als suspekt hinzustellen.
Obwohl die Prämisse "Solidarität zwischen Frauen" lautete, verbargen sich hinter der Harmonie in der Praxis häufig auch falsche Töne und es ergaben sich innerhalb

der Bewegung zahlreiche Probleme und versteckte Konflikte. Der wesentliche Gegenstand der Diskussionen war, nicht wie Männer zu sein, so daß beispielsweise das Geldverdienen auf der Grundlage von Aktivitäten im Kontext der Frauenbewegung sehr mißtrauisch verfolgt wurde.

In den achtziger Jahren standen wir vor der Antithese der Frauengruppen, die gegeneinander kämpften. Im Mittelpunkt der Auseinandersetzung standen die Unterschiede zwischen den Frauen und die Tatsache, daß weiße, heterosexuelle, hochqualifizierte und ziemlich wohlhabende dreißig- bis vierzigjährige Frauen den Kern der Frauenbewegung bildeten. Arme, junge, schwarze, lesbische und andere Frauengruppen reagierten radikal gegen diese zentrale Gruppe: So wurden Women's Studies Konferenzen an den Universitäten von diesen Gruppen angegriffen.

Das war ein sehr wichtiger Beitrag zur Erkenntnis, daß Frauen nicht nur von Männern unterdrückt werden, sondern daß unterdrückende Tendenzen auch unter den Frauengruppierungen bestehen. Die Gefahr lag in der absoluten Zersplitterung; am Ende hätte es ebenso viele Bewegungen wie aktive Frauen(gruppen) geben können.

Ein weiterer Aspekt der Frauenbewegung dieser Periode liegt in ihrer Institutionalisierung. Frauen bekamen bezahlte Stellen im Bereich "Emanzipation" auf verschiedenen Ebenen und in verschiedenen Organisationen der Gesellschaft. Politik, Wissenschaft und viele andere Bereiche wurden beeinflußt. Frauen wurden Ministerinnen und Professorinnen und es bestand die tatsächliche Gefahr, daß sie sich abkapseln und ihre kritische Stimme im Zuge der vielen lähmenden bürokratischen Arbeit verlieren würden.

Hoffnungsvoll arbeiten wir in den neunziger Jahren einer Synthese entgegen. Die Herausforderung an die Frauenbewegung wird darin liegen, Netzwerke zu schaffen, in denen Arbeit und Freundschaft verbunden werden, denn jetzt werden die begrenzenden Beschränkungen auf Instrumentalität (im Mann-Sein) und Expressivität (im Frau-Sein) attackiert werden. Die Tendenzen sind bereits sichtbar. Die Schwierigkeit besteht aber darin, die Unterschiede zwischen Frauen(gruppen) zu akzeptieren und in kritischer Solidarität zusammenzuarbeiten. Die Vielfalt, die bestehenden Unterschiede respektieren und sich gleichzeitig vertrauensvoll unterstützen - das kann die Bewegung nur stärken.

Ein weiteres wichtiges Ziel der neunziger Jahre wird die Zusammenarbeit mit Männern sein, und zwar mehr als in der Vergangenheit. Ihre Einbeziehung und ihre sich verändernde Haltung wird als entscheidend für den Fortschritt erkannt. Die Zeit dafür scheint reif, auch für die Stärkung der Männerbewegung und der Vaterschaft.

Frauenstudien

Diese Entwicklungen in Gesellschaft und Frauenbewegung wurden in den Theorien und Forschungen der Frauenstudien der vergangenen Jahrzehnte reflektiert. In den siebziger Jahren wurde nach *der einen* Unterdrückungstheorie gesucht. Die marxistische Theorie erfuhr eine feministische Interpretation, die Patriarchatstheorie, die Sozialisationstheorie (z. B. Nancy Chodorow, feministische Psychoanalyse) und ebenso die Reproduktionstheorie wurden sehr bekannt. Diese Theorien stellten den Versuch an, die Unterdrückung der Frauen als ein Gesamtphänomen zu erklären.

Gesellschaftlichen Veränderungen gleichermaßen folgend wie sie und beeinflussend, suchten wir in den achtziger Jahren nicht länger nach der einen übergreifenden Theorie zur Erklärung von Frauenunterdrückung. Vielmehr wurde in der Theorieentwicklung eine Zersplitterung sichtbar. Es wurden nun viele Theorieansätze aufgenommen, mit dem Schwerpunkt auf Machttheorien. Bekannt ist der Rückgriff auf Foucault, Lukes, Gramsci und Elias im Rahmen feministischer resp. Frauenstudien-Perspektiven. Ebenso wurden der Strukturalismus und die Postmoderne für diesen Zweck `übersetzt'.

In den neunziger Jahren werden Versuche unternommen, Erkenntnisse und Theorien zu integrieren. Als Beispiel dafür möchte ich im folgenden meine 'genderculture theory' (Geschlechterkultur-Theorie) betrachten.

Geschlechterkultur-Theorie

Dieser Theorie liegen vier wesentliche Geschlechterparadigmen zugrunde. Alle sind in der Wissenschaft (die eine männliche Einrichtung ist) und in der Gesellschaft vertreten, wenn auch mit unterschiedlichem Gewicht. Insgesamt gesehen vollzieht sich gegenwärtig in der Gesellschaft der wichtige Übergang von dem zweiten zum dritten Paradigma. Es kann festgestellt werden, daß eine wechselseitige Abhängigkeit zwischen Wissenschaftsperspektiven, gesellschaftlichem Wandel und sozialen Problemen, wie z. B. der Umweltzerstörung, der Gewalt, dem Mangel an Fürsorge und den Geschlechterparadigmen besteht. Die vier Paradigmen sind nicht nur in der Gesellschaft vorhanden. Sie sind auch in uns selbst, in den Individuen verwurzelt, meist in sehr tiefe Schichten eingebettet.

Es ist wichtig zu erkennen, daß wir über Ideologien innerhalb der Gesellschaft sprechen; in der Praxis ist ihre Vielfalt beträchtlich. Auch Mann-Sein (masculinity) und Frau-Sein (femininity) werden als kulturelle Konstruktionen betrachtet.

Die Hauptkriterien zur Unterscheidung der vier Geschlechterparadigmen sind folgende:

- als erstes die Überlegenheit des Mann-Seins vs. Gleichheit zwischen Mann-Sein und Frau-Sein.
- Das zweite liegt in der Aufeinanderbezogenheit von Männern und Frauen vs. ihre jeweils eigenständigen Identitäten.
- Das dritte Kriterium umfaßt die hohe oder geringe Bedeutung der (heterosexuellen) Partnerbeziehung.

Die drei Kriterien führen zu den folgenden vier Geschlechterparadigmen und zu entsprechenden Lebensstilen und wissenschaftlichen Perspektiven innerhalb der Gesellschaft:

Geschlechterparadigma 1

Männer werden nur als männlich, Frauen nur als weiblich betrachtet und beide werden als sich ergänzend definiert. Mann-Sein wird gegenüber dem Frau-Sein als überlegen erachtet, so daß Männer auch ideologisch den Frauen überlegen sind. Mann und Frau sollten in einer heterosexuellen Beziehung oder einer Ehe einander brauchen, um eine sich ergänzende Einheit zu bilden.

In diesem Geschlechterparadigma wird das vor der industriellen Revolution herrschende patriarchale System verkörpert. Seine Ideologie wird durch traditionelle Religionen und kirchliche Strukturen legitimiert. Noch heute sind dieses Paradigma sowie die patriarchale Ideologie in Individuen (Männern wie Frauen, konservativen wie fortschrittlichen Menschen) und in der Gesellschaft gegenwärtig. Beispiele dafür können auf dem Arbeitsmarkt gefunden werden, wo sogenannte männliche Berufe einen höheren Status und höhere Einkommensniveaus haben als sogenannte weibliche Berufe. Technisches Wissen und Computer werden meist höher dotiert als Liebe und Fürsorge für andere.

Lebensstile, die zu diesem Geschlechterparadigma und zu dieser sozialen Ideologie mit ihren Strukturen zählen, sind die eng-geknüpften Familien- und Nachbargemeinschaften und die damit verbundenen gegenseitigen Verpflichtungen. Vor der industriellen Revolution waren solche Gemeinschaften in der westlichen Gesellschaft weit verbreitet. Sie sind heute noch in allen westlichen Ländern vertreten, aber zumeist als randständige Erscheinungen.

Obwohl die Wissenschaft in dieser Sichtweise keine bedeutende Rolle spielt, weil die Religion endgültige Antworten liefert, wird sie ausschließlich als Sache der Männer betrachtet . Es dauerte sehr lange, bis die Universitäten Frauen als Studentinnen zuließen. (In meinem Heimatland, in der die ältesten Universitäten ca. vierhundert Jahre alt sind, wurde die erste Frau im Jahre 1871 zugelassen.) Überflüssig zu sagen, daß Frauenstudien (Women's Studies') völlig unvorstellbar waren, jedenfalls in der Form, wie wir sie heute haben - mit dieser ideologischen Perspektive -

und nicht im Sinne eines Studiums *über* Frauen. (Einmal wurde ich gefragt: "Ist die Gynäkologie nicht ein hervorragendes Beispiel für Frauenstudien?"!!)

Geschlechterparadigma 2

Immer noch werden Männer als vollkommen männlich und Frauen als vollkommen weiblich betrachtet und es herrscht die Meinung, daß die heterosexuelle Partnerschaft / Ehe auf die Vervollständigung von Mann und Frau in einer sich ergänzenden Einheit abzielt. Der Unterschied zu dem ersten Paradigma liegt darin, daß das Mann-Sein nicht mehr als dem Frau-Sein überlegen gesehen wird. Männer und Frauen werden als gleichwertig betrachtet. Diese Sichtweise ist die neue Ideologie in den westlichen Ländern des 20. Jahrhunderts. Wegen der langen Geschichte des vorangegangenen patriarchalen Paradigmas aber bleibt das Überlegenheits-/Unterlegenheitsprinzip in der gegenwärtigen gesellschaftlichen Praxis weiterhin bestehen.

Dieses Geschlechterparadigma entwickelt sich in einer Gesellschaft, in der die Industrialisierung einen fundamentalen Einfluß auf die Auflösung der Gemeinschaften und das Wachstum der Städte genommen hat. Menschen verlassen ihren Familienverband, um anderswo zu leben, meist im Kontext von Kernfamilien. Die Kernfamilie wird zum neuen beherrschenden Lebensstil, wird als Grundstein der Gesellschaft betrachtet. Die strenge Teilung, die in der Gesellschaft zwischen privatem und öffentlichem Sektor vorhanden ist, zwischen dem Leben zu Hause und dem Arbeitsleben, geht selbständig auf andere Bereiche über, etwa auf die Vorstellungen vom Mann-Sein, die Rationalität und Geschäftsmäßigkeit umfassen, im Unterschied zu den Vorstellungen vom Frau-Sein, die die Merkmale Intuition, Gefühle und Fürsorge kennzeichnen.

Vor dem Hintergrund der Ideologie dieses Geschlechterparadigmas scheint die Kernfamilie ein geschlossenes Ganzes zu sein. Die Familie wird im Vergleich zu der früheren Großfamilie und Nachbarschaftsgemeinschaft zunehmend zur unabhängigen Einheit. Unterstützungen, um in schwierigeren Zeiten zu überleben, existieren auf einer abstrakteren Ebene des Staates, seiner Politik und sozialen Sicherheit. Die romantische Vorstellung von Mann und Frau als einer sich ergänzenden Einheit bedeutet, daß andere Menschen mehr auf Distanz gehalten werden, etwa die Familie und die Freunde (die "Bekanntschaften" genannt werden!). Eine weitere Auswirkung ist, daß aufgrund ihrer unterschiedlichen Befähigungen der Mann zum idealen Brotverdiener in der bezahlten Arbeitswelt und die Frau zur idealen unbezahlten Fürsorgerin zu Hause wird.

Für die rationale Wissenschaft bringt dieser Wandel in Kombination mit fortschreitender Säkularisierung eine fundamentale Bedeutungszunahme mit sich. Obwohl Frauen sich nun an der Wissenschaft beteiligen dürfen, bleibt sie immer

noch eine männliche Bastion. Das ergibt sich natürlich aus der Vorstellung, daß Männer rational und Frauen intuitiv sind.
Wissenschaft wird in Disziplinen organisiert. Der multi- / interdisziplinäre Bereich Frauenstudien findet in einem solchen Bild keinen Platz und Themen sowie Perspektiven sind meistens männlich orientiert.

Geschlechterparadigma 3

Eine sehr wichtige Veränderung tritt beim Übergang vom zweiten zum dritten Geschlechterparadigma auf. Männer und Frauen werden nicht mehr als sich in ihren Befähigungen und Merkmalen ergänzend erachtet. Sie werden mit je eigener Identität wahrgenommen, wobei sowohl das Mann-Sein als auch das Frau-Sein ihren Raum finden und die Einzigartigkeit des Individuums gleichzeitig gestärkt wird. Dennoch bleibt die heterosexuelle Partnerschaft höchst bedeutsam, obwohl auch homosexuelle Partnerschaften als Chance sichtbar werden, da die geschlechtliche Aufeinanderbezogenheit nicht länger notwendig ist.
Die sechziger Jahre betonten die Demokratisierung und Selbstverwirklichung des Individuums und boten das ideale soziale Klima, dieses neue Geschlechterparadigma voranzutreiben, das auch in die neue Frauenbewegung von heute paßt. Viele Bereiche stehen unter dem Druck des sozialen Wandels; Individualisierung ist ein zentrales Thema. Diese Individualisierung kann auch innerhalb des Familiensystems entwickelt werden.
Im Zuge dieses Wandels treten zahlreiche unterschiedliche Lebensstile in Erscheinung als in vorhergehenden Perioden . Obwohl die Kernfamilie immer noch sehr bedeutend ist, erlangt der unabhängige Lebensstil mehr Gewicht. Innerhalb der Kernfamilie beobachten wir zwei wesentliche Bewegungen: die zunehmende Unabhängigkeit ihrer Mitglieder und eine Öffnung hin zur äußeren Welt. Mitglieder können eigene Freunde haben. Auch steigt die Akzeptanz von Trennungen. Sie sind zur alltäglichen Erscheinung geworden, seit sich die Vorstellung durchgesetzt hat, daß eine Beziehung auf lange Sicht die Selbstverwirklichung eines oder beider Partner nicht hindern darf. Mit diesem Paradigma geht natürlich der Umstand einher, daß Frauen nicht mehr in erster Linie für die Hausarbeit und Kinderfürsorge und Männer nicht mehr nur für das Brotverdienen verantwortlich sind. Diese Aufgaben können geteilt werden.
In dieser Periode ist auch eine Krise in der Wissenschaft zu beobachten, insbesondere in den Sozialwissenschaften. Betont wird die "Feminisierung" der Wissenschaft - beispielsweise durch den vermehrten Einsatz qualitativer Forschungsmethoden. Darüberhinaus wird der Wert der Multidisziplinarität unterstrichen und es ist keineswegs überraschend, daß den Frauenstudien in dieser Phase vorsichtig ein Platz innerhalb der akademischen Institutionen eingeräumt wird. Weder über-

mäßig schnell, noch sehr markant, denn die alten (männlichen und rationalen) Visionen haben noch immer Einfluß. Es ist eine schwere Zeit des Übergangs in den starr verfassten Wissenschaften.
Innerhalb der Frauenstudien fanden in dieser Zeit viele Debatten statt, z.B. über die Bestimmung des Gegenstandsbereichs (oder den Mangel daran), über Forschungs- und angemessene Lehrmethoden und über den Wunsch der Integration dieses Bereiches in andere Bereiche der wissenschaftlichen Welt.

Geschlechterparadigma 4

Die wesentliche Veränderung gegenüber dem vorhergehenden Paradigma liegt darin, daß die Partnerbeziehung nicht mehr höher bewertet wird als andere Beziehungen wie etwa Freundschaften. Bei diesem Übergang werden Grenzen und dualistisches Denken abgebaut. Genau genommen sprechen wir an dieser Stelle von einem Wandel, der sichtbar, aber in der heutigen Gesellschaft noch keineswegs vorherrschend ist. Zentral bedeutsam ist der Übergang vom zweiten zum dritten Paradigma. Hingegen findet sich das vierte Paradigma in kleineren, elitäreren Gruppen, z. B. bei jüngeren, hochqualifizierten Menschen. Es ist mit einem Lebensstil verbunden, der etwa `Freundesnetzwerke' heißen könnte. Die Familie kann einen Platz darin finden, die Beziehung zu ihren Mitgliedern muß aber nicht notwendigerweise die bedeutendste sein.
Da dieser Wandel eher langfristig angelegt ist, kann ich nur vermuten, welchen Einfluß er auf die Wissenschaft im allgemeinen und auf die Frauenstudien im besonderen nehmen wird. Die Wissenschaft wird in dem Sinne reifen, daß ein eher "androgyner" Ansatz Gewicht und Praxis erlangen wird. Das heißt, daß Gefühl und Rationalität in einer wechselseitig fruchtbaren Weise eingesetzt werden. Interdisziplinarität wird dabei ein wichtiges Ziel sein.
Es könnte sein, daß Frauenstudien in *eigenständiger* Form - getrennt von den anderen Gebieten - weniger notwendig werden. Wir würden vielleicht auch andere separate Wissenschaftsdisziplinen verschwinden sehen, am ehesten in Problembereichen, die transdisziplinär von allen relevanten Perspektiven und Theorien untersucht werden. Frauenstudien und Männerstudien könnten Beispiele sein, ebenso Umweltstudien usw.

Geschlechterparadigmen des Übergangs: Zellteilung und sechs Richtungen der Emanzipation

Heutzutage befindet sich die westliche Gesellschaft in einer entscheidenden Phase der Auflösung des herrschenden tradtionellen Musters von Mann und Frau, die einander durch ihr Mann-Sein und Frau-Sein jeweils vervollständigen. Die moderne Vorstellung von Männern und Frauen mit je eigenen Identitäten läßt verschiedene Auffassungen sichtbar werden. Innerhalb dieses fundamentalen Wandels bleibt die Emanzipation der Geschlechterpositionen zentrales Ziel, doch kann es auf verschiedenste Weise erreicht werden. Es ist wichtig, dies bewußt wahrzunehmen, denn wenn wir das nicht tun, ist die Wahrscheinlichkeit von Mißverständnissen unter Menschen, die alle für die Emanzipation "kämpfen" hoch. Diese Mißverständnisse sind heute in Beziehungen, in der Politik, in der Wissenschaft sowie in den Frauenstudien zu finden. Die Menschen wollen alle, daß strukturelle Machtunterschiede auf der Geschlechterbasis verschwinden, wie aber lauten die Ziele?

Im traditionellen Sinne werden *Männer* als rational, initiativergreifend, geschäftsmäßig, zukunfts- und karriere-orientiert betrachtet; *Frauen* werden angesehen als intuitiv, emotional, auf Zuwendung, Fürsorge und Heim bezogen. Diese Prinzipien des Mann-Seins und Frau-Seins werden im neuen, dritten Paradigma (im Ergebnis dessen, was ich Zellteilung nennen möchte,) vermischt oder verneint. Durch diesen Prozeß können heute ganz grob sechs "Emanzipationsrichtungen" unterschieden werden, die ich im folgenden erklären möchte.

1. *Emanzipation in Richtung* männliches Individuum

Es wird von Männern *und* Frauen erwartet, daß sie rational, geschäftsmäßig usw. werden. Mann-Sein wird immer noch gegenüber dem Frau-Sein als überlegen betrachtet, doch aus dieser Perspektive heraus ist das nicht durch das Geschlecht definiert. Frauen dürfen also im selben Ausmaß wie die Männer teilhaben an bezahlter Arbeit, Karriere und Kreativität. Das "Rattenrennen" steht auch den Frauen offen.

Eine der wichtigen Vertreterinnen, die dieser Richtung einen gewaltigen Impuls gab, ist Simone de Beauvoir. In ihrem Buch "Das andere Geschlecht" argumentiert sie, daß die Unterschiede zwischen Männern und Frauen durch die Kultur und nicht durch die Natur bestimmt werden. Daher können Frauen dieselbe Position wie Männer erreichen. Im weiteren nennt sie Mutterschaft und andere weibliche Züge und Kapazitäten nicht-kreativ und nicht so bedeutend. Frauen versuchen, wie Männer zu sein, selbst bei der Kleidung: kein Make-up, nicht sexuell attraktiv hergerichtet.

Wenn diese Richtung vorherrscht, wird sich die Gesellschaft insgesamt in eine männliche Richtung entwickeln, da erwartet wird, daß die Frauen sich ändern, nicht aber die Männer. Insofern kann sie als eine ziemlich "gefährliche" Richtung bezeichnet werden, vor allem, wenn wir bedenken, daß die umfassende Ideologie auf ökonomisches Wachstum abzielt, wobei alle Menschen zwischen Heim und

Arbeitsplatz pendeln, mehrere Wohnsitze haben etc. Das hätte auch eine zunehmende Umweltzerstörung zur Folge.
Frauenstudien, die sich in diesen Kontext einordnen, sind an den rationalen Ansatz der Wissenschaft angepaßt. Da Frauenstudien im Zuge dieser Emanzipationsrichtung aber keinen sehr hohen Status erreichen werden, versuchen ihre VertreterInnen päpstlicher als der Papst zu sein. Ihre Auseinandersetzungen verlaufen noch abstrakter als in der männlichen Welt, sind schwieriger, beinhalten unverständliche Formulierungen und quantitativ mehr Zahlen zur Untermauerung ihrer Inhalte. Sie müssen von Männern akzeptiert werden, von einer männlichen Bastion. Und das scheint schwierig.

2. *Emanzipation in Richtung* weibliches Individuum

Es wird von Frauen und Männern erwartet, daß sie emotional, fürsorglich, zuwendungsorientiert usw. werden. In diesem Fall, der in der westlichen Gesellschaft, insbesondere im öffentlichen Leben, eine relativ neue Erscheinung ist, wird das Mann-Sein gegenüber dem Frau-Sein als unterlegen betrachtet. Diese Auffassung drückt den Gedanken aus, daß anstatt der Frauen die Männer sich verändern sollen, und zwar in eine weibliche Richtung. Männer müssen oder dürfen an der Kinderversorgung, an der Haushaltsführung usw. teilhaben. Teilzeitarbeit wird als vorteilhafter gegenüber der Vollzeitarbeit angesehen, da persönliche Beziehungen und Freundschaften eine sehr bedeutende Rolle spielen. Mutterschaft / Vaterschaft und das Alltagsleben werden geachtet. Wirtschaftliches Wachstum ist ein weniger wichtiges Thema.
Marilyn French, die über die Ohnmacht der Macht schreibt, ist eine charakteristische Vertreterin dieser Richtung. Das wesentliche Ziel des Lebens sollte das reine Vergnügen sein, nicht Karriere oder Status. Die "Flower Power" Gruppen gehören auch dieser Richtung an. Eine herausgehobene Forderung ist in diesem Zusammenhang der Ruf nach dem Lesbianismus als einer notwendigen Lebensweise. Dann folgen Männergruppen, in denen Männer den Austausch von Gefühlen und Emotionen üben können. Auch hier tritt eine kulturelle Richtung zu Tage: Es werden keine biologischen Unterschiede der Befähigungen und Wesenszüge erwartet.
Sollte diese Richtung vorherrschen, dann wird sich die Gesellschaft als Ganzes in eine weibliche Richtung ändern. Doch das scheint im öffentlichen Leben angesichts der sowohl langen Tradition und des hohen Status des Mann-Seins eher unwahrscheinlich. Aus diesem Grund - obwohl die Orientierung ähnlich einseitig ist wie die vorangehend beschriebene - ist es nicht so gefährlich, sie für die gesamte Gesellschaft zu proklamieren. Sie wird nur schwerlich dominieren und wenn doch,

dann würde sie die Bekämpfung ernster gesellschaftlicher Probleme in Angriff nehmen.

Women's Studies werden in diesem Zusammenhang hochgeschätzt; dennoch wird es lange dauern, bis sie einen Platz neben den männlichen Wissenschaften einnehmen werden. Ihre Durchführung wird sich außerhalb der Universitäten einfacher gestalten. Persönliche Erfahrungswerte, qualitative Methoden, weniger Abstraktion und mehr Integration werden hohe Priorität genießen.

3. *Emanzipation in Richtung* des wahren Mannes / der wahren Frau

Dies ist eine biologische und keine kulturelle Richtung, da angenommen wird, daß es zwischen den Geschlechtern natürliche Unterschiede gibt. Diese zeigen sich nicht notwendigerweise in der gegenwärtigen Gestalt des Mann-Seins und Frau-Seins; vielmehr gilt es, sie zukünftig zu entdecken. Obwohl angenommen wird, daß Männer und Frauen angeborene Unterschiede haben, sollten ihre unterschiedlichen Befähigungen und Wesenszüge *nicht* zur Diskriminierung, Einteilung in Über- und Unterlegenheit und zu Machtunterschieden zwischen den Geschlechtern führen.

Wir müssen abwarten und beobachten, worin tatsächlich angeborene Unterschiede liegen; hierüber gibt es bis heute kein präzises Bild. Daher sind die Konsequenzen für die Gesellschaft auch ungewiß. Frauenstudien haben die Aufgabe, sich an der Entdeckung wirklich angeborener Unterschiede durch Forschungen über Frauentraditionen zu beteiligen.

4. *Emanzipation in Richtung* des einzigartigen Individuums

Diese Richtung kann als eine eher humanistische bezeichnet werden. Individuen werden als vollkommen einzigartig betrachtet; durch Zufall sind sie Mann oder Frau. Dieser rein biologische Unterschied sollte aber die Befähigungen und Wesenszüge von Männern und Frauen nicht im strukturellen Sinne beeinflussen. Jedes Individuum hat die Freiheit, sich für die Entwicklung ihrer oder seiner Fähigkeiten zu entscheiden. Kulturelle Konzepte wie z. B. das Konstrukt Mann-Sein oder Frau-Sein sind suspekt; vom Verständnis dieser Richtung ausgehend, ist ihre Anwendung kaum erlaubt. Jede(r) muß ihre / seine völlig einzigartigen Qualitäten für sich herausfinden.

Für die Gesellschaft bedeutet dies, daß alle Richtungen sich entwickeln und dominieren können. Die Gefahr wird sicherlich darin liegen, daß durch die Proklamierung der Einzigartigkeit die bereits früher entstandenen Orientierungen beibehalten werden, da sie tief verwurzelt sind. So haben wir hier vermutlich lediglich eine weitere, emanzipiert klingende Bezeichnung für traditionelle Positionen zwischen Männern und Frauen.

Wir erkennen ferner eine Gefahr im Hinblick auf die Haltung zu Frauenstudien. Im Rahmen dieser Auffassung gehen die Menschen davon aus, daß dieser wissenschaftlicher Bereich nicht wirklich notwendig ist. Und wenn Frauenstudien für notwendig erachtet werden, so entsteht eine enorme Vielfalt von Theorien, die nicht charakteristisch für die Position von Männern und Frauen sind. Verständlich wird diese Vermutung, wenn wir uns den Ausgangspunkt von Frauenstudien vor Augen führen: Er besteht in der Annahme, daß zwischen Männern und Frauen tatsächlich Unterschiede existieren.

Die eben skizzierte Richtung wird häufig von jungen Menschen vertreten, die meinen, daß Männer und Frauen bereits gleichberechtigt sind.

5. *Emanzipation in Richtung* des androgynen Individuums

Diese Vision geht aus von der Integration des Mann-Seins und Frau-Seins in einem Individuum, innerhalb einer Gruppe, innerhalb der Gesellschaft. Rationalität und Gefühl sollten verbunden werden; ohne den einen oder den anderen Aspekt verlieren wir unsere richtige Richtung, werden wir uns unseres Ziels nicht bewußt werden. In ihrem Buch "The Aquarian Conspiracy" erläutert Marilyn Ferguson diesen Standpunkt sehr gut. Auch Elisabeth Badinter liefert eine klare Beschreibung sowie eine Theorie über die Androgynie und ihre Bedeutung in ihrem Buch "Ich bin Du". Ihr besonderer Beitrag zu diesem Thema ist die Vorstellung, daß die Leidenschaft durch das Entstehen der Androgynie verlorengeht.

Alle diese Erkenntnisse zur Androgynie gehen davon aus, daß es keinen systematischen Unterschied zwischen den beiden Geschlechtern gibt; tatsächlich betont die gesamte Konzeption mehr oder weniger die Bedeutung kultureller Einflüsse auf die Menschheit. Innerhalb von Frauenstudien werden WissenschaftlerInnen dieser Richtung an dem Versuch arbeiten, Bereiche und Disziplinen zu integrieren, um alle möglichen Grenzen aufzulösen.

6. *Emanzipation in Richtung* des androgynen Mannes/der androgynen Frau

Im Gegensatz zu der vorigen Variante wird in diesem Fall wiederum eine angeborene Unterscheidung zwischen Männer und Frauen angenommen. Weder wird der Mann, vom traditionellen Paradigma ausgehend, als rein männlich, noch wird die Frau als rein weiblich betrachtet. Das Mann-Sein des Mannes, beispielsweise in der Gesellschaft aktiv oder zukunftsorientiert zu sein usw., sollte in ihm selbst durch einen weiblichen Pol der Fürsorge oder die Einbeziehung des Herzens in seine Arbeit vervollständigt werden.

Für die Frau gilt, daß ihr Frau-Sein, das gefühls- und fürsorge-orientiert usw. ist, durch einen männlichen Pol vollendet werden sollte, um die weibliche Intuition in eine Form zu bringen, von der die Umgebung profitieren kann.

Meine persönliche Wahl fällt auf die letzte und sechste Richtung; ich bezeichne ihre ProtagonistInnen als "mann-weibliche" Frauen und "frau-männlichen" Männer. Meines Erachtens sind die Unterschiede zwischen den Geschlechtern in mehrerlei Hinsicht zu offensichtlich, als daß sie nicht als teils angeboren begriffen werden müßten. Andrerseits - und das empfinde ich nicht als paradox, da ich zunächst verallgemeinert habe - betrachte ich jedes Individuum als vollkommen einzigartig. Aber innerhalb der Gruppe der Männer und der Gruppe der Frauen tauchen erstaunliche Parallelen sowie entscheidende Unterschiede auf.

Ein Beispiel sind die Kommunikationsstile. Deborah Tannen spricht in ihrem erkenntnisreichen Buch "Du kannst mich nicht verstehen" von zwei *genderlects* (Anm.: etwa "Geschlechter-Dialekte"). Sie zeigt auf, daß das wesentliche Ziel der Frauenkommunikation "Verbindung" heißt, während das der Männer "Ergebnisse erzielen" und "Hierarchie" lautet. Am sichtbarsten ist das im üblicherweise völlig unterschiedlichen Verhalten unter engen männlichen und engen weiblichen Freunden. In privaten Beziehungen sprechen Frauen wesentlich mehr als Männer; in öffentlichen Situationen, wie z. B. Vorlesungen oder öffentlichen Diskussionen kehrt sich dieser Unterschied um. Im allgemeinen sind Männer viel eher problemlösungsorientiert als Frauen. Das stimmt mit der Vorstellung überein, daß Männer sich viel mehr auf die Zukunft und Frauen auf die Gefühle der Gegenwart beziehen.

Viele andere Bereiche unterstützen die Annahme, daß nicht nur kulturelle sondern auch angeborene Einflüsse Männer und Frauen unterschiedlich sein lassen.

Die Zukunft von Women's Studies

Frauenstudien haben im vergangenen Vierteljahrhundert bemerkenswert viel hervorgebracht. In allen Bereichen wird gearbeitet: in den Geisteswissenschaften, der Philosophie, der Theologie, den Literatur- und Sprachwissenschaften, in Geschichte, den Rechtswissenschaften, den Wirtschaftswissenschaften, Politikwissenschaften, der Soziologie, der Psychologie, der Pädagogik, der kulturellen Anthropologie, den Naturwissenschaften, der Biologie und in der Medizin. Auf jedem Gebiet, insbesondere auf den Gebieten, in denen Frauenstudien ihren angestammten Platz haben, wie z.B. in den Sozialwissenschaften und in den Literatur- und Sprachwissenschaften, erhielten Lehre und Forschung respektables Gewicht.

Was können wir für die Zukunft erwarten? Dieses Gewicht zu erhalten und zu erhöhen, wird eine schwierige Aufgabe sein. Ich halte folgende Ziele für wesentlich:

* Frauenstudien sollten unterstützend mitwirken, die starren Grenzen zwischen Mann-Sein und Frau-Sein, zwischen Privatleben und Öffentlichkeit, zwischen Arbeit und Liebe und zwischen verschiedenen wissenschaftlichen Disziplinen aufzuheben.

* Frauenstudien sollten sich für die Veränderung in der Gesellschaft engagieren und gegen das Bestehenbleiben des Alten. Die Stagnation in der Gesellschaft und in den Wissenschaften muß überwunden werden; Erneuerung ist das Ziel für Fortschritt. Dabei müßte gelegentliches Chaos akzeptiert werden, ebenso Schmerz und Leid - sie gehen nun einmal mit Wachstum und Fortschritt einher.

Schließen möchte ich mit jenem Thema, über das ich viel arbeite und das mir persönlich am Herzen liegt. Das Thema heißt "Liebe". Wenn ich behaupte, daß die Liebe das bedeutendste Phänomen der Erde, der Welt ist, so gehe ich davon aus, daß dafür weder Beweisführung noch Diskussion erforderlich sind. Wir sollten unsere Lehre, unsere Forschung mit dem Herzen tun, mit Liebe, mit innerem Wissen und ohne abstrakte Distanz.

Tatsachen sind nicht dasselbe wie Wissen; StudentInnen werden viel zu sehr durch reine Fakten betört. Wirkliches Wissen ist Bewußtsein. Daher müssen wir unser Bewußtsein erweitern, um unsere innere Welt zu erforschen. Wir benötigen sehr viel Liebe, um das Frau-Sein und die Intuition aus ihren unterbewerteten Positionen zu befreien. Für mich steht fest, daß wichtige Probleme unserer Welt wie Umweltzerstörung, Kriminalität, Einsamkeit, Armut und Gewalt mit zuviel Männlichkeit (masculinity) und zu wenig Weiblichkeit (femininity) in dieser (westlichen) Welt zusammenhängen.

Ich wünsche allen LeserInnen viel Inspiration in diesem wichtigsten Bereich der Wissenschaft. Es ist so wichtig, daß wir uns gegenseitig unterstützen!

Zusammenfassung

Die Umfrage "Is there Life after Women's Studies?", die als Hauptquelle für die Zusammenstellung und Ordnung der verschiedenen Meinungen der StudentInnen des vorliegenden Beitrags diente, wurde erstmalig 1989 für einen Beitrag zur Konferenz der National Women's Studies Association (NWSA) durchgeführt, und zwar von 6 Studierenden der Towson State University. Diese Gruppe entwarf einen Fragebogen, der an alle Studierenden und ehemaligen StudentInnen der Women's Studies an der Towson State University verteilt wurde. Ziel dieser Umfrage war es, die Stärken und Schwächen des Women's Studies Programms an der Towson State University ausfindig zu machen und die repräsentativsten Reaktionen der Studierenden auf Women's Studies an der Towson State University darzustellen. Man hoffte, daß die Lehrenden dadurch entsprechende Veränderungen vornehmen könnten und das Programm derart umgestaltet würde, daß es den Erwartungen und Ansprüchen der Studenten eher entspräche. Zweck der ersten Präsentation der Umfrageergebnisse war daher nicht nur, einen Anstoß für Überarbeitungen und Veränderungen innerhalb des Programms zu geben, sondern auch die drängensten Fragen der Women's Studies StudentInnen zu beantworten. Welchen Nutzen bringt ein Studienabschluß in Women's Studies am Arbeitsplatz, zu Hause, in persönlichen Beziehungen? Kurz: Gibt es ein Leben nach den Women's Studies, und wie sieht es aus?

Im Frühjahr 1993 wurde die 1989 durchgeführte Umfrage an der Wake Forest University aktualisiert und erweitert. Ziel der Sammlung und des Vergleichs der Datensätze zwischen Wake Forest und Towson war nicht, eine wissenschaftliche Studie durchzuführen, sondern auf unkonventionelle Weise zu untersuchen, welchen Einfluß unterschiedliche universitäre Umgebungen auf die intellektuellen Erfahrungen der Women's Studies StudentInnen haben; außerdem sollte den Frauen beider Universitäten die Möglichkeit gegeben werden, die Bedeutung von Women's Studies für ihr alltägliches Leben mit eigenen Worten zu erklären.

Chris Stearns
"Is there Life after Women's Studies?"
Eine Aktualisierung der Erstumfrage

Chris Stearns

Is There Life After Women's Studies:
An Update to the Original Inquiry[1]

This paper is entitled, "Is There Life After Women's Studies?" because this is often the greatest concern of Women's Studies (WMST) students - women and some men who quite consciously pursue a college degree they know to be questioned and often misunderstood by friends, future employers, and sometimes even family members. I well remember the Sunday afternoon I sat in my practical Grandmother's living room with my concerned father wrinkling his brow as I struggled to answer the question, "But, ... what job can you possibly get with a WMST degree?". I admittedly had no ready answer. So, I promised to pair my WMST degree with an additional "more marketable" major announcing that no one need worry because jobs were plentiful and I had academic plans. My bluff satisfied them, but I squirmed with their question for a couple of years: What really were my options, my opportunities with such a degree?

When six other Towson State University (TSU) WMST students and I collaborated in 1989 to produce a student talk for the National Women's Studies Association (NWSA) Conference, we found ourselves echoing each others concerns. All of us pondered the haunting question, "Is There Life After WMST?" with both laughter and chagrin, inevitably deciding to roll up our sleeves and find an answer for ourselves.[2] In the spring of 1989, we compiled and distributed a survey to some 70 graduates of TSU's WMST program.[3] The survey was designed to measure the effect of a WMST education on various aspects of graduates' lives - employment, family relationships, political perspectives, community activism, unpaid work, and continuing education. In the spring of 1993, I re-implemented the survey this time to poll WMST students and graduates at Wake Forest University (WFU).[4] Both institutions are significantly different in some very basic ways. TSU is an urban, state school with a fairly large student body of about 16,000. The student population is both ethnically and culturally diverse with students ranging in age from nineteen to sixty and attending classes on a part-time and continuing studies, as well as, full time basis. The students are in large part from working and middle class backgrounds: tuition and expenses totaling close to $7,500 yearly.[5] In comparison, WFU is a much smaller, Southern, private school with a student enrollment of about 5,500. The student body is noticeably less heterogeneous. Pursuing degrees on primarily full-time basis, the majority of students are from upper middle income families: tuition and expenses now set at $17,800 a year.[6]

Despite these differences in geography, campus environment, and student demographics, the survey responses of WMST students from both institutions were markedly similar. What follows is a sampling of statistical and personal responses from both the TSU and WFU study participants. The various and distinct voices of these WMST students reveal the transforming effect of a WMST education. After tabulating the WFU students' responses and drawing comparisons between them and TSU students' responses, it became overwhelmingly apparent that unlike traditional degrees that train students for a particular type of job or designated study, WMST imparts personal, political, and intellectual perspective. It not only informs minds but also alters lifestyles in cross-class and cross-cultural ways.

For instance, in response to the survey question, "Which of the following areas of your life have been affected by your experience as a student of WMST?," one hundred percent of TSU respondents checked political perspective, selfesteem and personal power, racial issues, cultural diversity, and lesbian concerns as being significantly affected by their WMST education. WFU students similarly responded noting political perspectives, cultural diversity, and lesbian concerns as being again fundamentally altered.

Regarding employment, eighty percent of TSU graduates cited WMST degrees as relating to their jobs in both direct ways such as counseling work with battered wives, victims of incest abuse, and treatment of chemical dependencies as well as indirectly in terms of, for instance, respondents' managing style, conflict resolution, and interaction with female clients. Although WFU students' responses were not as statistically high, with only thirty-five percent of respondents citing direct correlations between their WMST backgrounds and the "work they do," many comments revealed the significant indirect effect of WMST on the way several individuals approached their jobs. One such respondent explained,

> "As a teacher, I feel it is part of my job to make students aware of the fact that there is more to literature, and life, than one narrow interpretation. ... Therefore, I consider my "community activism" to occur in the classroom in my attempts to challenge and hopefully broaden the perspectives of my students."

At the NWSA conference of 1989, diaedre, an astute TSU graduate, offered her philosophical explanation of the practical correlation between a WMST student's education and subsequent employment with an emphasis on process as well as prospects.

> "As the first generation of graduates with WMST majors and minors ... we are optimistic, we are realistic, and we are opportunistic. Optimistically the ideal is that as increasing numbers of WMST majors and minors enter the paid work force, there will be a complementary increase in the number of career opportunities available for us. ... Realistically, we know to anticipate that when we enter the paid work force we will

do so in the entry-level positions that have historically been available to women in the pink collar ghetto. ... We are also opportunistic. We will virtually be in the vanguard of women looking to create employment opportunities for which WMST backgrounds would be an asset. ... Once we're in the door, we can begin the work of educating our employer."[7]

In response to the survey question, "If you are in the paid workforce, how has WMST affected your career and working life?," both the TSU and WFU respondents reported interaction with co-workers being significantly affected. Sexual harassment awareness was cited likewise by the WFU respondents. This is what I mean when I suggest WMST imparts personal, political, and intellectual perspective. WMST is an expansive type of study. In academics we call it inter-disciplinary because it crosses disciplines. In life, it crosses aspects of living - work, family, free-time.

For instance, the majority of WMST graduates from both TSU and WFU participate in community activism and volunteer work which specifically addresses women's concerns such as women's rights, violence against women, rape crisis, and reproductive and abortion rights. I think these findings further suggest that a WMST degree does not remain static, nor does it end after graduation.

The one primary difference in the TSU and WFU responses was the larger proportion of WFU graduates who either intended to or who were currently pursuing graduate degrees. The diverse range of advanced study that they reported - literature, history, art, clinical psychology, law, and business - evidence the applicability of feminist research to a variety of disciplines. Only one student listed her WMST degree as a liability for her graduate study explaining that resistance to feminism in her institution's Sociology department made it "politically undesirable for [her] to combine both departments for research." Otherwise, the major number of respondents credited their WMST background as an asset to advanced study. As one student explained,

> "I honestly think that my undergraduate WMST courses gave me the edge over my peers, who didn't have these types of courses, as we started our graduate studies, and I was less surprised at the contradictory ideas, theories, approaches than [were] my peers."

Another student pursuing a professional degree reported,

> "[I] enrolled in a law school that is close to 63% male and has three female faculty members, having studied women and their accomplishments makes a daily inspirational difference."

It is evident from these and numerous other responses that WMST degrees do not educate students into academic voids. However, it must be noted that to exclusively pursue WMST on a graduate level is still difficult in the United States. A limited availability of WMST graduate programs still persist despite the burgeoning of WMST departments on the undergraduate level. I found in my own search for WMST Ph.D. programs that one must major in an area other than WMST be it English, History, Art, Education, etc. and then independently pursue feminist research or scholarship within that principle discipline. And so, WMST as a graduate study is encouraged and made available predominantly as an addendum to the primary areas of presumably "more serious," "more marketable," "more practical" academic disciplines. This is a weakness in the American university system that I personally feel needs to be addressed as do a number of my feminist friends who wish to pursue and produce advanced WMST scholarship within a university setting and graduate context.

As Meg Nugent, a TSU graduate of WMST pointed out during the 1989 NWSA conference,

> "We're different from you, our teachers. Our experience is different. We're the first ones to get a formal WMST education. Most of you have never taken a WMST class, so you just don't know what it's like. Your students sit in there three times a week; sometimes they could be taking two or three WMST classes a semester. ... It can be overwhelming in a way you may not understand."

This quote speaks to the need for cross-generational communication between women in academics. Students educated in WMST will create different definitions and pursue different courses than their mentors who never sat in a feminist classroom but rather, forged their own. There is great need for communication and cooperation between faculty and students in WMST because of the personal and political nature of the developing discipline. A resounding number of TSU and WFU respondents indeed called for increased interaction between faculty and students citing, for instance, increased emphasis on advising and mentoring, career and graduate school counseling, and increased internship and practicum opportunities as necessary components of a WMST education. One student quite honestly called for roundtable discussions and informal meetings by and between WMST faculty and students concerning the reality of women's lives and experiences outside of academics in order to "reduce the post-graduation shock factor."

What is implicitly conveyed in the above quotation is perhaps the most characteristic result of a WMST education. It must be understood that WMST immerses its students in struggle - struggle for validation, struggle to be taken seriously, struggle to make a difference, struggle to accomplish feminist goals. The struggle of all WMST students invites anger, frustration, and pain. But, like all struggles, it strengthens and it transforms.

I close with the prophetic words of diaedre who explains the development and persisting commitment of WMST students and graduates as follows,

> "When I consider the growth of a feminist, the transformation ... there is anger, there is disillusionment, there is despair, and trust me when I tell you there is healing. The

healing only occurs within a community of women. Only in bearing witness to each other and to our individual experiences do we come to the recognition that yes, we are empowered, because ultimately yes, we heal. The despair of knowing we have to remake the wheel - well then, we remake it again, and we do it with honor."

Notes

1. My objective in this paper is not to outline scientifically accurate data. The statistical and personal responses cited are meant to present a variety of WMST student voices concerning a WMST education and to provide student viewpoints and perspectives on the practical and philosophical effect of WMST degrees on their lives.
2. The original participants in the June 18, 1989 presentation, "Is There Life After Women's Studies" were as follows: diaedre, Mandi Kirsh, Elizabeth Lancaster, Abby Markowitz, Nancy Morgan, Meg Nugent, and myself. In addition to the student survey on which this paper is based, a telephone survey of local employers was also devised and conducted. Over 100 local employers were asked, "Would you view a degree in WMST as an asset, a liability, or would it make no difference in an applicant's educational background?"
3. Surveys were sent to all past and present WMST majors and minors at TSU beginning with the first graduates in 1977 up to and including the then current 1989 WMST students. About half of those polled responded. The range in respondents' ages was 24-59.
4. WFU's WMST department has been offering minors in WMST since 1983. Of the 56 past and present WMST students I polled, 17 alumnae and 9 current students responded giving me 26 respondents ranging in age from 19-26. I chose WFU's WMST program as the second in this study because I am currently working as Mary K. DeShazer's research assistant in the Department of WMST while also pursuing a graduate degree in English literature at the same institution.
5. This information concerning TSU's demographics was learned from a telephone interview with a TSU admissions representative in May 1993.
6. WFU tuition and expenses figures as listed in Admissions Bulletin of Wake Forest University Winston-Salem: WFU, 1993.
7. This and other highlighted quotes from the 1989 NWSA Conference presentation, "Is There Life After Women's Studies," can be found in an article, "Is There Life After Women's Studies?" by Mandi Kirsh, Abby Markowitz, and Meg Nugent in the TSU Women's Studies newsletter, On Our Minds 4:1 (Spring 1990), 4-5.

Rita Kurth

Women's Studies und Prinzipien feministischer Pädagogik - Methodik und Inhalt

> "As long as we live in a sexist society, feminism inevitably implies taking action to transform institutions and values. Perhaps the greatest threat to feminism in the university is the ease with which we can allow the curriculum to reflect thought without *action*."[1]

In Zusammenhang mit meiner Dissertation zum Thema "Women's Studies und Curriculum Transformation in den USA -Perspektiven für das bundesdeutsche Hochschulwesen?"[2] mußte ich feststellen, daß es relativ wenig Literatur zum Bereich Feministische Pädagogik aus amerikanischer Sicht gibt.[3]
Grund dafür ist die Tatsache, daß die schnelle Ausbreitung von Kursmaterialien zu Women's Studies in den 70er Jahren nur ansatzweise mit einer Analyse des Lehrprozesses einherging. Eine theoretische Aufarbeitung der praktischen Arbeit in der Lehre begann erst in den 80er Jahren.
Diese Zeitverschiebung erklärt sich vor allem durch die hohe Arbeitsbelastung der Lehrenden in den entstehenden Women's Studies-Programmen, die sich neben ihren normalen Lehr- und Forschungsverpflichtungen für die Institutionalisierung von Women's Studies -Kursen an ihren Hochschulen einsetzten.
Außerdem gab es in dieser Anfangsphase eine starke Verbindung der Lehre in Women's Studies zur Praxis der Frauenbewegung, so daß Lehrmethoden z. B. in Anlehnung an *consciousness raising* entwickelt wurden. Auch bildeten bereits bestehende progressive pädagogische Konzepte (z. B. Paulo Freire) die Grundlage für Lehrmethoden innerhalb von Women's Studies.
Die allgemeine Motiviertheit und Engagiertheit der Studierenden in den Women's Studies-Kursen zu dieser Zeit ließ die Bedeutung eines didaktischen Modells für Women's Studies in den Hintergrund treten.
Heute stellt sich eine völlig andere Situation in vielen Women's Studies-Programmen dar:
Das Lehrangebot ist in den meisten Colleges und Universitäten in das Hochschulcurriculum eingebunden und als Studienprogramm fest institutionalisiert. Mit dieser an sich erfolgreichen und begrüßenswerten Entwicklung waren aber eine

Reihe von Zugeständnissen und Kompromissen verbunden, die notwendigerweise überall dort anfallen, wo die Gratwanderung feministischer Bildung innerhalb patriarchaler Strukturen beginnt. Dazu gehört auch die Anpassung an die im Lehrbetrieb vorherrschenden Lehrmethoden und Arbeitsweisen.

Während eines Forschungsaufenthalts an einer US-amerikanischen Hochschule untersuchte ich u.a. die Problematik, die aus der Diskrepanz zwischen dem Anspruch der Lehrenden / den Inhalten der Women's Studies-Kurse und der Durchführung in der Praxis feministischer Lehre andererseits entstehen kann.
Ich möchte dies am Beispiel des Einführungskurses im Women's Studies-Programm der Towson State University, Maryland, erläutern und in diesem Zusammenhang hinzufügen, daß die skizzierten Probleme in vielen Women's Studies-Programmen in den USA anzutreffen sind und sich in ähnlicher Form auch in anderen Ländern stellen.

Der Einführungskurs *Women in Perspective* ist ein multi-disziplinärer Kurs, der überwiegend von Teilzeitbeschäftigten gelehrt wird.
Nach seiner Einbindung in das Hochschulcurriculum als Wahl-Kurs der *General University Requirements*, das sind Pflichtkurse zur Vertiefung der Allgemeinbildung, erhöhte sich die TeilnehmerInnenzahl auf 400-500 Studierende pro Semester, d.h. rund 40 Studierende pro Kurs.
Damit sind bereits einige der Problempunkte angesprochen: die unbefriedigenden Arbeitsbedingungen, unter denen der Kurs gelehrt wird, die unterschiedliche Klientel mit einem relativ hohen Anteil an männlichen Studierenden und das Spannungsverhältnis zwischen der Anerkennung feministischer Inhalte durch ein hohes Maß an Institutionalisierung und dem Selbstverständnis eines Women's Studies-Kurses.

Die Zielgruppe für diesen Kurs setzt sich aus Studentinnen und Studenten aller Fächer, überwiegend aus den ersten beiden Studienjahren, zusammen. D.h. mit wenigen Ausnahmen sind die Studierenden 18, 19, 20 Jahre alt. Sie belegen diesen Kurs aus unterschiedlichen Motiven: Einige wenige sind bereits "frauenbewegt", andere finden es "interessant, etwas über die Situation der Frau zu lernen". Die Mehrheit jedoch belegt diesen Kurs, um einen Pflichtbestandteil ihres Studiums "abzuhaken".
Diese kurze Charakterisierung macht deutlich, daß sich die Voraussetzungen eines solchen Women's Studies-Kurses nicht mit denen in den 70er Jahren vergleichen lassen.
Im Einführungskurs *Women in Perspective* stellen sich eine Reihe von neuen Problemen, wobei die Lehrenden besonders die mangelnde Motivation und die mangelnde Erkenntnis der Studierenden beklagen, daß Women's Studies einen Teil ihrer eigenen Situation als Frau in unserer Gesellschaft widerspiegeln.

Die Frage, die sich dadurch stellt, ist, wie man verhindern kann, daß feministische Inhalte zu losgelösten Wissenselementen werden, deren Bezug zu persönlichen und politischen Veränderungsprozessen offen bleibt - oder anders ausgedrückt: Wie kann man erreichen, daß der Einführungskurs mehr ist als lästiger Bestandteil des Studiums?

1) Betroffenheit und *consciousness raising* in Women's Studies lassen sich nur durch die Auswahl bestimmter *Inhalte* erreichen, die die Lebensrealitäten der Studierenden berücksichtigen. Zusätzlich ist es notwendig, methodisch so vorzugehen, daß die Studierenden sich selbst einen Zugang zu den Materialien verschaffen und so ihre Betroffenheit auch erfahren können.

Über die inhaltlichen Kurskonzeptionen im Einführungskurs läßt sich feststellen, daß alle die Behandlung von aktuellen Themen vorsehen und den Bezug zum Lebenszusammenhang der Studierenden suchen.

Allerdings wird beim genauen Hinsehen deutlich, daß die Mehrheit der Inhalte den Konflikt zwischen Erwerbsarbeit, Hausarbeit und Kindererziehung thematisiert, der für den weiblichen Lebenszusammenhang charakteristisch ist. Genau dieses Kernthema ist aber für junge Studentinnen schwer nachvollziehbar: Partnersuche, Heirat und Familiengründung sind für sie Lebensphasen, die in der Zukunft liegen. Die Konfrontation mit der eigenen Lebensplanung und mit den vielfältigen Lebensrealitäten von Frauen ist sicherlich ein wichtiger Bestandteil der Lehrveranstaltungsthemen. Wenn sich der Einführungskurs aber stärker an der *subjektiven Betroffenheit* der TeilnehmerInnen orientieren will, müssen Aspekte des konkreten Lebenszusammenhangs von Studierenden stärker in der inhaltlichen Kursplanung akzentuiert werden. Dazu gehören z.B. Sexualität, Ablösung vom Elternhaus, Bildung, aber auch Gewalt gegen Frauen.

Eher etwas entrüstet über die Vorliebe der Studierenden für diese Themen, erzählt eine Lehrende:[4]

> " 'Vergewaltigung' ist ein Thema, das bezeichnenderweise die Aufmerksamkeit der Studierenden in einer Art fesselt, wie sie, wenn wir über 'Frauen im Erziehungswesen - ein historischer Rückblick' reden, nicht vorkommt. Dann sitzen sie nicht auf dem Rand ihrer Stühle, aber wenn wir über 'Sex' reden, spitzen sie ihre Ohren und passen auf."

Erst die Behandlung von Themen, die die spezifische Lebenssituation der Studierenden auch betreffen, läßt zu, daß bei den unmittelbaren Erfahrungen der TeilnehmerInnen angesetzt werden kann. Sachwissen wird dann nicht losgelöst vermittelt, sondern dient zum Verstehen und Verarbeiten der thematisierten Erfahrungen.

2) Das *methodische Vorgehen* innerhalb des Kurses orientiert sich weitgehend an der Präsentation der Inhalte, an einer Konfrontation mit dem Material. Dabei stellen der Lehrendenvortrag und das von der Lehrenden stark gelenkte Gespräch in

der Lerngruppe die am meisten eingesetzten Methoden dar. Als Medium überwiegt der Text.

Eine Variation der Arbeitsweise scheitert nicht zuletzt auch daran, daß das zum Teil recht umfangreiche Material zuhause nur ungenügend vorbereitet wird. Zudem stehen viele Studierende und auch die Mehrzahl der Lehrenden alternativen Lehr- und Lernformen skeptisch gegenüber - eine Skepsis, die oft durch Unkenntnis und durch die mangelnde Anerkennung dieser methodischen Vorgehensweisen innerhalb des traditionellen Lehrbetriebs begründet ist.

Die folgende Aussage einer Studentin, der durch die Teilnahme am Einführungskurs in Women's Studies die gesellschaftliche Ungleichheitssituation von Frau und Mann bewußt geworden ist, verdeutlicht, was passiert, wenn die Widersprüche im weiblichen Lebenszusammenhang zwar thematisiert werden - also Betroffenheit entsteht - aber Zeit, Raum und angemessene Formen fehlen, um sie zu bewältigen:

> "... wenn man etwas sieht und der Rest der Welt sieht es nicht und man weiß, daß es vielleicht nicht einmal zu eigenen Lebzeiten so sein wird, wie es sein sollte, das ist wirklich frustrierend, besonders wenn man sieht, daß es die eigenen Freunde tun. Dieser Kurs hat mich gezwungen, über viele Dinge nachzudenken, über die ich noch nicht nachdenken will ... Ein Teil von mir wünscht, daß ich diesen Kurs nicht belegt hätte, weil ich fast lieber unwissend und glücklich wäre, als aufgeklärt und mir darüber bewußt, daß nicht viel dagegen getan werden kann."

Der Kurs bricht Konflikte auf, läßt sie aber weitgehend unbearbeitet; leidvolle Erfahrungen werden wiederbelebt - und wieder verdrängt; Zorn, Angst und Unzufriedenheit werden artikuliert, aber nur selten bewältigt. Kurz: Es werden nur selten Mittel und Wege aufgezeigt, wie Betroffenheit in konstruktive Veränderungsprozesse einmünden kann.

Gerade Handlungsprozesse können sich aber positiv auf das Kursgeschehen, die Lerngruppe und den Lernprozeß auswirken, wie eine Lehrende aus ihrem Einführungskurs zu berichten weiß:

> "Im letzten Semester hatte ich ein bemerkenswertes Erlebnis, wirklich, es war erstaunlich. Zur selben Zeit, als wir im Kurs das Thema 'Gewalt gegen Frauen' durchgenommen haben, passierte eine Vergewaltigung auf dem Campus im Parkhaus. Als wir das nächste Mal zusammenkamen, unterhielten wir uns darüber, und die Studentinnen waren sehr bestürzt. Ich fing irgendwie an, folgendes gedanklich auszuspinnen: 'Wenn ich Studentin an der TSU wäre, wäre ich sehr wütend, und ich würde sofort zum Präsidenten gehen und würde sagen, 'Was tun Sie, damit wir uns hier sicher fühlen können? Wie konnte hier so etwas passieren?' Ich würde wirklich einige Forderungen stellen.' Und alle sagten, 'Können wir das wirklich tun?', und ich sagte, 'Natürlich könnt ihr das tun!' Und wir fingen an zu reden und zu reden, und die Studentinnen haben es tatsächlich gemacht: Sie organisierten eine Demonstration, sie machten die Publicity, sie bildeten ein kleines Komitee, sie marschierten zum Präsidenten und zur Verwaltung. ... Die interessanteste Sache dabei war für mich die Wirkung, die es auf die Teilnehmerinnen hatte: Es hat sie unwahrscheinlich angespornt,

sie entwickelten ein unglaubliches Zusammengehörigkeitsgefühl, sie lasen das Material, sie hingen geradezu an meinen Lippen - es war für sie eine riesige Bewußtseinserweiterung. Es war wunderbar. Aber Sie wissen ja, wenn man lehrt, hat man manchmal diese Sternstunden, und manchmal hat man sie eben nicht."

Ich glaube in diesem Zusammenhang nicht so sehr an die Wirkung einer "Sternstunde", sondern dieses Beispiel zeigt vielmehr die Ergebnisse einer *Handlungsorientierung*[5] in Women's Studies. Amerikanische Kolleginnen nennen diese Komponente Feministischer Pädagogik *action* (vgl. Schniedewind 1983). Dieser Handlungsbegriff bezieht sich auf eine politisch und pädagogisch verantwortbare Praxis, die angestrebte Selbsttätigkeit der Studierenden hat eine didaktisch reflektierte Zielrichtung. Im Zusammenspiel mit drei anderen Aspekten (*empowerment, community, leadership*, vgl. Shrewsbury 1987) bildet die Handlungsorientierung ein zentrales Element einer Feministischen Pädagogik.

Handlungsorientierung in Women's Studies eröffnet die Umsetzung einer offenen, subjektorientierten Lehr- und Lernstrategie, in der die Widersprüche des weiblichen Lebenszusammenhangs nicht nur thematisiert werden, sondern auch ihre Veränderbarkeit aufgezeigt und aktiv angestrebt wird. Damit wird es möglich, den gesellschaftspolitischen Gehalt von Women's Studies sichtbar und nutzbar zu machen.

Wie kann eine solche feministische Handlungsorientierung in der Praxis aussehen und welche Konsequenzen ergäben sich für den Einführungskurs in Women's Studies?

Beim Beispiel "Gewalt gegen Frauen auf dem Campus" ließen sich auch ohne den konkreten Handlungsanlaß in dem obigen Fall in einer Kurssequenz in Women's Studies Betroffenheit, solidarisches und parteiliches Handeln und ein Anstreben von Veränderungen zu diesem Thema entwickeln.

Dazu müßten gemeinsam mit den Studierenden konkrete Handlungsformen und -produkte vereinbart werden. Neben der Festlegung des Handlungsprodukts, das vom Theaterstück bis zur Petition an die Verwaltung die verschiedensten Formen annehmen kann, müssen Erarbeitungsformen diskutiert und eine Aufgabenteilung vorgenommen werden.

An die konkrete Arbeit am Handlungsprodukt schließen sich innerhalb der Kurssequenz immer wieder Phasen an, in denen Sachwissen und Kompetenzen vermittelt werden, um die Studierenden in die Lage zu versetzen, bestimmte Probleme lösen, Zusammenhänge durchschauen und spezifische Vorgehensweisen anwenden zu können. Die weitere Durchführung und abschließende Auswertung der Kurssequenz hängt stark von der Art des gewählten Handlungsprodukts ab, das im Laufe der gemeinsamen Kursarbeit erarbeitet und veröffentlicht wird.

Erste vorsichtige Versuche mit Gruppenprojekten im Einführungskurs *Women in Perspective* zeigen, daß Studierende positiv auf den "handelnden Umgang mit

Wissen" reagieren, aber wir müssen uns darüber im klaren sein, daß die Erarbeitung von handlungsorientierten Kurssequenzen von Lehrenden und Studierenden Energie- und Zeiteinsatz erfordert und daß auch eine handlungsorientierte Lehre nicht frei ist von Ambivalenzen und Schwierigkeiten.

Neben arbeitstechnischen und institutionellen Veränderungen, die bei der Integration von handlungsorientierten Konzepten zu treffen sind, steht vor allen Dingen die *Bereitschaft der Lehrenden zum didaktischen Umdenken* im Vordergrund.

Die Konkretisierung von Vorschlägen zur Erarbeitung von feministischen Handlungskonzepten für den Einführungskurs kann nur vor Ort unter der Beteiligung von Lehrenden und Studierenden geschehen, da der spezifische Kontext, in dem die Kurse an einer bestimmten Institution stattfinden, stark variiert. Pauschale Einwände, die die Umsetzung Feministischer Pädagogik in die Praxis unter den gegebenen Umständen als eine Illusion bezeichnen - und von diesen Einwänden gibt es nicht wenige - können nur durch Veränderungen eben dieser "gegebenen Umstände" entkräftet werden.

Voraussetzung ist jedoch, daß der Women's Studies-Einführungskurs von Lehrenden und Studierenden nicht als ein "notwendiges Übel", als ein "Rundumschlag durch Frauenthemen" oder als ein lästiger Pflichtkurs betrachtet wird. Eine Aufwertung kann aber nur durch eine inhaltliche und methodische Neustrukturierung des Kurses erfolgen, die der Tatsache Rechnung trägt, daß Women in Perspective richtungsweisend für das gesamte Women's Studies-Programm ist: Hier nehmen die meisten Studierenden teil, hier können das Interesse für feministische Inhalte und für weitere Women's Studies-Kurse geweckt und erste persönliche und politische Veränderungsprozesse in Gang gesetzt werden.

Literatur

Bunch, Charlotte / Pollack, Sandra (Hg.): Learning Our Way: Essays in Feminist Education, Trumansburg, N.Y.: The Crossing Press 1983

Culley, Margo / Portuges, Catherine (Hg.): Gendered Subjects - the Dynamics of Feminist Teaching, Boston/ London: Routledge & Kegan Paul 1985

Duelli-Klein, Renate: The Dynamics of the Women's Studies Classroom: A Review Essay of the Teaching Practice of Women's Studies in Higher Education, in: Women's Studies International Forum, vol. 10, 1987, no. 2, S. 187-206

Jank, Werner / Meyer, Hilbert: Didaktische Modelle, Frankfurt/Main 1991

Kurth, Rita: Women's Studies und Curriculum Transformation in den USA - Perspektiven für das bundesdeutsche Hochschulwesen? Pfaffenweiler 1994

Kurth, Rita / Ladenthin, Margrit (Hg.): Women's Studies und ihre Relevanz für das bundesdeutsche Hochschulwesen, Dokumentation zum Workshop, Oldenburg 1990

Schniedewind, Nancy: Feminist Values: Guidelines for a Teaching Methodology in Women's Studies, in: Bunch / Pollack (1983), S. 261-271

Women's Studies Quarterly, Special Feature: Feminist Pedagogy, vol. 15, 1987, no. 3+4, New York: The Feminist Press at the City University of New York (CUNY) 1988

Anmerkungen

1   Schniedewind 1983, zit. in: Duelli-Klein 1987, S. 199, Hervorhebg. R.K.
2   Carl von Ossietzky Universität Oldenburg 1993, Veröffentlichung 1994.
3   Eine Zusammenstellung verschiedener Aspekte Feministischer Pädagogik bietet das Buch von Culley / Portuges (1985) und Women's Studies Quarterly, Special Feature: Feminist Pedagogy (1988).
4   Die Interviewauszüge stammen aus meiner Dissertation.
5   Zum Begriff der *Handlungsorientierung* und zum Konzept eines *Handlungsorientierten Unterrichts* vgl. Jank / Meyer 1991, S. 338 - 384.

Zusammenfassung

Curriculum Umgestaltung bezeichnet das Bestreben, die Inhalte von Women's Studies in das gesamte Curriculum einzubeziehen. Diese Umgestaltung bedeutet, daß ein Studiengang insofern verändert wird, als daß er Material von und über Frauen miteinbezieht, daß er Geschlecht als eine Kategorie der Analyse gebraucht und daß er feministische Pädagogik anwendet. Da das traditionelle Curriculum auf männlich zentrierte Vorstellungen von Wissen und Lehre basiert, stellt die Einbeziehung von Frauen hinsichtlich Organisation und Inhalt formeller Erziehung eine fundamentale Herausforderung dar.

Projekte zur curricularen Umgestaltung sind in Amerika der erste Schritt in Richtung auf veränderte Studiengänge, die dann mehr Informationen über Frauen beinhalten. Es gab mehr als 200 solcher Projekte, die sowohl durch Zuschüsse von öffentlichen als auch privaten Geldgebern als auch - im Rahmen der Weiterbildung der Lehrenden - durch die Einrichtungen selbst unterstützt wurden. Bei diesen Projekten schlossen sich die Lehrenden in workshops oder Sommerkursen zusammen, um sich mit Frauenforschung und Frauenstudien auseinanderzusetzen und eine Grundlage für eine kontinuierliche Umwandlung der Inhalte, der Konzepte und des pädagogischen Vorgehens zu schaffen.

Die Towson State University führte zwei umfangreiche curriculare Umgestaltungsprojekte durch, die durch öffentliche Mittel bezuschußt wurden. Das erste war ein 3-Jahres-Projekt, an dem mehr als 75 Lehrende aus 13 verschiedenen Disziplinen der Towson State University mitarbeiteten; das zweite war ein 2-Jahres-Projekt, an dem 45 Lehrende aus fünf Community Colleges im Gebiet um Baltimore und Washington teilnahmen.

Die Veränderungen, die Dr. Coulter in ihrem Literaturkurs "Die Periode der Romantik in England" im Fachbereich Englisch an der Towson State University durchgeführt hat, sind ein Beispiel dafür, welche Ergebnisse Curriculum Umgestaltung haben kann und wie der Prozeß der Umgestaltung vor sich geht.

Sara Coulter
Curriculum Umgestaltung: Der Einfluß der "Women's Studies" auf die akademischen Disziplinen

Sara Coulter

Curriculum Transformation: The Impact of Women's Studies on the Academic Disciplines

As feminist scholarship has generated more and more information about women and revealed the almost total exclusion of the study of women from the traditional educational system, it has become clear that major efforts must be made to ensure the inclusion of this new information in the traditional curriculum. How to create change in an educational system that has evolved over many centuries during which it has justified its exlcusions and preferences so intricately, elaborately, and often unconsciously is the question to which feminists have devoted much attention. Part of the answer In the United States has been "curriculum transformation projects"; that is, organized efforts to introduce faculty to the new scholarship on women in their discipline to encourage them to include more of this material in their classes. We estimate that there have been over 200 such projects in the United States, both large and small, funded by public and private foundations, as well as by the educational institutions themselves.

Curriculum transformation depends on Women's Studies, but a transformed course is not the same as a Women's Studies course. In the United States, curriculum transformation, defined as the infusion of material about women into the traditional curriculum, is possible because of the existence of Women's Studies programs at over 600 institutions of higher education. Feminist scholarship has generated enormous amounts of new material on women and has established research on women as an area of inquiry in its own right. Women's Studies courses, how-ever, are different from transformed courses, and one cannot replace the other. Women's Studies courses are women - centered or gender-comparative, devoting at least 50 percent, and usually 100 percent, of their attention to women in the content area of the course. Traditional courses typically devote no or little attention to women or do so only from the point of view of men. Curriculum transformation seeks to increase the attention to women in traditional courses by encouraging faculty to use some of the new information available. For example, a traditional course that usually devotes about 2 percent of its content to women may, as the result of curriculum transformation, increase its attention to women to 10%. While this represents a five fold increase, it utilizes only a small portion of the material available, and even after many years of successive revision, is unlikely to exceed 50 percent. Thus, curriculum transformation is dependent on Women's Studies as the source of its scholarship on women, but transformed courses, even in advanced stages, do not replace Women's Studies courses since they have appropriately different purposes. Experience in the United States would suggest that institutions attempting to transform their curricula by increasing the material on women must first have or establish an adequate Women's Studies program, or if they cannot establish their own program, draw on programs at other institutions.

At Towson State University, where we have a well-established Women's Studies program, we have conducted two extensive curriculum transformation projects with the help of federal funding. The first project, from 1983-1986, involved Towson faculty; the second project, from 1988-1990, involved faculty from five community colleges in the Baltimore-Washington area.

The Towson State University curriculum transformation project, entitled "Integrating the Scholarship on Women," was a three-year sequence of faculty workshops and conferences. The workshops were small, with about seven faculty in each, and they were discipline centered-American History, Psychology, Sociology, etc. They met about six times a semester over six semesters. There were eleven workshops involving over seventy-five faculty representing thirteen different disciplines. The workshops focused on revising the lower level introductory course in each discipline which students are required to take as part of their core curriculum. However, faculty often extended the revisions to their upper level courses as well. Four conferences brought all seventy-five faculty together to introduce them to the project, to identify and study interdisciplinary issues, to discuss pedagogy, and finally to present the results of their work to institutions of higher and secondary education in the Baltimore-Washington area. During the project a newsletter was published each semester to record the activities and progress of the workshops. At the end of the project each workshop reported the results of their work in a book published at Towson entitled *Resources for Curriculum Change*. This project was funded by the United States Department of Education, Fund for the Improvement of Postsecondary Education, for $ 250,000 over three years.

The second Towson curriculum transformation project applied the experience of the first project to work with faculty from five community colleges in the Baltimore-Washington area. Forty-five community college faculty participated in five workshops and a summer institute over three semesters. One semester was devoted to preparing the workshop leaders. The five workshops were organized around discipline areas: Biology and Allied Health, English and Composition, Fine Arts, History and Philosophy, Sociology and Psychology. Meetings were held five times a semester with each campus providing the meeting facilities once during the semester. Each campus and each workshop had a coordinator, all of whom met together with the three project directors on a regular basis to plan and review the workshop sessions. At the end of the project each campus and each workshop shared their results with other community colleges in Maryland at a statewide conference and in a book published at Towson entitled *Community College Guide to Curriculum Change*. This project was also funded by the United States Department of Education, Fund for the Improvement of Postsecondary Education, for $ 235,000 over two years.

In these projects and others like them elsewhere, faculty examine their discipline and their classes for the inclusion or exclusion of women as an object of study and as a point of view from which to see the world. Ideally faculty begin a process of fundamental change that progresses from changes in the content of their courses to changes in the conceptualization of their discipline to changes in classroom pedagogy. The first change is usually an increase in the amount of material by and about women in the course, even if this is only an increase from 2 percent to 10 percent. Initially, supplementary reading materials are often the means of achieving this result. Focus on the quantity of content by and about women produces continuing attention to locating better textbooks and new materials. But introducing new material by and about women identifies another and more fundamental problem with traditonal courses: their conceptualization usually does not accomodate female experience well. The choices at this point are to do nothing and tolerate the incoherence, to retreat to the original course by eliminating the additions, or to move forward and discover what it is about the old conceptualization that is inadequate. Therefore, the second step in curriculum transformation is identifying the assumptions within a discipline or within education or within our ideas of knowledge that exclude or inhibit the inclusion of women and discovering those that include them. The more diverse the women being included, the more radical the examination and reconceptualization. Revising conceptualization is often referred to as a paradigm shift. Then, as female experience becomes a reality, the female student receives new attention, producing the third kind of change, a reconsideration of classroom methods and behavior. Many of the issues discussed in relation to female students - unconscious attitudes and behaviors of the teacher, self-esteem, collaborative work, communication vs. conflict - are also applicable to all students, and insofar as this new attention to pedagogy causes faculty to think harder about how students learn, it has a generally constructive outcome.

This sequence of change requires at least several years to produce significant results and usually continues with trial-and-error, gradual changes year after year as faculty experiment with new material, new texts, and new assignments. They must also try to assimilate the ongoing flood of new scholarship on women. The nature and extent of the changes that faculty actually make in their courses will vary a great deal from discipline to discipline. A curriculum transformation project, even a multi-year project, can only lay the foundation for this process to occur.

To illustrate how a course might be transformed, let me explain the changes I have been making over about ten years in an upper-level course in the Literature of the British Romantic Period. The revisions have affected four areas: the texts selected for the students to buy, the authors and literature assigned from those texts, the use of gender and class as categories of analysis, and some attempts to give the students more authority in determining the direction of analysis and discussion.

In most courses, a key issue is the extent to which the preferred texts in the field have been revised to include the new scholarship on women. Since there are a number of factors that cause an instructor to choose a textbook for a course, it is sometimes difficult to find all of these in one book, and compromises have to be made. In my case, there are not enough choices available. The textbook I use for the course has not been revised since 1967; thus, a great deal of important material developed over the last several decades is missing, including the rediscovery of women writers and feminist critical approaches to the period. I have partially compensated by adding novels by women, namely, *Northanger Abbey* by Jane Austen, *Frankenstein* by Mary Shelley, and *Wuthering Heights* by Emily Bronte. The latter two are now available in editions that append representative contemporary criticism, including feminist criticism. I have also added selected sections of Mary Wollstonecraft's *A Vindication of the Rights of Woman*. These works expand the parameters of the period to begin somewhat earlier than the usual 1798 and to end somewhat later than the usual 1832. While a novel by Austen is a fairly traditional choice, I have substituted *Northanger Abbey* for the more typical *Pride and Prejudice* because it focuses directly on the issue of how to portray a heroine and satirizes conventional ways of doing so. Combined with Wollstonecraft's *A Vindication* and Blake's "Vision of the Daughters of Albion", Austen appears far more radical than usual. Later in the semester, Byron's "new hero" in *Don Juan* contrasts interestingly with Austen's "new heroine." All of this offers good material for students to develop in essays or papers. New perspectives and enriched relationships such as these are typical of what happens when material by and about women is introduced into traditional courses. Much of the result cannot be predicted in advance and has the attraction of a path that reveals itself only as the students and instructor follow where the material leads.

Literature anthologies contain far more literature than the instructor actually assigns; thus, courses using the same anthology can vary widely according to the authors and works chosen for study by the instructor. This is why a significantly revised anthology does not always produce a significantly revised course if the instructor does not assign the new material. Even when forced to use an unrevised anthology, as I was in this case, it is interesting how the orientation of gender leads to selecting new poems or essays and to reading old ones with new eyes. The selections from Dorothy Wordsworth were assigned, as they might not have been in the past, and supplemented with recent biographical information as well as a fascinating selection of her prose printed as free verse. The Blake selections were chosen for their attention to women and children and supplemented with a handout of his "Visions of the Daughters of Albion", a poem about rape, including the rape of slaves in America, which has received attention only recently. Selections from Byron and Shelley were influenced by the presence of *Frankenstein* as counterpoint. *Wuthering Heights* came into focus in the ferocity of its vision of childhood which counterpoints the benevolent nostalgia or idealization of earlier literature focused on male childhood in Wordsworth, Lamb, Hazlitt, and others. These relatively easy and conservative changes have opened up new ways of seeing and new trails for exploration.

In addition to influencing the selection of poems and essays, using gender as a category of analysis also helped to determine the themes to follow through the period and the social, political, and literary history that would be relevant. For instance, in a recent semester I organized the course thematically around four themes: literary theory, autobiography, egalitarian ideals, and visionary literature. In each case gender works well to highlight the nature of the issues for both male and female authors. In looking at autobiography, we asked, "Whose life is being narrated? How is the self constructed in these narratives? Are there gender or class differences, and if so, what are they?" The literature selected under the theme of egalitarian ideals divided naturally into women, children, and working class men. Thomas Paine received new attention as we compared his ideas and his rhetoric in *The Rights of Man* to Wollstonecraft's in *A Vindication*. The social history involved in the social construction of the lady took on major importance as we tried to understand the portraits of women, the efforts to change their status, and those women who were left our of that concept. The theme of visionary literature allowed us to consider the utopian social thinking of the period and the scepticism of two of the women, Mary Shelley and Emily Bronte, as well as the disillusionment of some of the men authors.

In an attempt to give the students more authority, I encouraged them to create the questions that would direct the investigation of the themes and reading selections that I had chosen. I was trying to teach them to approach material from directions that interested them and that seemed relevant from their point of view. I was also trying to teach them that the questions, more than the answers, control the nature of the inquiry, and that power resides with the one who controls the questions. The students, however, were unaccustomed to being asked to play such an important role in a course. They were interested but confused, and when the pressure of tests and grades entered the picture, they retreated. Either directly or by not doing it themselves, they asked me to formulate the questions and to lecture on the answers. I muddled through, trying to respond only minimally to their demands so that they could experience and begin to develop some independence. My experience and that of other instructors trying to change their pedagogy suggests that students need to be introduced to change as gradually as faculty and that faculty need to develop skill in helping students make the transition to new classroom procedures and expectations.

Although the course feels very different than in the past, it is only in a moderate stage of transformation. The gender issues need much more development through a broader and more systematic consideration of women writers and their influence on each other and on the male writers of the period and through a fuller analysis of the "lady" and alternative gender roles for women as portrayed in the literature. The issue of class can come into clearer focus even without changing the texts but would benefit from some additional texts and cultural perspectives. Race and sexual preference are currently not visible in the course, which reinforces powerfully the traditional vision that the world is all white and heterosexual.

One way 1 am considering dealing with the lack of racial diversity is to broaden the context to the colonial empire that supported the social life of this period in England and that was of intermittent concern to some of the writers. Lesbian issues will probably emerge from more recent biographies and social research. Research paper assignments need to be revitalized by focusing on new and real questions rather than what are often tired, old issues that become exercises in decoding the library.

I anticipate that the course will change incrementally each semester, sometimes by small shifts, sometimes by large ones, but that its transformation will never be complete during my career because the issues are very large, much larger than those usually confronted in the past by a professor trying to stay up-to-date on the latest scholarship in the field. While the impact of these changes is obvious in retrospect, I have experienced them as discovery, and 1 think this is the way most faculty go about transforming their courses. The process of change takes time, has to be worked out gradually in terms of an individual faculty member's personal orientation to their field and courses, the practical difficulties of finding the materials at the right price, the nature of the students, the expectations of the department and institution, and the time available to undertake such important, complex, and major intellectual work. Faculty usually do this work better in dialogue with other faculty exploring the same problems. Thus curriculum transformation projects focused on faculty workshops or summer institutes have become the primary means of changing the curriculum to integrate the scholarship on women in American universities.

Ellen Offers

Das Frauenstudien-Programm in Groningen

Die Geschichte der Frauenstudien in Groningen

In den späten 60er Jahren begann die sogenannte "Zweite Feministische Welle" bzw. die Zweite Frauenbewegung. Die Beziehungen zwischen den Geschlechtern wurden thematisiert, und viele Praktiken, die sich historisch entwickelt hatten, wurden nun als ungerecht angesehen. Vor diesem Hintergrund entstanden die Frauenstudien-Programme.

An der Universität Groningen begannen Frauenstudien Anfang der 70er Jahre. Die Initiative kam dabei von Studentinnen. Die meisten von ihnen waren aktiv in der Frauenbewegung tätig, was sie dazu inspirierte, die androzentristische, männer-orientierte Wissenschaft in Frage zu stellen. Die Männlichkeit der Wissenschaft wurde daran festgemacht, wie Wissenschaft praktiziert wurde, z. B. in der Methodologie, dem Konkurrenzverhalten zwischen den Wissenschaftlern und dem Publikationswettbewerb. Die Männlichkeit der Wissenschaft wurde aber auch in den Gegenständen und Grundannahmen der Wissenschaften gesehen, z. B. in der weitgehenden Ausblendung von Frauen in der Geschichte und in Arbeitsmarktstudien; wenn Frauen überhaupt behandelt wurden, dann als (potentielle) Mütter.

In der Anfangsphase der Frauenstudien gab es kaum Dozentinnen, um die Studentinnen zu betreuen oder im Bereich der Frauenstudien Lehrveranstaltungen anzubieten. Aufgrund dieses Mangels an professioneller Betreuung arbeiteten die Studentinnen in autonomen Gruppen. Ein wichtiges Ziel dieser Gruppen war u. a. Selbsterfahrung, d. h. zu den Hauptthemen der Arbeit in diesen Gruppen gehörte die eigene Situation der Studentinnen, ihre persönlichen Beziehungen und ihre eigene Stellung in der Gesellschaft. Die Beziehung zwischen dem Persönlichen und dem Politischen war dabei ein zentrales Thema in vielen Gruppen. In dieser Zeit waren Frauenstudien ausschließlich eine Angelegenheit von Frauen. Einer der Gründe hierfür war, daß die Frauen solchen Männern gegenüber mißtrauisch waren, die feministische Ideen vertraten.

Nachdem die Studentinnen sich zunächst selbst organisiert hatten, begann der Kampf um die Anerkennung der Aktivitäten der Frauenstudiengruppen. Die Studentinnen wollten die Anerkennung als offizielle Lehrveranstaltungen, und sie wollten Lehrende für Frauenstudien. Es war nicht in allen Fachbereichen der Universität leicht, diese offizielle Anerkennung zu erreichen. Es gibt immer noch einige Fachbereiche, die die Bedeutung von Frauenstudien in ihrem Fachgebiet bestreiten oder vernachlässigen.

Allmählich gewannen die Frauenstudien an Boden. In Geschichte, Kunstwissenschaften, Theologie und den Sozialwissenschaften gab es beträchtliche Erfolge. Veranstalterinnen begannen, in ihren Fachgebieten Veranstaltungen zu Frauenthemen zu entwickeln, und einige neue Lehrende für Frauen-Veranstaltungen wurden eingestellt. Parallel zu dieser Entwicklung innerhalb der einzelnen Fachbereiche begann die Kooperation zwischen verschiedenen Wissenschaftsbereichen. Dies resultierte 1985 in der Gründung der Interfakultären Arbeitsgruppe Frauenstudien (Interfacultaire Werkgroep Emancipatievraagstukken/Vrouwenstudies - IWEV). Hierfür wurde eine Professorin mit einem Arbeitsvertrag für 12 Stunden pro Woche[1] und eine Dozentin mit einer vollen Stelle eingestellt. Seit dieser Zeit kann man sagen, daß die Universität Groningen das Frauenstudienprogramm offiziell anerkannt hatte.

Die weitere Entwicklung

Mit der Zeit wurden Frauenstudien immer stärker institutionalisiert. Dies hatte große Bedeutung für die wissenschaftliche Entwicklung. Aufgrund der erreichten Kontinuität und Spezialisierung konnten nun Theorien formuliert und entwickelt werden, und die Forschung wurde immer professioneller. Gleichzeitig mit dieser Professionalisierung ist aber das politische Engagement im Rahmen der Frauenstudien zurückgegangen. Gesellschaftliche Relevanz, besonders in Bezug auf Frauenemanzipation, ist immer noch ein wichtiges Prinzip in der Auswahl der Themen. Das erarbeitete Wissen ist deshalb oft von Nutzen für individuelle Frauen, für Frauen, die beruflich im Bereich der Frauenarbeit tätig sind, für Frauenorganisationen und für Politikerinnen. Mit der Arbeit in Frauenstudien ist jedoch nicht länger notwendigerweise persönliches Engagement in Aktionen verbunden.
Die Inhalte von Frauenstudien haben sich ebenfalls verändert. Am Anfang konzentrierte sich die Arbeit auf Beschreibungen zur Situation von Frauen. Diese wurde vor allem als Ergebnis von Frauenunterdrückung dargestellt, entweder durch Männer oder durch das patriarchalische System insgesamt. Marxistische Theorien und Patriarchatstheorien wurden angewandt, um die Position von Frauen in der Gesellschaft zu erklären. In diesen Theorien wurden die Frauen als Opfer individueller Männer oder des Systems gesehen. Dabei wurden Frauen weitgehend als homogene Gruppe betrachtet.
Allmählich trat es stärker ins Bewußtsein, daß es auch unter Frauen große Unterschiede gibt, je nach sozialer Lage, unterschiedlicher ethnischer Zugehörigkeit (Rasse) oder Alter. Außerdem wandte sich die Aufmerksamkeit den eigenen Beiträgen der Frauen zur Gestaltung der sozialen Realität zu. Auf der einen Seite bedeutete dies erhöhte Aufmerksamkeit für Prozesse auf individueller Ebene; hier hatten psychoanalytische Theorien große konzeptionelle Bedeutung. Auf der ande-

ren Seite wurde die Interaktion zwischen der individuellen und der strukturellen Ebene zum Gegenstand. Hieraus folgte, daß das Thema "Macht" zentrale Bedeutung bekam. In dieser Perspektive wurden die Beziehungen zwischen Männern und Frauen als Ergebnis von Machtbeziehungen betrachtet. Dabei wurde davon ausgegangen, daß sowohl Frauen wie Männer Macht haben; natürlich kann Macht dabei mehr oder weniger symetrisch verteilt sein. Für die Ausarbeitung dieser Perspektive wurden im Rahmen der Frauenstudien z.B. die Theorien von Bourdieu, Elias, Foucault und Giddens herangezogen. In deren Sicht sind Frauen nicht länger nur als Opfer zu sehen, sondern als aktive Teilnehmerinnen an der Gestaltung der Gesellschaft. Ein Vorteil mancher dieser Theorien liegt darin, die Beziehungen zwischen Geschlechterfragen und anderen Dimensionen wie z.B. sozialer Lage, Ethnizität oder Alter zu analysieren.[2]

Als Ergebnis der Konzentration auf die Machtperspektive wurden nun auch Männer interessant als Gegenstand von Frauenstudien. Das Thema verschob sich damit von der reinen Frauenfrage zur Geschlechterfrage (from women to gender). Aufgrund dieser thematischen Verschiebung ist auch der Name Frauenstudien (Women's Studies) in Frage gestellt worden. Gegenwärtig fragen wir uns, ob vielleicht "Gender Studies" ein angemessenerer Name wäre als "Women's Studies". Theoretisch sollte diese Akzentverschiebung von Frauen- zu Geschlechterstudien zur Beteiligung auch von Männern an Frauen- / Geschlechterstudienprogrammen führen. In der Tat zeigen männliche Studenten ein wachsendes Interesse an Geschlechterstudien, und männliche Lehrende integrieren ebenfalls in zunehmendem Maße eine Geschlechterperspektive in ihre Verabstaltungen. Nichtsdestoweniger sind Frauen- / Geschlechterstudien in Groningen auch zum gegenwärtigen Zeitpunkt (1993) noch überwiegend eine Angelegenheit von Frauen.

Das Frauenstudienprogramm in Groningen

Die vorhergehenden Ausführungen geben einen generellen Eindruck von der Entwicklung von Frauenstudien an der Universität Groningen. Die verschiedenen Fachgebiete sind jedoch in verschiedenen Phasen ihrer Entwicklung und haben ihre eigenen Charakteristika. Diese heterogene Entwicklung ist einer der Gründe dafür, daß die interdisziplinäre Kooperation im Rahmen der Interfakultären Arbeitsgruppe Frauenstudien allmählich an Effektivität verloren hat. Nur wenige allgemeine Veranstaltungen haben immer noch einen interdisziplinären Charakter. Der wichtigste Kurs ist die Einführungsveranstaltung in Frauenstudien. In dieser Veranstaltung werden feministische Wissenschaftskritik und verschiedene Theorien zu Frauenstudien vorgestellt. Jährlich nehmen etwa 60 Studentinnen und Studenten an diesem Kurs teil. Darüber hinaus gibt es speziellere Veranstaltungen, z.B. über "Männlichkeit und Weiblichkeit" und über "Die Geschlechterdimension in Machttheorien". Diese Veranstaltungen werden von etwa 40 StudentInnen besucht. Schließlich betreuen wir individuelle Studentinnen in ihrer Forschungsarbeit und in Praktika. Außer diesen regulären Aktivitäten organisieren wir Veranstaltungen für Studierende nach dem akademischen Abschluß.

Die übrigen Veranstaltungen im Rahmen des Frauenstudienprogramms finden innerhalb der Fachdisziplinen statt. Teilweise sind Frauenstudien integriert in die regulären fachspezifischen Curricula, teilweise handelt es sich um zusätzliche Veranstaltungen. Insgesamt gibt es etwa 40 solcher Veranstaltungen an der Universität Groningen. Die meisten von ihnen sind Wahlveranstaltungen, die gewählt werden können oder auch nicht.[3]

Heutzutage ist die Unterrichtsmethodik in Frauenstudienveranstaltungen ähnlich wie in sonstigen akademischen Lehrveranstaltungen. Obwohl das Thema oft stark mit den eigenen Erfahrungen der Studentinnen verbunden ist, entsprechen die Methoden dem Üblichen und umfassen sowohl Vorlesungen als auch Tutorien, und die Überprüfung des Studienerfolgs kann in Form von standardisierten Examina aber auch in individuellen Studienarbeiten erfolgen.

Die Verteilung der Frauenstudienveranstaltungen über die verschiedenen Fachbereiche ist durchaus unausgeglichen. Die meisten Veranstaltungen finden in den Fachbereichen Religionswissenschaften, Geschichte, Kunstwissenschaften, Sozialwissenschaften und Philosophie statt. Studentinnen in Theologie und Philosophie sind verpflichtet, bestimmte Frauenstudienveranstaltungen zu besuchen. In Philosophie können Studentinnen und Studenten auch feministische Philosophie als Hauptfach wählen.

In den Fachbereichen Rechtswissenschaft, Medizin und Betriebswirtschaft ist im Bereich Frauenstudien bisher wenig erfolgt. In Betriebswirtschaftslehre ist jedoch inzwischen ein obligatorischer Kurs in Frauenstudien vorbereitet worden. Ein völliges Fehlen von Frauenstudien ist bisher in den Fachbereichen Mathematik und Naturwissenschaften, Wirtschaftswissenschaften, Geographie und Demographie zu verzeichnen. Die zuletzt genannten Fachbereiche sollten gute Gründe haben, ihre Fachinhalte aus einer Frauenstudienperspektive zusätzlich zu erforschen.

Zusammenfassend können wir feststellen, daß innerhalb der Universität die verschiedenen Stadien der Entwicklung von Frauenstudien, die ich zu Beginn beschrieben habe, immer noch existent sind. Manchmal fallen bestimmte Fachbereiche in ein früheres Stadium der Entwicklung zurück. Ein wichtiger Grund für die unstabile Situation der Frauenstudien ist die Verbindung vieler Frauenstudienkurse mit individuellen Forscherinnen und Lehrenden. Wenn eine von ihnen die Universität verläßt, bedeutet dies das Ende von Frauenstudium im jeweiligen Fachgebiet. In dieser Situation beginnen die Studentinnen oft neue Kampagnen, um neue Lehrende für Frauenstudien zu gewinnen, die sie wieder zum Ausgangspunkt zurückbringen. Es ist deshalb wichtig, die Verankerung von Frauenstudien in die reguläre Personalpolitik zu integrieren, damit Frauenstudien auch längerfristig garantiert bleiben.

Anmerkungen

1 Damit sind nicht 12 Semesterwochenstunden gemeint, sondern es handelt sich um einen Arbeitsvertrag im Umfang von etwa einem Drittel einer regulären Stelle.
2 Als Folge der Professionalisierung der Frauenstudien verstärkten sich die Unterschiede zwischen den einzelnen Disziplinen. In einem Artikel wie diesem ist es nicht möglich, die einzelnen theoretischen Entwicklungen zu diskutieren. Obwohl es Ähnlichkeiten und Verbindungen zwischen den Disziplinen gibt, bezieht sich diese Beschreibung hauptsächlich auf Frauenstudien an der Fakultät für Sozialwissenschaften. Vgl. auch M. Brouns (1990), The development of women's studies; a report from The Netherlands, STEO, Den Haag.
3 Studiegids Vrouwen/Sekse-studies 1993-1994, IWEV (Nieuwe Kijk in 't Jatstraat 70, 9712 SK Groningen, The Netherlands, Telefon: 0031-50-636231).

Angelika Wellnitz-Kohn

Studienschwerpunkt "Frauen und Wirtschaft" an der Fachhochschule für Wirtschaft (FHW) Berlin

Ein Einstieg in veränderte Lehrinhalte unter frauen- und geschlechtsspezifischen Fragestellungen

Seit der Verankerung des Frauenstudienschwerpunkts in die Studienordnung der FHW Berlin können Studentinnen und Studenten im Hauptstudium den Problembereich "Frauen und Wirtschaft" belegen. Bis zur Institutionalisierung des Frauenschwerpunktes im Wintersemester 1991/92 war die Einbeziehung der Geschlechterfrage in die jeweiligen Lehrinhalte ausschließlich von den individuellen Interessen einzelner DozentInnen abhängig. Heute können die Studierenden auf ein kontinuierliches Angebot zurückgreifen. 20 bis 30 StudentInnen (davon regelmäßig ca. 1-2 Männer) haben seitdem jedes Semester den Frauenstudienschwerpunkt belegt.

Zur Geschichte

Als Reaktion auf das einseitig an männlichen Sichtweisen orientierte Studium gründete sich auf Initative von Studentinnen im Sommersemester 1990 eine Projektgruppe. Ziel der Projektgruppe war es, einen Frauenstudienschwerpunkt im Hauptstudium als Wahlpflichtfach zu entwickeln und zu institutionalisieren. Zur Durchführung des Projektes wurden Sondermittel zur Verbesserung von Studium und Lehre, die den Hochschulen nach dem StudentInnenstreik 1989 zur Verfügung gestellt worden waren, beantragt und bewilligt.

In der Projektphase von 3 Semestern erarbeiteten die Studentinnen mit einer Lehrbeauftragten der FHW, Wissenschaftlerinnen verschiedener Disziplinen und Institutionen sowie Frauen aus der betrieblichen Praxis die inhaltliche und didaktische Konzeption. Der Frauenstudienschwerpunkt wurde dann bereits in der Projektphase von 4 weiblichen Lehrbeauftragten mit hoher Beteiligung durchgeführt und am Ende des Semesters zusammen mit den Teilnehmerinnen ausgewertet. Diverse Begleitveranstaltungen (Ringvorlesungen, Workshops mit Frauen aus der betrieblichen Praxis etc.) sollten das Lehrangebot ergänzen und eine größere Öffentlichkeit für das Projekt herstellen. Der erfolgreiche Projektverlauf führte dann auch zu dem angestrebten Ziel. Im Wintersemester 1991/92 beschloß der Akademische Senat die Verankerung des Studienschwerpunktes "Frauen und Wirtschaft" in der Studienordnung. Mit der Übernahme des Frauenschwerpunktes in das reguläre Lehrprogramm erfolgte die Finanzierung nicht mehr aus Sondermitteln, sondern aus dem normalen Haushalt der FHW.

Die Verankerung des Frauenstudienschwerpunktes im Hauptstudium

Um zu beschreiben, wie der Frauenschwerpunkt in das Studium integriert ist, bedarf es einiger Erläuterungen zum Aufbau des Hauptstudiums und zum Ausbildungsprofil der FHW.

Das Hauptstudium erstreckt sich überwiegend auf bestimmte Praxisbereiche als fächerübergreifende Studienschwerpunkte, die von den Studierenden gewählt werden können. Neben einem Sockelstudium, das sich auf allgemeine Fragen der Unternehmens-, Wirtschafts- und Gesellschafts- oder Rechtspolitik bezieht, und einem disziplinär organisierten Ergänzungsstudium mit wahlweise zu belegenden Ergänzungsfächern (z. B. Anwendung quantitativer Methoden in der Wirtschaftspraxis, Wirtschaftsenglisch) gliedert sich das Hauptstudium in ein tätigkeitsfeldbezogenes Schwerpunktstudium I und ein tätigkeitsfeldübergreifendes Schwerpunktstudium II.

Während die Studieninhalte des Schwerpunktstudium I auf bestimmte Tätigkeitsfelder ausgerichtet sind, werden im Schwerpunktstudium II Studieninhalte vermittelt, die für unterschiedliche Tätigkeitsfelder von Bedeutung sind. Das Schwerpunktstudium II setzt sich aus je einer zweistündigen Veranstaltung in den Fächern Strukturen und Prozesse in der Unternehmenswirtschaft, Gesellschafts- oder Rechtspolitik zusammen. Drei Lehrveranstaltungen aus unterschiedlichen Fächern werden jeweils so zusammengefaßt, daß inhaltlich zusammenhängende Gegenstände behandelt werden (Problembereiche). Im Schwerpunktstudium II können die Studierenden einen von dreizehn Problembereichen wählen. Zu den Wahlmöglichkeiten zählt auch der Problembereich "Frauen und Wirtschaft".[1]

Da der Frauenstudienschwerpunkt in das Hauptstudium integriert ist, unterliegt er den gleichen Studienbedingungen, die für das gesamte Studium gelten. Die breite interdisziplinäre Ausbildung und die Bevorzugung eines "Lehrgesprächs" als Unterrichtsmethode zählen u. a. zu den Vorzügen des FHW-Studiums. Eine an der FHW kürzlich abgeschlossene AbsolventInnenstudie bestätigt die positive Beurteilung des Ausbildungsprofils: "Die große Bedeutung, die FHW-AbsolventInnen einer vielseitigen Qualifikation und Ausbildungszielen wie 'systematisches Denken', 'Problembewußtsein' oder 'Kritikfähigkeit' zumessen, erlaubt das zusammenfassende Urteil: Im Lichte ihrer Berufspraxis bewerten die FHW-AbsolventInnen die breite fachliche Ausbildung und die Ansätze zur Vermittlung von Berufs- und Orientierungswissen jenseits der BWL mehrheitlich positiv."[2] Die genannten Charakteristika der FHW-Ausbildung sind wichtige Voraussetzungen für eine veränderte Lehre unter frauen- und geschlechtsspezifischen Fragestellungen. Sie sollten erhalten und weiterentwickelt werden.

Zu den Inhalten

Der Studienschwerpunkt "Frauen und Wirtschaft" umfaßt vier Lehrveranstaltungen in den Disziplinen BWL, VWL, Sozialwissenschaften und Rechtswissenschaften. Folgende von den Dozentinnen erarbeiteten Kurzbeschreibungen sollen verdeutlichen, welche Inhalte vermittelt werden.[3]
Während der BWL- und VWL-Teil belegt werden müssen, können die Studentinnen und Studenten zwischen dem sozialwissenschaftlichen und rechtswissenschaftlichen Teil wählen. Das gesamte Schwerpunktstudium II umfaßt insgesamt sechs Semesterwochenstunden. Die Lehrveranstaltungen werden z. Z. von zwei Professorinnen und zwei weiblichen Lehrbeauftragten durchgeführt.

1. Gesamtwirtschaftliche Aspekte von Frauenarbeit und Fraueninteressen

Intention: Vermittlung von theoretischen und empirisch-analytischen Grundlagen zur Analyse geschlechtsspezifischer Aspekte in zentralen ökonomischen Politikfeldern.
Inhalt:
1. Geschlechtsspezifische Strukturen des Arbeitsmarktes: Empirisch-statistische Analyse - Theorien zur Erklärung der Spaltung des Arbeitsmarktes: Humankapital-Theorie, Segmentations-Theorie, Sozialisations- und Machttheorien.
2. Einkommensdifferenzen nach Geschlecht: Analyse und theoretische Ansätze.
3. Frauenarbeit: Erwerbsarbeit und Hausarbeit - Erfassung und Bewertung in gesamtwirtschaftlichen Zusammenhängen.
4. Politikfelder: Einkommenspolitik - Sozialpolitik - Arbeitsmarktpolitik - Wirtschaftspolitik, insbesondere auf betrieblicher Ebene - Analyse und Diskussion bisheriger Politiken sowie Weiterentwicklung bestehender Ansätze.
Methodik: Seminaristischer Unterricht.

2. Frauenarbeit und Frauenförderung im Betrieb

Intention: Berufliche Benachteiligung von Frauen resultiert aus der traditionellen Praxis personalpolitischer Auswahl- und Entscheidungsprozesse. Ursachen und Funktionsweisen geschlechtsspezifischer Diskriminierungsprozesse im Betrieb werden aufgezeigt und Förderkonzepte zur Durchsetzung der Gleichberechtigung vorgestellt bzw. entwickelt.

Inhalt: Fakten und Zahlen der Frauenerwerbsarbeit in Betrieben - Bedingungen für Frauen in Führungspositionen - Das einzelwirtschaftliche Kosten-Nutzen-Kalkül - Zugangsbarrieren für weibliche Arbeitskräfte - Wege zur Vereinbarkeit von Familie und Beruf - Frauenfördermaßnahmen in der Praxis.
Methodik: Seminaristische Arbeitsweise.

3. Geschlechtsspezifische Arbeitsteilung, Frauenpolitik und Frauenbewegungen

Inhalt: Nur vom Gesichtspunkt einer Gesellschaftswissenschaft, die sich traditionell nicht mit der Tatsache eines Geschlechterverhältnisses befaßt, kann es so etwas wie *die* Geschlechterthematik geben. Wird jedoch das Ausgeblendete mit aufgenommen, so zerstiebt dieser Wissenschaftsbereich fast in alle Himmelsrichtungen. Um der Beliebigkeit zu entgehen, sollen in einem zweischrittigen Verfahren 1. die (empirisch greifbare) Entwicklung der Frauenarbeit in den letzten hundert Jahren, 2. das Verhältnis zweier gesellschaftlicher Arbeitssphären (anhand verschiedener Erklärungsansätze) in den Mittelpunkt gestellt werden. Dies wird den Boden bereitstellen, um Ziele von Frauenpolitik und Frauenbewegungen zu beurteilen - oder mitzuformulieren.
Methodik: Seminaristischer Unterricht.

4. Rechtliche Aspekte von Gleichberechtigung und Gleichstellung der Frauen

Intention: Vermittlung der einschlägigen rechtlichen Regelungen und Grundprobleme.
Inhalt: Aussage des Grundgesetzes zur Gleichberechtigung - Landesantidiskriminierungsgesetz[4] - Herstellung von Lohngleichheit durch Gesetz und Rechtsprechung - Frauen in der Rechtssprache - Gesetzliche Regelungen anderer Länder.
Methodik: Seminaristischer Unterricht.

Zielsetzung

Ziele des Frauenstudienschwerpunktes sind:

- Kritische Reflexion der Arbeits- und Lebensbedingungen von Frauen; Sichtbarmachung der strukturellen Diskriminierung von Frauen und Erarbeitung von Möglichkeiten zur Veränderung

- Kritische Auseinandersetzung mit den an der männlichen Normalbiografie ausgerichteten Strukturen und Anforderungen im Erwerbsleben und der an männlichen Sichtweisen orientierten Wissenschaft.

- Vermittlung von historischen, theoretischen und empirisch-analytischen Grundlagen zur Analyse geschlechtsspezifischer Aspekte in ökonomischen, sozialen und juristischen Politikfeldern.

Perspektiven

Da der Frauenschwerpunkt erst seit wenigen Semestern angeboten wird, können bisher kaum Aussagen über die Auswirkung dieses Lehrangebotes gemacht werden. Sichtbar ist das große Interesse der Studentinnen an diesen Fragestellungen. Indikatoren dafür sind die gute Frequentierung des Schwerpunktes und die Diplomarbeiten, die aus diesen Lehrveranstaltungen hervorgegangen sind.
Sicher können die vorhandenen Defizite einer einseitig männlich orientierten Lehre und Forschung durch einen Frauenstudienschwerpunkt mit sechs Semesterwochenstunden im Hauptstudium nicht ausgeglichen werden. Noch immer ist es möglich, das Studium weitgehend unbehelligt von frauen- und geschlechtsspezifischen Fragestellungen zu durchlaufen. Mit diesem Angebot aber ist uns ein Einstieg in veränderte Lehrinhalte im wirtschaftswissenschaftlichen Studium an der FHW gelungen. Es wurde eine Entwicklung in Gang gesetzt, die Frauen an der FHW konsequent weiterverfolgen. Wie wir z. Zt. daran arbeiten, sollen einige konkrete Beispiele zeigen.

- Eine Projektgruppe von Studentinnen hat verschiedene Lehrveranstaltungen im Grundstudium unter geschlechtsspezifischen Gesichtspunkten analysiert und Vorschläge für entsprechende inhaltliche Ergänzungen sowie Literaturlisten für die Lehrkräfte erarbeitet. Das Projekt wurde ebenfalls aus Sondermitteln zur Verbesserung von Studium und Lehre finanziert.

- Es wurde eine Stelle für eine wissenschaftliche Mitarbeiterin geschaffen. Schwerpunkt des neuen Aufgabengebietes ist es, aufgrund ökonomischer und interdisziplinärer Forschungserfahrungen traditionelle Konzepte der Wirtschafts- und Sozialwissenschaften mit frauenspezifischen Aspekten zu verbinden. Inhalt des Arbeitsgebietes wird es sein, an der Fachhochschule für Wirtschaft ökonomische Frauenstudien weiter zu entwickeln, einen auf diese Fragen zugeschnittenen Forschungsschwerpunkt aufzubauen sowie das derzeitige Lehrangebot an der FHW in geschlechtsspezifischer Hinsicht zu evaluieren.

- Kooperation und Austausch mit Frauen aus der betrieblichen Praxis sollen intensiviert werden. Ziel ist es, Wissenschaft, Lehre und Praxis stärker zu verzahnen.

Unser langfristiges Ziel ist die Berücksichtigung der Geschlechterfrage in allen Inhalten des FHW-Studiums und die Weiterentwicklung von Lehrangeboten mit frauen- und geschlechtsspezifischer Ausrichtung. Die genannten Projekte sollen die inhaltlichen Voraussetzungen für diese Entwicklung schaffen und damit einen Beitrag zur Umsetzung der angestrebten Veränderungen leisten.

Anmerkungen

1 Die Ausführungen sind der Broschüre "Studieren an der FHW", Hrsg. Der Rektor der FHW Berlin, März 1993, entnommen.
2 Penrose, Virginia / Huß, Jürgen unter Mitarbeit von Ulf Kadritzke und Gabriele Bischoff, FHW-Studierende: Zwei Jahre danach: Bericht über eine empirische Untersuchung, Mai 1993.
3 1.-4.: Auszüge aus dem Vorlesungsverzeichnis der FHW-Berlin, Sommersemester 1993
4 Das Landesantidiskriminierungsgesetz Berlin (LADG) von 1990 wurde 1993 in Landesgleichstellungsgesetz (LGG) umbenannt.

Angela Kemper

Frauenstudien - Falle oder Chance?
Erfahrungen des Frauenstudiengangs am Oberstufenkolleg Bielefeld

Unser Konzept

Frauenstudien am Oberstufenkolleg Bielefeld ist im Gegensatz zu anderen Frauenstudienkonzepten Teil eines *Ausbildungsgangs*, d.h. konkret, daß unsere Absolventinnen u.a. mit dem Fach *Frauenstudien* einen Abschluß erwerben, der die allgemeine Hochschulreife umfaßt.[1]
Historisch hat sich der Frauenstudiengang aus Erfahrungen mit Frauenkursen zu spezifischen Themen im allgemeinbildenden Unterricht des Oberstufen-Kollegs entwickelt. Seit 1987 erproben wir - im Rahmen eines Curriculumentwicklungsprojektes - *Frauenstudien* als Wahlfach: Kollegiatinnen können seitdem als eines ihrer zwei Wahlfächer, die sie als Spezialisierung wählen müssen und in denen sie auch eine Abschlußprüfung ablegen, unseren Studiengang belegen. Der Frauenstudiengang ist somit, auch vom zeitlichen Umfang her (6 Stunden pro Woche) vergleichbar mit einem Leistungskurs in der gymnasialen Oberstufe.

Das Konzept unseres Studiengangs sieht heute so aus:
Wir haben vier curriculare Bausteine entwickelt, die ich im weiteren kurz darstellen will und die den Kern der Ausbildung ausmachen. Daneben gibt es noch ergänzende Elemente, ein obligatorisches Praktikum zum Beispiel, sowie Intensivkurse, deren Konzepte wir gerade erproben.
Für uns ist die Curriculumentwicklung ein kontinuierlicher Prozeß, der einer ständigen Revision unterworfen ist und sich an der praktischen Arbeit mit den Kollegiatinnen orientiert. Dieser Prozeß hat in unserem *Rahmencurriculum*, das wir auch der Schulaufsicht präsentiert haben, eine vorläufige Formulierung gefunden.
Die Bausteine unseres Curriculums sind Jahresthemen, bei vier Ausbildungsjahren also vier Themen, die wir in der Sequentialität nicht festgelegt haben. Die Reihenfolge bestimmt sich dann mit Blick auf und in Absprache mit der jeweiligen Jahrgangsgruppe der Kollegiatinnen und hängt von deren (bildungs-) biographischem Hintergrund, ihren Interessen und Fähigkeiten ab.
Diese vier Themen sind:

- Sozialisation und Situation von Frauen heute
- Frauen und Kultur
- Frauen und Arbeit
- Frauen und Wissenschaft

Daneben gibt es zwei wichtige Aspekte, die in allen vier Jahresthemen vorkommen:
- der interkulturelle Vergleich
- der historische Blick.

Unsere Adressatinnen

Der Teilnehmerinnenkreis besteht aus Mädchen und jungen Frauen. Das Eingangsalter für das Oberstufen-Kolleg beträgt 18-25 Jahre.
Zu Beginn, als wir den Studiengang entwickelten bzw. die ersten Frauenkurse im allgemeinbildenden Bereich anboten, wurden diese Kurse hauptsächlich von sehr engagierten Frauen gewählt, die z.T. auch in der Selbstverwaltung aktiv waren und einen Frauenrat gründeten. Es waren überproportional berufserfahrene und "ältere" Frauen vertreten. In den Kursen entwickelte sich für Kollegiatinnen wie für Lehrende ein sehr motiviertes und motivierendes Klima. Es war ein "Aufbruch", gemeinsam etwas für und mit Frauen am Oberstufen-Kolleg zu tun.
Aber schon bei dem ersten Jahrgang, den wir für das Wahlfach *Frauenstudien* aufnahmen, zeichnete sich ein Wandel ab. Als Wahlfach wurde *Frauenstudien* auch von sehr jungen und (frauen-)politisch weniger engagierten Frauen gewählt. Viele davon sahen das Oberstufen-Kolleg vorrangig als Schule an - was es ja unzweifelhaft auch ist -, aber nicht als einen Raum für eigene Gestaltungsmöglichkeiten. Da wir diese Diskrepanz nicht erwartet hatten, überforderte sie uns zunächst. Es gab Konflikte zwischen Lehrenden und Kollegiatinnen, die vor allem daher rührten, daß die gegenseitigen Erwartungen nicht formuliert waren. Erst langsam haben wir gelernt, in den Kurskonzepten inhaltlich und methodisch auf die veränderten, oft auch sehr heterogenen Gruppenzusammensetzungen einzugehen - und nicht zuletzt auch unsere Erwartungen an die Kollegiatinnen zu überprüfen.
  Studienverlaufsstatistiken machen aufgrund der kleinen Zahlen noch nicht viel Sinn. Eine Tendenz will ich dennoch aufzeigen. Unsere Kurse füllen sich erst im Laufe der Zeit an. Während wir im ersten Semester häufiger mit weniger als zehn Kollegiantinnen anfangen, füllen sich die Kurse später durch Quereinsteigerinnen manchmal bis auf 20 Teilnehmerinnen oder gar mehr auf.
Zwei Gründe sind dafür anzugeben:

1. *Frauenstudien* ist den Bewerberinnen unbekannt. Unter den traditionellen Schulfächern können sie sich etwas vorstellen, aber "sich acht Semester lang nur mit Frauen zu beschäftigen" - so ein Zitat einer Kollegiatin - erscheint ihnen zu exotisch.
2. *Frauenstudien* ist mit Vorurteilen belastet: "Da gehen nur die ganz Emanzipierten hin und das bin ich nicht". Oder es ist zu brisant. (Einige Kollegiatinnen können z.B. erst nach geraumer Zeit vor ihren FreundInnen und Eltern dazu stehen, daß sie *Frauenstudien* belegen).

Unter anderem um einer Ghettoisierung entgegenzuwirken, haben wir es konzeptionell eingeplant, daß in den Kursen der ungeraden Semester (3./5./7. Semester) zu der Wahlfachkursgruppe *Frauenstudien* noch Kollegiatinnen anderer Wahlfächer dazukommen können, die diesen Kurs im allgemeinbildenden Teil ihres Studiums am Oberstufenkolleg angerechnet bekommen.

Unsere Personalsituation

Wir haben zur Zeit eine feste Stelle, die sich zwei Lehrende teilen.
Dazu gibt es 4 festangestellte Mitarbeiterinnen anderer Wahlfächer (eine Pädagogin, eine Mathematikerin, eine Anglistin, eine Psychologin), die sich mit kleinen Stellenanteilen am Unterricht im Frauenstudiengang beteiligen können.
Außerdem haben wir eine Kollegin auf einer halben befristeten Stelle (Wir kämpfen gerade darum, daß diese zu einer festen wird!) sowie eine ABM-Stelle für die Evaluation.
Vier weitere Kolleginnen beteiligen sich an der Curriculumentwicklung, machen aber keine Lehre.

Unsere Inhalte und Themen

Die konkreten Lerninhalte der Kurse können sehr variieren. Thematische Schwerpunktänderungen gibt es laufend. Sie sind intendiert, weil wir sehr eng mit den Kursgruppen zusammen planen. Die oben genannten vier Jahresthemen stecken einen Rahmen ab, hinter dem sich aber zu einem Thema völlig unterschiedliche Kurse verbergen können, je nach Gruppenzusammensetzung, Stand des Kurses in der Sequenz, also ob der Kurs im ersten Semester oder im letzten stattfindet, etc..

Zum Beispiel könnte das Seminar *Frauen und Arbeit*
- ein Kurs über Prostitution als ein Beispiel weiblicher Erwerbsarbeit

- oder ein eher soziologisch/theoretisch ausgerichteter Kurs über den Bielefelder Ansatz (Hausfrauisierungsthese etc.) sein.

Die Frage danach, welche Inhalte die Kollegiatinnen am meisten ansprechen, betreffen oder motivieren, ist allgemein nicht zu beantworten: Es kommt darauf an! Vor allem ist es entscheidend, ob der Planungsprozeß mit der Lerngruppe wirklich ein gemeinsamer war. Dazu gehört auch, die Differenz unter den Frauen wahrzunehmen, zu akzeptieren und produktiv zu nutzen. Große Unterschiede gibt es zum einen unter den Kollegiatinnen der Kursgruppe, diese ist in der Regel sehr heterogen zusammengesetzt, was Alter, Berufserfahrung, bildungsbiographischen und familiären Hintergrund betrifft; zum anderen gibt es die besondere Rolle der Lehrenden, die sich von der der Kollegiatinnen grundlegend unterscheidet. Die Lehrende vertritt die Institution, verfügt über ein bestimmtes Wissen und ist oft eine Generation älter als die Kollegiatinnen.

Die Lernenden wollen keine Inhalte und Konzepte "vorgesetzt" bekommen, sondern sie selbst entwickeln (Zum Beispiel gab es ziemlich am Anfang unseres Studiengangs in einem Kurs einen Konflikt zwischen der Lehrenden und der Kursgruppe, weil die Kollegiatinnen den Kulturbegriff der Lehrenden nicht verstehen und akzeptieren konnten: Sie wollten ihren eigenen entwickeln, der sich dann auch sehr von dem der Lehrenden unterschied!).

Dennoch wollen sie die Lehrende als ältere, in manchem erfahrene und mit einem Wissensvorsprung ausgestattete Frau auch als solche präsent wissen, von ihr lernen und die Differenz (vielleicht im Sinne des *affidamento* der Italienerinnen) nutzen.

Unsere Ziele

Zu den Lernprozessen im Frauenstudiengang, die durch ein solches Curriculum angestrebt werden, habe ich oben schon einiges gesagt. Hier seien deshalb nur noch einige Stichpunkte erwähnt:

- Wir haben bewußt ein offenes Curriculum.
- Wir machen mit der Kursgruppe eine gemeinsame Kursplanung und begleitende Kursreflektion.
- Wir richten das Augenmerk auf die Gruppenprozesse und Interaktionsstrukturen.
- Wir wollen die Einzelne befähigen, ihre eigene *chairperson* (Ruth Cohn) zu sein.

Ziel ist dabei, daß jede Frau ihren eigenen Weg finden kann, als Frau in einer patriarchalen Gesellschaft, als politisches Wesen und als wissenschaftlich tätige Frau. Dafür müssen ihr im Frauenstudiengang verschiedenste Fähigkeiten und Fertigkeiten vermittelt werden, etwa:

- soziale Kompetenzen
- selbstreflexive Kompetenzen
- Planungskompetenzen
- wissenschaftliche Kompetenzen.

Das Ganze ist sowohl ein individueller als auch ein kollektiver Lernprozeß, und die Rolle der Lehrenden besteht eher darin, die Organisatorin/Supervisorin dieses Lernprozesses zu sein als reine Wissensvermittlerin. Andererseits muß die Lehrende sich persönlich einbringen, eine bewußt weibliche Autorität sein, Traditionsbildnerin und Vermittlerin spezifisch weiblicher Erfahrungen.

Probleme und Konsequenzen

Die Chancen eines solchen Studiengangs für Mädchen und junge Frauen sind evident. Wo aber liegt die Falle?
Die Gefahren werden in folgenden Fragen deutlich:

- Ist die Institutionalisierung von Frauenstudien im schulischen Rahmen zumindest auf die Dauer nicht der Tod derartiger Lernprozesse, wie sie oben beschrieben werden?
- Wenn sie jedoch stattfinden (und das tun sie offensichtlich immer wieder), ist es dann nicht eher trotz als wegen solcher Veranstaltungen wie Frauenstudiengänge?
- Kann es überhaupt funktionieren, Selbstbestimmung, Selbstreflexion, politisches Bewußtsein zum Lernziel zu erheben? D.h. können wir Frauen *Bewegung* lehren?

Um es gleich vorweg zu nehmen: Wir sind mit der notwendigen Überheblichkeit von unserem eigenen Kind überzeugt. Aber wir wissen, daß wir es weiterentwickeln müssen, damit es überlebt.

Außer der ständigen Evaluation und Modifikation des Curriculums ist die Entwicklung von "so etwas wie" einer frauenspezifischen Didaktik notwendig. Werden in Frauenstudienkursen die Inhalte so vermittelt, wie in vielen Kursen / Seminaren, die der neutralen Wissenvermittlung dienen, dann werden sie von den Studentinnen / Kollegiatinnen auch so "abgehakt" wie diese. Erfahrungen mit Women's Studies - Programmen in den USA zeigen, wieviel Chancen vertan werden, wenn dort die Inhalte in traditioneller Weise gelehrt werden (s. Rita Kurth in diesem Band).

Erste Ansätze zu einer solchen Didaktik gibt es z.B. bei den Italienerinnen mit der Theorie des *affidamento*. Im Rahmen von Unterricht kann damit die Schaffung einer neuen Beziehungspraxis unter Frauen gemeint sein, die weibliche Autorität und Differenz unter Frauen produktiv nutzt.

Wir vom Frauenstudiengang am Oberstufen-Kolleg erproben die Methode der *Themenzentrierten Interaktion* nach Ruth Cohn, die sich in unserer Arbeit oft als nützlich erweist.

Insgesamt steht die Entwicklung einer speziellen Didaktik unserer Meinung nach jedoch noch sehr am Anfang.

Eine veränderte Methodik und Didaktik sowie eine ständige Überprüfung unseres Konzeptes und unseres Curriculums werden auch deshalb nötig sein, weil sich die gesellschaftlichen und politischen Veränderungen, der *backlash*, Antifemininismus, die Rekonstruktion eines konservativen Weiblichkeitsbildes auch bei uns bemerkbar machen. Für junge Frauen und Mädchen entstehen dadurch veränderte Bedingungen, ein anderer Umgang als etwa noch vor ein paar Jahren mit den Ambivalenzen weiblicher Lebensentwürfe und eventuell auch andere theoretische Bedürfnisse. Nur wenn der Frauenstudiengang diese Bedürfnisse aufgreift, kann er von den Kollegiatinnen als etwas Eigenes und Identitätsstiftendes empfunden werden.

Nicht zuletzt kann ein Projekt *Frauenstudien* nur dann lebendig bleiben und dem Institutionentod entgehen, wenn es sich als politisch begreift, als Teil der Frauenbewegung und Frauenforschung. Mit beiden muß es sich weiterentwickeln.

Anmerkung

1   Das Oberstufen-Kolleg des Landes Nordrhein-Westfalen ist eines der zentralen Reformprojekte der Universität Bielefeld, dessen Aufgabe es ist, ein wesentliches Problem unseres Bildungswesens zu bearbeiten: den Übergang von der Schule an die Hochschule. Zu diesem Zweck ist das Oberstufen-Kolleg als eine neue *Tertiärstufe* konzipiert, die den Übergang von Allgemeinbildung zu Spezialausbildung, von der Sekundarstufe II zum universitären Grundstudium in einem einheitlichen Ausbildungsgang herstellt, der mit der Befähigung zum Hauptstudium abschließt. Der erfolgreiche Abschluß des Oberstufen-Kollegs nach 8 Semestern (= 4 Jahre) schließt die Hochschulreife ein - und die Möglichkeit, in den meisten Fächern in das 3. und 5. Semester eines Studiums an einer wissenschaftlichen Hochschule einzusteigen.

Gisela Steenbuck

Chancen und Grenzen der Qualifizierung für eine emanzipatorische Frauenarbeit

Die mittlerweile dauerhafte Einrichtung eines weiterbildenden Studiums *Frauenstudien* an der Universität Dortmund kann als eine Errungenschaft der feministischen Frauenforschung und -bildung verstanden werden. Es eröffnet Teilnehmerinnen ohne Abitur auf der Grundlage der Gesamtheit ihrer Qualifikationen und Praxiserfahrungen zwischen Familie und Beruf den Zugang zu einem weiterbildenden Studium, das praxis- und wissenschaftsorientiert eine systematische, curricular geregelte Qualifizierung für Aufgaben einer emanzipatorischen Frauenarbeit anbietet. Die Konzipierung des weiterbildenden Studiums ist von einem zunehmenden Bedarf an Fachkräften für Aufgaben der Frauenförderung und der Gleichstellung der Geschlechter sowie der Annahme geprägt, daß die berufliche und familiale sowie die Arbeit im "Zwischenraum beider Pole" (Kettschau 1993, 143) einen geeigneten Erfahrungshintergrund für eine emanzipatorische Frauenarbeit bildet. Ich möchte in diesem Beitrag das Spannungsfeld zwischen frauenfreundlichen Innovationen und Veränderungstendenzen auf der einen Seite und gleichzeitig fortbestehenden strukturellen Grenzen auf der anderen Seite diskutieren. Es geht dabei um die Aneignung und Verwertung der Angebote des weiterbildenden Studiums in Hinsicht auf Veränderungen des individuellen Selbstverständnisses der einzelnen Frau sowie in Hinsicht auf Aspekte des privaten und öffentlichen Geschlechterverhältnisses.

Zunächst möchte ich meinen Überlegungen eine Charakterisierung der Zielgruppe voranstellen. Das weiterbildende Studium *Frauenstudien* richtet sich an Frauen, die ihre bisherigen Erfahrungen in der Frauenarbeit systematisch reflektieren und durch wissenschaftliche Erkenntnisse erweitern wollen. Die Motivationen der Teilnehmerinnen umfassen den Bedarf nach beruflicher Qualifizierung, nach Wissenserwerb und Erkenntnisgewinn sowie den Wunsch nach persönlicher Klärung und Entwicklung. Die Zulassungsvoraussetzungen verlangen praktische Erfahrungen in der Frauenarbeit - unabhängig von der Beschäftigungsform - und sie verlangen nicht die Erfüllung formaler Kriterien, z.B. bestimmte Berufsabschlüsse oder Bildungsvoraussetzungen. So ist die Teilnahme auch für Frauen möglich, die bisher ohne entsprechenden beruflichen Abschluß ehrenamtlich oder gegen Honorar Frauenarbeit geleistet haben. Die Gruppe dieser Frauen zeichnet sich dadurch aus, daß sie vor allem die kaufmännischen, Organisations- und Verwaltungsberufe hinter sich lassen und sich pädagogischen, sozialen und politischen Tätigkeiten zuwenden (vgl. Kettschau, Bruchhagen, Steenbuck 1993, 65). Für diese Tätigkeiten haben sie jedoch keinen entsprechenden beruflichen Abschluß und erhoffen sich von der Teilnahme an *Frauenstudien* verständlicherweise auch eine Verbesserung ihrer beruflichen Situation. Es gibt des weiteren eine Gruppe von Teilnehmerinnen, deren Interesse am weiterbildenden Studium in erster Linie auf Erkenntnisgewinn und Persönlichkeitsentwicklung und nur sekundär auf berufliche Verwertung gerichtet ist. Darüberhinaus ist die Gruppe von Teilnehmerinnen zu nennen, die sich für Aufgaben der Frauenförderung in ihren bereits vorhandenen, qualifizierten Tätigkeiten in pädagogischen und sozialen Arbeitsfeldern gezielt wissenschaftlich weiterbilden wollen. Die Frage nach Chancen und Grenzen der Qualifizierung für eine emanzipatorische Frauenarbeit ist insbesondere hinsichtlich der beruflichen Verwertung für die genannten Gruppen von Teilnehmerinnen zu differenzieren.

Lernprozesse zwischen Erkenntnisgewinn und Persönlichkeitsentwicklung

Die wissenschaftliche Weiterbildung bei den *Frauenstudien* ist emanzipatorische Bildung. Sie ist geprägt durch Wissenschafts- und Persönlichkeitsorientierung und initiiert Lernprozesse, die sowohl die Vermittlung von Wissen, Erkenntnissen und Lerntechniken, den Erwerb von Handlungskompetenz als auch die Entwicklung von Selbstbewußtsein und politischem Bewußtsein beinhalten. Das weiterbildende Studium gibt den Teilnehmerinnen Impulse, die bei der Klärung von Orientierungen zwischen alten und neuen Leitbildern helfen und die Selbstfindungsprozesse unterstützen.

Die im Rahmen des Studienangebotes angestrebte Auseinandersetzung mit Fragen zum weiblichen Lebenszusammenhang und zur Gleichstellung der Geschlechter berührt immer auch das persönliche Selbstverständnis der Teilnehmerinnen. Insbesondere in den Seminaren, die für die Weiterbildungsstudentinnen der *Frauenstudien* konzipiert sind, wird immer wieder der Bezug zu den eigenen Lebenserfahrungen und einer familialen und beruflichen Praxis hergestellt. Durch die wissenschaftlich orientierte Reflexion und die Bereicherung durch Erkenntnisse und Ergebnisse insbesondere aus der Frauenforschung können bisherige Denkmuster, Handlungsstrategien und das bisherige Selbstverständnis in einen Veränderungsprozeß einbezogen werden, der zu neuen Elementen des Selbstkonzepts, neuen Akzentsetzungen und neuen Konkretisierungen führt. Eine Überprüfung und Korrektur von bisher Gültigem kann begleitet sein von Verunsicherung und vorübergehender Orientierungslosigkeit. Hier unterstützen sich die Teilnehmerinnen gegenseitig und lernen sich in einer der Emanzipation von Frauen nicht immer aufgeschlossenen Umwelt zu behaupten. Dabei ist eine Atmosphäre unterstützend, in der nichtwertend verschiedene und gegensätzliche Positionen verstanden und stehen gelassen werden können und in der keine neuen Imperative (...eine emanzipierte Frau sollte...) gesetzt werden.

Das weiterbildende Studium *Frauenstudien* ermöglicht Lernprozesse, die von den Teilnehmerinnen als großer Gewinn an Erkenntnissen, an Verstehen von Lebens- und Problemlagen von Frauen und einer Erweiterung von sozialer Handlungskompetenz wertgeschätzt werden (vgl. Kettschau, Bruchhagen, Steenbuck 1993, 68f. und 80). Insofern bietet *Frauenstudien* den Teilnehmerinnen Chancen und Möglichkeiten für ihre persönliche Entwicklung und Bildung. Die Grenzen der Qualifizierung werden spürbar, sobald diese persönlichen Entwicklungen in den sozialen Raum reichen und dort auf Grenzen der Veränderbarkeit stoßen.

Impulse für Veränderungen im Geschlechterverhältnis

Im Hinblick auf die Aufgaben der Gleichstellung der Geschlechter sind Veränderungen des Geschlechterverhältnis im Privaten und im öffentlichen Bereich als gleichwertig, als gleichermaßen wichtig zu betrachten. Im Lebenszusammenhang der Teilnehmerinnen schiebt sich die Frage nach der beruflichen Verwertung jedoch besonders bei jenen Frauen in den Vordergrund, die durch das weiterbildende Studium eine Verbesserung ihrer Lebenssituation erhoffen. In dem folgenden Abschnitt werde ich relativ kurz auf die politisierende und multiplikatorische Wirkung der *Frauenstudien* eingehen und anschliessend die Probleme des Berufszugangs erörtern. Bei dieser Erörterung möchte ich auch veranschaulichen, in welcher Weise Persönlichkeitsentwicklung, Politisierung und berufliche Verwertung ineinandergreifen und sich gegenseitig bedingen.

Emanzipatorische Bildung im Rahmen der wissenschaftlichen Weiterbildung *Frauenstudien* sensibilisiert für Benachteiligungen, Diskriminierungen, Widersprüche im weiblichen Lebenszusammenhang und erweitert die politische Handlungsfähigkeit. Von einem veränderten Selbstverständnis gehen Impulse auf das soziale Gefüge aus und bisherige Konstellationen verändern sich unwillkürlich mit. Hier sind jedoch die Teilnehmerinnen immer wieder mit relativ starren Grenzen der Veränderbarkeit in Richtung auf gleichwertige Partizipation der Geschlechter in Familie, Beruf und Politik konfrontiert. Selbstsicherheit, Klarheit der eigenen Meinung, fachliches Wissen über Frauen benachteiligende Strukturen und Bedingungen sowie das Vermögen, Konflikten standzuhalten, können persönliche Errungenschaften sein, die zu "Schlüsselqualifikationen" in den konkreten gesellschaftlichen Auseinandersetzungen werden. In der gegenwärtigen Situation mit den bestehenden Anforderungen an Frauenförderung braucht es viele Frauen, die ihre Fähigkeiten beharrlich in die gesellschaftlichen Auseinandersetzungen um verbesserte Lebensbedingungen einbringen. Ich schätze die Aspekte der Politisierung und des multiplikatorischen Potentials der Qualifizierung für eine emanzipatorische Frauenarbeit hoch ein und betone sie, da ihre Bedeutung so schnell gegenüber den Problemen einer beruflichen Verwertung verschwindet.

Ich möchte nun die Probleme des Berufszugangs unter zwei Aspekten behandeln. Zum einen geht es um einen Widerspruch zwischen Innovation beim Zugang zum weiterbildenden Studium und gleichzeitig fortbestehenden alten, strukturellen Grenzen des Berufszugangs. Zum anderen geht es mir um den Handlungsbedarf, der aus diesem Widerspruch resultiert.

Die Zielgruppen des weiterbildenden Studiums bewegen sich in dem Spannungsverhältnis und den Widersprüchen zwischen Beruf und Familie, Öffentlichkeit und Privatheit. Sie entwickeln eine Bildungsbiographie, die durch vielfältige Verschränkungen von formellen und informellen Engagements, von Tätigkeiten in familialen, ehrenamtlichen, semiprofessionellen und professionellen Zusammenhängen gekennzeichnet sind. Für viele Frauen besteht das Problem, daß in Bereichen wie Familientätigkeit und Ehrenamt erworbene, informelle Qualifikationen und Erfahrungen nur wenig Anerkennung finden und im formalisierten Berufs- und Bildungssystem nicht oder nur bedingt genutzt werden können. Innerhalb der neuen Frauenbewegung der siebziger Jahre wurde die Forderung nach einer gesellschaftlichen Anerkennung von Frauenarbeit in der Familie und in anderen unbezahlten Arbeitsfeldern öffentlich gemacht und in den folgenden Jahren von einer feministischen Forschung durch eine Erweiterung des Arbeitsbegriffes theoretisch untermauert. Im Zuge der Institutionalisierung der *Frauenstudien* konnte diese Forderung insofern berücksichtigt werden, als Vorkenntnisse und Praxiserfahrungen in den für das Studium relevanten Bereichen als Zulassungsvoraussetzungen formuliert sind. Diese sind nicht - und das ist das Besondere - über eine bestimmte Berufsausbildung oder über die üblichen Erwerbsverhältnisse in kontinuierlichen, sozialversicherungspflichtigen Beschäftigungsverhältnissen definiert.

Einerseits liegt in der Anerkennung der auch im informellen Bereich erworbenen Qualifikationen eine Errungenschaft und eine nicht unbedeutende Innovation im Bereich der wissenschaftlichen Weiterbildung an den Hochschulen. Andererseits bleibt damit den betroffenen Frauen die kränkende Erfahrung der mangelnden Berücksichtigung noch nicht erspart. Denn bei dem Übergang vom weiterbildenden Studium in den Beruf stellt sich das Problem erneut. Immer noch erfahren Absolventinnen der *Frauenstudien* eine Entwertung ihres Qualifikationsprofils durch eine Vernutzung bei zu geringer Bezahlung, bei schlechten Vertragsverhältnissen und geringen Aufstiegschancen. Die Bedingungen des Berufszugangs berücksichtigen nicht in der Weise wie die Zugangsvoraussetzungen bei den *Frauenstudien* die Qualifikationen, die neben und außerhalb beruflicher Arbeit in Familie oder qualifiziertem Ehrenamt erworben wurden.

Das weiterbildende Studium *Frauenstudien* ist in seinen besonderen Merkmalen ein isoliertes Angebot. Es reiht sich nicht "als Glied in der Kette des deutschen Bildungssystems" (Krüger 1992, 273) ein, weil es aus dem Rahmen fällt. Hierin liegt einerseits die besondere Qualität. *Frauenstudien* schafft neue Prämissen und setzt neue Maßstäbe. Andererseits sind in der isolierten Stellung im Bildungssystem auch die Grenzen begründet, die für manche Teilnehmerin den Übergang in den Beruf so schwer machen. Mit Bildungsanstrengungen lassen sich die strukturell bedingten Hürden des Berufszugangs nicht überspringen.

Für das weiterbildende Studium ist es sicherlich richtig und notwendig, weiterhin den Teilnehmerinnen gegenüber den Status eines weiterbildenden Studiums als Zusatzqualifikation und Ergänzung zu einer vorhandenen beruflichen Qualifikation zu betonen, um nicht die Illusion entstehen zu lassen, daß mit der Berücksichtigung der informell erworbenen Qualifikationen beim Zugang zum weiterbildenden Studium auch gleich die entsprechende Anerkennung beim Berufszugang verbunden wäre.

Andererseits ist die Formulierung des bildungs- und berufspolitischen Problems weiterhin ebenso notwendig. Und hierbei sollten die Erfahrungen zahlreicher Absolventinnen hervorgehoben werden, denen mit kreativen Handlungsstrategien der Zugang zu einem der Gesamtheit ihrer Qualifikationen auch in formaler Hinsicht entsprechenden Erwerbsarbeitsplatz unabhängig von ihrer formalen Qualifikation gelungen ist. Sie konnten durch ihren persönlichen Einsatz und ihre Überzeugungskraft in Einzelfällen Realität werden lassen, was weiterhin als politisches Ziel formuliert und erkämpft werden muß.

Manche Diskussionen um Chancen oder Grenzen der wissenschaftlichen Weiterbildung erinnern an den Streit darüber, ob das Glas halbvoll oder halbleer ist. Es braucht sicherlich noch viel Engagement, Anstrengung und Unterstützung, um den Begriff von Arbeit und Qualifikation im weiblichen Lebenszusammenhang theoretisch weiterzuentwickeln sowie eine berufspolitische Diskussion um eine Anerkennung der im informellen Bereich erworbenen Qualifikationen zu initiieren. Langfristig gilt es dabei zu erreichen, daß nicht länger die Frauen allein den Preis dafür zahlen müssen, daß viele gesellschaftlich notwendige Aufgaben der Erziehung, Begleitung, Betreuung und Pflege außerhalb des beruflichen Systems angesiedelt sind.

Die Tatsache der dauerhaften Einrichtung des weiterbildenden Studiengangs *Frauenstudien* an der Universität Dortmund ist jedoch auch ein Beispiel für die bildungspolitischen Innovationen der vergangenen Jahre. Wir konnten hier für eine Zielgruppe ohne akademische Vorbildung in der wissenschaftlichen Weiterbildung viel erreichen. Zu dem Erreichten zählt auch, daß emanzipatorische Bildung im Rahmen der wissenschaftlichen Weiterbildung Frauen befähigt, Probleme aus feministischer Perspektive zu erkennen, sie zu verstehen und angemessene Handlungskonzepte und -strategien zu entwickeln. So wird die Zahl der engagierten Frauen, die vom Ort der Frauen aus denken und handeln und sich für das "Noch-Nicht-Erreichte" einsetzen, immer größer.

Literatur

Kettschau, Irmhild: Qualifikationen im weiblichen Lebenszusammenhang: Begrenzung oder Entfaltung? In: Kettschau, Irmhild / Bruchhagen, Verena / Steenbuck, Gisela 1993, S. 143-164

Kettschau, Irmhild / Bruchhagen, Verena / Steenbuck, Gisela: Weiterbildendes Studium *Frauenstudium*. Abschlußbericht des Modellversuchs. In: Kettschau, Irmhild / Bruchhagen, Verena / Steenbuck, Gisela: *Frauenstudium* - Qualifikationen für eine neue Praxis der Frauenarbeit, Pfaffenweiler 1993, S. 13-106

Krüger, Helga: Bildungspolitik als Geschlechterpolitik. Wohin geht der Zug? In: dies. (Hg.): Frauen und Bildung: Wege der Aneignung und Verwertung von Qualifikationen in weiblichen Erwerbsbiographien, Bielefeld 1992, S. 273-286

Steenbuck, Gisela: "Für's eine verdorben, für's andere noch nicht genug qualifiziert". Widersprüche und Perspektiven in der wissenschaftlichen Weiterbildung für Frauen. In: Kettschau, Irmhild / Bruchhagen, Verena / Steenbuck, Gisela 1993, S. 165-180

Wagner, Angelika C.: Gelassenheit und Handlungsfähigkeit. Über das Aufhören der Imperative als Essenz feministischer Therapie. In: Rommelspacher, Birgit (Hg.): Weibliche Beziehungsmuster. Psychologie und Therapie von Frauen, Frankfurt a. M./New York 1987, S. 157-184

Beispiele für Frauenstudien in Aus- und Weiterbildung*

	BIELEFELD	DORTMUND	HAMBURG
Ort	Oberstufenkolleg Bielefeld SCHUL-projekt der UNIVERSITÄT Bielefeld: 4jährige AUSBILDUNG, in der Sekundarstufe II und erste Semester des Grundstudiums kombiniert sind	Universität Dortmund Fachbereich Gesellschaftswissenschaften	Hamburger Hochschulen
Bezeichnung	Im Rahmen des Oberstufenkollegs Wahlfach FRAUENSTUDIEN	Weiterbildendes Studium "Frauenstudien"	Frauenstudien "Wissenschaftliche Weiterbildung für Frauen nach mehrjähriger Familienphase"
Inhaltsprofil	Situation von Frauen in dieser Gesellschaft zum Studienschwerpunkt machen	Angebot z. fachlichen Qualifizierung f. d. Frauenarbeit in Bildung, Beratung, Öffentlichkeitsarbeit und Politik. Ziel der Frauenarbeit: Überwindung geschlechtsgebundener Benachteiligung und Diskriminierung anstreben.	Systematische Weiterbildung Studienangebot zur wissenschaftlichen Förderung von Frauen, das auch Selbstfindungs- und persönlichkeitsbildende Elemente aufgreift
Zielgruppe	Kollegiatinnen	Frauen, die Praxiserfahrung in der Frauenarbeit gewonnen haben und sich durch fachliche Vertiefung und wissenschaftliche Reflexion neue persönliche und berufliche Perspektiven erschließen wollen	Frauen in/ nach der Familienphase, die Ausbildung oder Beruf zugunsten der Familie aufgegeben haben. Offen für alle Frauen, die Interesse an Frauenthemen und Selbstreflexion haben und über Weiterbildungserfahrungen verfügen.
Zulassungsvoraussetzungen		Abitur nicht erforderlich Familientätigkeit wird einer Berufstätigkeit gleichwertig berücksichtigt. Im einzelnen: - Vollendung des 24. Lebensjahres und mindestens zweijährige Führung eines Mehrpersonenhaushaltes und/oder abgeschlossene Berufsausbildung und mindestens dreijährige einschlägige berufliche Tätigkeit. - Teilnahme an einschlägigen bzw. vorbereitenden Weiterbildungsveranstaltungen. - Berufliche und/oder ehrenamtliche Erfahrungen auf dem Gebiet der frauenbezogenen Erwachsenenbildung, Beratungstätigkeit oder Öffentlichkeitsarbeit	Abitur nicht erforderlich
Kosten		Gasthörerinnen-Gebühr 196 DM/Sem. Bei Bedürftigkeit Ermäßigung	Gasthörerinnen-Gebühr ca. 150 DM/Sem. Ermäßigung auf der Basis von Selbsteinschätzung

* Quelle: Informationsbroschüren und einzelne Artikel

Beispiele für Frauenstudien in Aus- und Weiterbildung

	BIELEFELD	DORTMUND	HAMBURG

Studienstruktur	Im Rahmen der Kollegausbildung sind 2 Schwerpunktfächer zu wählen (Wahlfächer). Sie beanspruchen 50% der Ausbildungszeit. 1 der Wahlfächer kann Frauenstudien sein.
	
	Aufbau:
	4 aufeinander folgende Kurse:
	* Sozialisation und Situation von Frauen heute
	* Frauen und Arbeit
	* Frauen und Kultur
	* Frauen und Wissenschaft
	Dazu ein umfangreiches Ergänzungsangebot
		5 Sem. mit insg. 44 Semesterwochenstunden (1. Sem. 6 Std., danach jeweils 8-10 Std. pro Sem.) 1 Praktikum (3 volle, 6 halbe Wochen) in der veranstaltungsfreien Zeit)
		
		Fächerübergreifendes Lehrprogramm mit 6 Studienschwerpunkten:
		Daraus werden 2 Studien- A Familie und Haushalt
		schwerpunkte als individuelle B Arbeit und Beruf
		Studienschwerpunkte C Bildung und Qualifikation
		ausgewählt. D Öffentlichkeit und Politik
		Schwerp. G ist verpflichtend. E Umwelt und Gesundheit
		  F Kunst und Kultur
		  G Didaktik und Methodik
		Begleitseminar zur Orientierung und Unterstützung während des gesamten Studiums verpflichtend.
			5 Semester mit je ca. 10 Semesterwochenstunden Pro Sem. ist Mitarbeit in mindestens 3 Seminaren verpflichtend.
			1 6wöchiges Praktikum/ praktisches Projekt
			
			Verpflichtend:
			Teilnahme an folgend. mehr-semestrigen Seminaren:
			- Geschichte der dtsch. Frauenbewegung
			- Methoden wissenschaftl. Arbeitens
			- Begleit- u. Orientierungsseminar (während des gesamten Studiums)
			- Praktikum
			Übrige Studienleistungen aus dem Angebot der Hamburger Hochschulen zusammenzustellen

Frauenvorlesungsverzeichnis		vorhanden	vorhanden
Studienleistungen und Studienabschluß	entsprechend Schulanforderungen (Sekstufe II) Uni-Anforderungen (Grundstudium)	6 Leistungsnachweise 1 Praktikumsnachweis Zum Studienabschluß: schriftliche Hausarbeit und Fachgespräch zu 2 Themen	Leistungsnachweise, die sich auf die Pflichtseminare beziehen. Praktikumsnachweis (Bericht) Abschlußarbeit
Erworben wird	Abitur Leistungsnachweise Grundstudium	Zertifikat	Zertifikat
	Oberstufenkolleg des Landes NRW an der Universität Bielefeld Postfach 100131 33594 Bielefeld	Frauenstudien, Fachbereich 14 Universität Dortmund Emil-Figge-Str. 50 44227 Dortmund	Koordinationsstelle Frauenstudien/Frauenforschung Allendeplatz 1a 20146 Hamburg

Zusammenstellung:
Heike Fleßner

Sigrid Metz-Göckel

Institutionalisierung von Frauenforschung und Frauenstudien in der Bundesrepublik am Beispiel des Graduiertenkollegs "Geschlechterverhältnis und sozialer Wandel"[1]

Zum Stand der Institutionalisierung von Frauenforschung

Mit der Einrichtung von 70 Professuren für Frauenforschung in der Bundesrepublik ist ein Integrationsprozeß der Frauenforschung in die etablierten Institutionen und Disziplinen eingeleitet, der einen Perspektivwechsel sinnvoll macht (vgl. Deutsche Forschungsgemeinschaft 1993 sowie Informationsblatt der Zentraleinrichtung zur Förderung von Frauenstudien und Frauenforschung an der FU Berlin WS 1992/93, 19)[2]. Nicht mehr die Frage, ob oder wie Frauenforschung zu institutionalisieren sei, steht auf der Tagesordnung der Frauenhochschulpolitik. Interessanter ist nun die Frage, wie gehen Wissenschaftlerinnen mit dieser errungenen Macht um, Wissenschaft zu gestalten? Und welche Auswirkungen hat die Frauenforschung auf das Wissenschaftssystem oder könnte sie haben?

Das Pendel der Institutionalisierung hat in den 80er Jahren zugunsten der Hochschulen und etablierten Institutionen ausgeschlagen, das scheint mir eindeutig. Es wäre aber kurzschlüssig, Frauenforschung, die ihre Entstehung und Kraft der neuen Frauenbewegung verdankt, allein auf diese Institutionalisierungsform zu begrenzen. Es gibt anregende und kritische Frauenforschung außerhalb der Hochschulen, z.B. das Frankfurter Institut für Frauenforschung (vgl. Enders-Dragässer/Sellach 1993), das Landesinstitut Sozialforschungsstelle in Dortmund mit seinem Schwerpunkt Frauen und (betriebliche) Arbeit, das Rhein-Ruhr-Institut für Frauenforschung mit seiner Transferforschung sowie das Institut Frau und Gesellschaft in Hannover u.a.m.. Die Forschungslandschaft zur Frauenforschung ist insgesamt vielfältiger geworden.

Fachliche Schwerpunkte und regionale Dichte der institutionalisierten Frauenforschung

Von den 70 eingerichteten Professuren für Frauenforschung sind 33 besetzt, für 31 laufen Berufungsverfahren, drei sind vakant und drei weitere in der Planung (Stand

April 1993)[3]. Sie verteilen sich auf ein sehr breites Spektrum von Fächern bzw. Disziplinen.

Fach	Anzahl
Erziehungswissenschaften einschließlich Sozial-, Berufs-, Sonder- und Schulpädagogik	15
Soziologie	11
Sprach- und Literaturwissenschaft	10
Geschichtswissenschaft	5
Politikwissenschaft	3
Rechtswissenschaft	3
Raumplanung/Baugrundlagen	2
Theologie	2
Kunstgeschichte	2
Sozialpsychologie	2
Frauengesundheitsforschung	2
Betriebswirtschaftslehre	1
Journalismus	1
Theater-, Film- und Fernsehwissenschaft	1
Japanologie	1
Jüdische Studien	1
Afrikanistik	1
Sportwissenschaft	1
Kulturanthropologie	1
Kulturwissenschaft	1
Informatik	1
Naturwissenschaft	1
Psychosomatik der Gynäkologie	1
Psychologie	1
insgesamt	70

Frauenforschung ist damit multidisziplinär institutionalisiert, Interdisziplinarität weiterhin mehr Programm als Realität.
In der Regel wird die Anbindung an einen Fachbereich und eine 'Heimatdisziplin' vorgenommen. Allerdings gibt es auch einige wenige zentrale Organisationseinheiten wie die Interdisziplinäre Forschungsgruppe Frauenforschung an der Uni-

versität Bielefeld (IFF)[4]. Ein ähnliches Konzept verfolgen das Zentrum für Interdisziplinäre Frauenforschung an der Humboldt-Universität Berlin und die Interdisziplinäre Arbeitsgruppe (IAG) Frauenforschung an der Gesamthochschule Kassel sowie das Zentrum für Interdisziplinäre Frauenforschung an der Universität Kiel.

Die Einrichtung von Professuren für Frauenforschung ist bisher in den einzelnen Ländern in sehr unterschiedlichem Ausmaße erfolgt. Bayern, Schleswig-Holstein, Hamburg und die neuen Bundesländer (Ausnahme Brandenburg und Berlin) haben bisher keine explizite Professur für Frauenforschung eingerichtet, Baden-Württemberg zwei und Berlin zehn, Hessen sieben, Niedersachsen vier, Rheinland-Pfalz zwei und das Saarland eine.

Nordrhein-Westfalen, das Bundesland mit den meisten Hochschulen, hat ein Netzwerk Frauenforschung errichtet mit 38 Professuren an 15 Universitäten. Davon sind 12 Professuren (C4) mit einer Assistentenstelle ausgestattet und 25 als (C3) Professuren sowie eine als Hochschuldozentur ausgewiesen (vgl. Erlaß des Ministeriums für Wissenschaft und Forschung des Landes Nordrhein-Westfalen vom 3.4.1992 sowie vom April 1993)[5].

Die Professuren für Frauenforschung in NRW ebenso wie in Frankfurt und Berlin gehen auf langjährige Initiativen von Wissenschaftlerinnen zurück. Sie sind daher keineswegs eine Institutionalisierung von oben, wie es gelegentlich heißt, vielmehr ein Erfolg der Frauenbewegung, den wir nicht selbst entwerten sollten.

Frauenforschung im Streit

Die Aufzählung der durchgesetzten Professuren kann nicht darüber hinwegtäuschen, daß der Hauptteil der Frauenforschung auf Mittelbaustellen und in Drittmittelprojekten betrieben wird. Darunter befinden sich viele Arbeitsbeschaffungsmaßnahmen, befristet Beschäftigte und Studierende, die ihre Qualifizierungsarbeiten machen oder Auftragsarbeiten durchführen, zunehmend auch im Auftrag von Landes- und Bundesministerien (vgl. Frauenforschung in NRW 1988 und 1991, hrsg. vom Ministerium für Wissenschaft und Forschung des Landes Nordrhein-Westfalen sowie Niedersächsisches Frauenministerium (Hrsg): Frauenforschung in Niedersachsen, Hannover 1992).

Zwar konnte die Institutionalisierung der Frauenforschung ein gutes Stück vorangetrieben werden, insbesondere in Nordrhein-Westfalen und Berlin. Die Situation von Wissenschaftlerinnen im allgemeinen hat sich dadurch aber nicht wesentlich verbessert. Es ist unter den gegebenen Bedingungen bedeutend leichter, Frauen eine Insel bzw. ein eigenes Reservat zuzubilligen als eine Veränderung von Wissenschaft und Ausbildung derart zu erreichen, daß Frauen selbstverständlich gleichberechtigt und in gleicher Weise ihre Wissenschaft betreiben können wie die

Männer. Wissenschaft und Hochschulen sind durch und durch männlich vergeschlechtlichte Einrichtungen, 'gendered institutions' (Acker 1992), die sich durch Umwidmung oder Neueinrichtung von wenigen Professuren nicht maßgeblich bewegen lassen.

Gegenwärtig findet eine neue Kontroverse darüber statt, ob die Einrichtung von Frauenforschungsprofessuren überhaupt wünschenswert sei. Ich will nur kurz darauf eingehen. Wenn die Einrichtung von Professuren für Frauen- oder Geschlechterforschung als Legitimation dafür herhalten soll, Wissenschaftlerinnen auf Frauenforschung zu beschränken oder mit dem Argument, dafür sei nun genug getan, Frauenhochschulpolitik als erledigt zu betrachten, dann wäre das in der Tat fatal. Frauenforschung und Frauenförderung haben nur eine kleine gemeinsame Schnittfläche. Frauenförderung geht weit über die Einrichtung relativ weniger Frauenforschungsprofessuren hinaus und betrifft Wissenschaftlerinnen in allen Disziplinen. Wissenschaftlerinnen wehren sich daher zu Recht und mit gutem Grund, zur Frauenforschung gezwungen oder auf diese reduziert zu werden.

Die aktuelle Kontroverse hat daher mindestens zwei Dimensionen. Erstes sind es wissenschaftspolitische Argumente, hinter denen oft Verteilungskämpfe um Ressourcen und Reputation in der Wissenschaft, neuerdings auch zwischen Wissenschaftlerinnen, eine Rolle spielen. Konkurrenz zwischen Wissenschaftlerinnen hat sich in zwei Richtungen entwickelt und verschärft: zum einen zwischen den Frauenforscherinnen um die immer noch wenigen Stellen und zum anderen zwischen Wissenschaftlerinnen, die sich mit dem Rückenwind der Errichtung von neuen Stellen auf Frauenforschung spezialisiert haben und Wissenschaftlerinnen in solchen Fachgebieten, in denen Frauen immer noch keinerlei Förderung erfahren. Für die weitere Vernetzung von Wissenschaftlerinnen und Selbstorganisationen von Frauen in der Wissenschaft bringt dies besondere Schwierigkeiten.

Zweitens grenzen sich Wissenschaftlerinnen aber auch mit wissenschaftstheoretischen Argumenten von der Frauenforschung ab. Insbesondere Literatur- und Kulturwissenschaftlerinnen sowie Vertreterinnen des Dekonstruktivismus sehen in der Frauenforschung eine Universalisierung und Festlegung auf eine historische Definition von Frausein bzw. einen bestimmten Zustand der Geschlechterbeziehungen und -zuschreibungen. Diesem Denkansatz ist Frauenforschung nicht radikal genug, da sie von einer allgemeinen Geschlechterdifferenz ausgehe und die polarisierten Geschlechterzuschreibungen begrifflich zu zementieren neige, während diese vielfältig zu relativieren und differenziert zu konkretisieren seien (vgl. Butler 1993)[6].

Das Problem aus soziologischer Perspektive ist, daß die reale Benachteiligung und Unterdrückung von Frauen über Veränderungen in den Bildern von Frauen und Männern nicht aus den Angeln zu heben ist. Der kritische Anspruch der Frauenforschung bezieht sich auf die Aufklärung der sozialen Ungleichheit zwischen den

Geschlechtern und in dem Sinne auf ihre 'Überwindung'. Wenn daran festgehalten wird, dann benennt der Begriff Frauenforschung eine Realität, die in ihm als 'beschädigte' aufgenommen ist, ohne sie darauf zu beschränken.

Autonomiegewinn oder Herrschaftslegitimation?

In bezug auf die Institutionalisierung der Frauenforschung ist die Frage berechtigt: Wie gehen Wissenschaftlerinnen mit ihrer Definitionsmacht und den gewonnenen Handlungsspielräumen in der Wissenschaft um? Und was nützt die Etablierung der Fauenforschung den Wissenschaftlerinnen und auch den Studentinnen insgesamt? Ich führe hier nur einige persönliche Eindrücke und ganz vorläufige Überlegungen an.

Das Berufsfeld der Hochschullehrerin enthält unterschiedliche Segmente. Neben der Tätigkeit als Lehrerin und Forscherin sowie Organisatorin von wissenschaftlichen Kontexten sind Hochschullehrerinnen bestimmender Teil der institutionellen Rahmenbedingungen. Ich habe den Eindruck, daß die Rolle der Forscherin (und Lehrerin) diejenige ist, die am leichtesten übernommen wird. Da das Selbstverständnis der Frauenforscherinnen eher individualisiert ist, gehört eine Verantwortlichkeit für die veränderten oder zu verändernden Rahmenbedingungen nicht unbedingt zum Selbstverständnis im Rollen-Set der Hochschullehrerin. Auch Frauenforschungsprofessuren haben den Männerbünden in der Wissenschaft wenig entgegenzusetzen, wenn sie nicht eine Politik der Umsetzung der Frauenforschung entwickeln.

Ich habe zweitens den Eindruck, daß die Frauenforschung sich zunehmend mit dem Mainstream auseinandersetzt, auch um rezipiert zu werden. Es geht den meisten Frauenforscherinnen, so scheint es mir, jetzt darum, die Frauenforschung akademiefähig zu machen und sich nicht zu isolieren. Dies zwingt zu vielen Kompromissen. Auf jeden Fall ist mit der Zunahme der Professuren keine expandierende 'Radikalität' der Frauenforschung verbunden. Eher ist eine Resignation bei den Professorinnen zu bemerken, ein Rückzug oder eine Ernüchterung als Folge der Institutionalisierung bzw. Übernahme einer Professur.

Ich sehe aber nicht nur die Begrenzungen und Einschränkungen. Es gibt auch neue Möglichkeiten der Institutionalisierung eines Frauen-Netzwerkes in der Wissenschaft und zwar über die Frauenforschung hinaus zwischen Wissenschaftlerinnen aller Disziplinen. Es bestehen verbesserte Möglichkeiten der Integration der Frauen-/Geschlechterforschung in die Aus- und Weiterbildung sowie in der expliziten und gezielten Förderung des weiblichen wissenschaftlichen Nachwuchses in allen Disziplinen. Damit kann auch eine breitere Wirkung erzielt werden.

Zum Verhältnis von Frauenforschung und Frauenstudien

Die Frauenbildungsbewegung an den Hochschulen begann außerhalb der institutionalisierten Formen, in den Berliner Sommeruniversitäten, den Frauenforen im Revier, den Offenen Frauen-Hochschulen, in selbstorganisierten Frauenseminaren, Ringvorlesungen, Frauenhochschultagen, zahlreichen Tagungen und Symposien. Inzwischen sind Studienschwerpunkte und Wahlfächer eingerichtet, und an den meisten Hochschulen gibt es - unterstützt durch die Hochschulfrauenbeauftragten - Initiativen von Frauen zugunsten von Frauen. Angebote für Studierende sind ebenfalls institutionalisiert, vervielfältigt und ins Alltägliche verflüchtigt. Es gibt eine aufsteigende Linie der Entwicklung von Frauenstudien als Umsetzung von Erkenntnissen der Frauenforschung in akademische Ausbildungen in Form von regelmäßigen einzelnen Lehrveranstaltungen, Ringvorlesungen, zusammenfassenden Veranstaltungsverzeichnissen und Studienprogrammen. Dieser Prozeß der Integration der Frauenforschung und Frauenstudien erfolgte allerdings mehr durch ein additives Hinzukommen als durch einen Prozeß der (integrativen) Erneuerung. Das Wissenschaftssystem als solches blieb bisher weitgehend unberührt vom Hinzukommen von Frauen und Frauenperspektiven. Sowohl Erfolg als auch mangelnde 'Durchschlagskraft' der Frauenforschung und Frauenstudien lassen sich auf den Zustand der Wissenschaft und Hochschulen selbst zurückführen. Vieles wird möglich, aber bleibt auch beliebiger und unverbindlicher (vgl. Kreienbaum/Metz-Göckel 1993).

Graduiertenkollegs: eine neue Form der instituionalisierten Förderung von Frauen?

Graduiertenkollegs sind Einrichtungen zur Förderung des wissenschaftlichen Nachwuchses. Inzwischen sind zwei Graduiertenkollegs von der Deutschen Forschungsgemeinschaft bewilligt, die sich explizit mit Geschlechterfragen beschäftigen[7]. Das Graduiertenkolleg *Geschlechterdifferenz und Literatur* an der Universität München, das seit 1991 besteht, sowie das sozialwissenschaftliche Graduiertenkolleg *Geschlechterverhältnis und sozialer Wandel. Handlungsspielräume und Definitionsmacht von Frauen*, das seit dem 1.1.1993 in Nordrhein-Westfalen errichtet ist. Damit wird die Ausbildung von Nachwuchswissenschaftlerinnen auf dem Gebiet der Frauen- bzw. Geschlechterforschung anerkannt und gefördert. Im Hinblick auf die Frage einer wechselseitigen Förderung oder Isolierung von Frauenforschung und Frauenstudien ist im speziellen Fall unseres Graduiertenkollegs eine klare Antwort zu geben. Es stellt eine Integration von Frauenforschung, Frauenstudien und Frauenförderung dar und ist Kooperationsversuch von acht Hochschullehrerinnen von vier Universitäten. Wir kannten uns vorher nicht alle persönlich untereinander. Das gemeinsame Interesse ist, die Frauenforschung in Richtung Nachwuchsförderung zu professionalisieren und einen weiteren Knoten im Netzwerk Frauenforschung von NRW zu bilden. Wir wünschen uns einen intellektuellen Austausch zwischen Wissenschaftlerinnen, bei dem wir uns gleichzeitig erholen und weiterbilden sowie in Bezug aufeinander Wissenschaft betreiben können.

Unser Kolleg hat am 1.1.1993 begonnen und eine Laufzeit von drei Jahren. Der Hauptteil der Mittel wird für acht Doktorandenstipendien und ein Postdoktorandenstipendium ausgegeben. Das Graduiertenkolleg hat eine gleich hohe Anzahl von ideell Geförderten aufgenommen, so daß wir mit ca. 20 NachwuchswissenschaftlerInnen und einer wissenschaftlichen Koordinatorin insgesamt mit einer Gruppe von 30 jungen und älteren Wissenschaftlerinnen zusammenarbeiten.

Ich schildere noch etwas aus dem Alltag des Graduiertenkollegs. A1Nach der Auswahl der Kollegiatinnen aus einem Kreis von ca. 50 Bewerbungen haben wir eine schöne offizielle Eröffnungsveranstaltung mit den vier Rektoraten der beteiligten Universitäten, einem Vertreter der Deutschen Forschungsgemeinschaft, einem Festvortrag und Geschenken durchgeführt. Wir haben uns um die Initiierung der Selbstorganisation der Kollegiatinnen und um den Gruppenbildungsprozeß Gedanken gemacht. Die Kollegiatinnen haben zwei Sprecherinnen gewählt und die erste Zeitschrift des Graduiertenkollegs: grad.wanderungen als dokumentiertes Kolleg-Tagebuch herausgebracht. Sie sparen nicht mit Vorschlägen und Kritik.

Das Extra-Lehrprogramm besteht aus Seminaren, die semesterweise festgelegt werden. Zum Pflichtprogramm gehörten ein zweitägiges Rhetorik- und Präsentationsseminar, ein Forschungskolloquium, bei dem die einzelnen Kollegiatinnen ihre Arbeit vorstellen und diskutieren, ein weiteres Theorieseminar sowie fakultativ ausgewählte Seminare der beteiligten Hochschullehrerinnen.

Wir haben zur Zeit die erste Gastwissenschaftlerin aus Berkeley, USA, bei uns, die Hochschulforscherin Maresi Nerad, die die Kollegiatinnen bei ihrer wissenschaftlichen Arbeit durch ein Seminar zum Time-Management, zur Bewältigung von Arbeitsblockierungen und Themeneingrenzung u.a.m. unterstützt. Da Maresi Nerad eine Begleitforschung zu den 10 Graduiertenkollegs an Hessischen Universitäten durchgeführt hat und da sie gleichzeitig in Dortmund auch unser Graduiertenkolleg 'beforscht' hat, haben wird dadurch eine institutionalisierte Möglichkeit der Rückmeldung und Selbstreflexion. Sie hat Interviews mit den Hochschullehrerinnen und Kollegiatinnen durchgeführt und wird in 2 1/2 Jahren wiederkommen und die Abschlußevaluation machen. Es zeichnet sich auch eine institutionalisierte längerfristige Kooperation mit ihrer Forschungsabteilung in Berkeley ab, und wir werden die Auslandsaufenthalte der Kollegiatinnen fördern. Als nächste wird Gerda Lerner aus Madison, Wisconsin, im November 1993 für zwei Wochen Gastwissenschaftlerin in unserem Graduiertenkolleg sein.

Zum inhaltlichen und theoretischen Konzept des Graduiertenkollegs

Das Kolleg wird kulturelle, soziale und politische Dimensionen des Konfliktpotentials in den Geschlechterbeziehungen untersuchen sowie ihre Rückwirkungen auf die Sozialstruktur. Es fragt danach, wieweit Frauen Subjekte ihrer Lebensgestaltung, wieweit sie aber nach wie vor auch Opfer der Verhältnisse sind. Es gliedert sich in vier Schwerpunkte:

1. Das Geschlechterverhältnis im Spannungsfeld von Politik und Ökonomie
2. Geschlechterverhältnis und Technologieentwicklung
3. Diskriminierung und Differenzierung im generationen- und schichtspezifischen Kontext
4. Selbstverständnis und Lebensgestaltung von Frauen

Wir haben die Kollegiatinnen auf der Basis eines ausführlichen Exposés und einer Vorstellungsrunde ausgewählt. (Die von ihnen bearbeiteten Themen sind im Anhang aufgeführt.)

Das Themenspektrum, das wir nun haben, macht mir noch Sorge. Denn es soll kein bunter Feld-, Wald- und Wiesenblumenstrauß entstehen, sondern eher ein gepflegtes Rosenbeet, wobei mir die ersteren Blumensträuße persönlich eigentlich besser gefallen.

Die Einschätzung der Graduiertenkollegs ist keineswegs einhellig positiv, eher überwiegt Skepsis, ob neben der unterstellten verbesserten Förderung der Promotions- und Habilitationsphase auch Rückkoppelungseffekte auf das Hauptstudium oder die Studienorganisation und Studienbedingungen möglich sind. Möglicherweise nehmen die Hochschulen und HochschullehrerInnen diese Graduiertenkollegs an, weil es eine neue Ressourcenquelle ist, ohne aber ihr Verhalten gravierend zu ändern.

Für uns ist auch interessant, wie sich diese Art der Institutionalisierung von Frauenforschung und Frauenförderung mit dem Mainstream assoziiert. Bisher haben wir den Eindruck einer Aufwertung der Frauenforschung im Kollegenkreis, insbesondere seitens der Rektorate, also der Universitätsleitungen, für die Graduiertenkollegs und Sonderforschungsbereiche Indikatoren für die Profilbildung der Universitäten sind.

Für die Kollegiatinnen entsteht eine Anforderungssteigerung und dadurch mehr Streß, von dem wir noch nicht wissen, wie wir dies gut bewältigen und produktiv wirken lassen können.

Für die Kolleginnen entsteht ein Mehr an Belastungen, was sie nicht sogleich zu begeisterten Förderinnen des Graduiertenkollegs macht. Dem Kolleg eine hohe

Priorität in ihrem knappen Zeithaushalt einzuräumen, ist für die durchweg hoch engagierten Professorinnen ein großes Problem. Glänzende Ideen in die Tat umzusetzen, bleibt in der Frauenforschung und Frauenförderung mühevoll, auch wenn es gelegentlich wunderbaren Rückenwind gibt.

Literatur

Acker, Joan: Gendered Institutions. From sex roles to gendered Institutions, in: Contemporary Sociology, 21/1992, S. 565-568

Butler, Judith: Das Unbehagen der Geschlechter, Frankfurt 1991

dies.: Ort der politischen Neuverhandlung. Der Feminismus braucht die Frauen, aber er muß nicht wissen, 'wer' sie sind, in: Frankfurter Rundschau, Forum Humanwissenschaften vom 27.7.1993, S. 10

Deutsche Forschungsgemeinschaft, Senatskommission für Frauenforschung: Sozialwissenschaftliche Frauenforschung in der Bundesrepublik Deutschland. Bestandsaufnahme und forschungspolitische Konsequenzen, Bonn 1993

Enders-Dragässer, Uta / Sellach, Brigitte: Autonome Frauenforschung. Reflexionen über ein Jahrzehnt am Frankfurter Institut für Frauenforschung, in: Zeitschrift für Frauenforschung, H. 1+2, 1993, S. 67-76

Janz, Marlies: Höchste Zeit für Differenzierungen. Feministische Lektüren gegen den melting pot der feministischen Literaturwissenschaft, in: Frankfurter Rundschau, Forum Humanwissenschaften, vom 20.4.1993, S. 10

Kreienbaum, Maria Anna / Metz-Göckel, Sigrid: Frauenstudien: schweigende Minorität - kämpferische Vorhut - feministische Erneuerung. Fachübergreifende Lehr- und Studienangebote für Frauen an Hochschulen der Bundesrepublik, in: Huber, Ludwig / Wildt, Johannes (Hg.): Fachübergreifendes Lehren und Studieren, Weinheim 1993

Vinken, Barbara: Geschlecht als Maskerade. Judith Butler stellt natürliche Identitäten in Frage, in: Frankfurter Rundschau, Forum Humanwissenschaften, vom 4.5.1993, S. 10

Weigel, Sigrid: Querelles des Femmes in der Literaturwissenschaft. Eine Antwort auf Marlies Janz jenseits von Gründungsmythen und Verfallsgeschichte, in: Frankfurter Rundschau. Forum Humanwissenschaften, vom 4.5.1993, S. 10

Weir, Allison: Viele Formen der Identität. Judith Butler untergräbt ihre eigene Forderung nach Subversion, in: Frankfurter Rundschau, Forum Humanwissenschaften, vom 18.5.1993, S. 10

Zentraleinrichtung zur Förderung von Frauenstudien und Frauenforschung an der FU Berlin: Extra Info 15: Frauenforschungsprofessuren an Universitäten in Deutschland, Berlin 1993

Anhang

Graduiertenkolleg Geschlechterverhältnis und sozialer Wandel - Handlungsspielräume und Definitionsmacht von Frauen, Universität Dortmund

Themen der Kollegiatinnen (Stand: August 1993)

Infrastruktur und Alltag. Das Beispiel der Essener Verkehrsplanung

Subjektpotentiale suchtmittelabhängiger Frauen - Selbstverständnis und Lebensgestaltung nach einer stationären Therapie

Krisenhafte Transformation der ehemaligen DDR - Auswirkungen politisch-ökonomischer Umwälzungen auf das Geschlechterverhältnis

Arbeits- und Lebensverhältnisse sowjetischer Zwangsarbeiterinnen im Ruhrgebiet und nach 1945 in der Sowjetunion und in Westeuropa

Sozialwissenschaftlerinnen und ihre Deutung gesellschaftlicher Wirklichkeit - am Beispiel der Reproduktion sozialer Macht an der Hochschule

Frauenrechte als Menschenrechte - Menschenrechtsverständnis innerhalb von Frauenmenschenrechtsorganisationen

Geschlechtsidentität und Geschlechterverhältnis von Mädchen und Jungen. Empirische Untersuchung mit 11-12jährigen und 14-15jährigen SchülerInnen

Handlungsspielraum und Definitionsmacht der weiblichen Medienelite

Verfahrene Situationen am Landgericht - der Strafprozeß und das kindliche Opfer sexueller Gewaltdelikte

Berufs- und Erwerbsorientierungen jüngerer Frauen und ihre Herausbildung in Prozessen beruflicher Sozialisation

Lebensgeschichtliche Dimensionen der Migrationsforschung bei Italienerinnen der 1. Generation

Betriebliche Frauenförderung als Gegenstand mikropolitischer Aushandlung betrieblicher Akteure

Professionelle Landwirtinnen in der Bundesrepublik Deutschland

Emotionales Klima in Gruppen der Frauenbewegung in Deutschland

Eine pädagogische Konzeption zur geschlechtsspezifischen Lebens- und Berufswegplanung junger Frauen und Männer

Technikvorstellungen bei weiblichen und männlichen Studierenden in verschiedenen Fachkulturen

Arbeits- und Technikgestaltung im Kontext geschlechtshierarchischer Arbeitsteilung am Beispiel der bremischen Verwaltung

Identität von Frauen in leitenden Positionen zwischen Beruf und Privatleben. Ein Vergleich zwischen der Bundesrepublik Deutschland und Schweden

Anmerkungen

1 Ich beziehe mich im folgenden auf zwei Untersuchungen: eine DFG Umfrage zur Institutionalisierung von Frauenforschung in der Bundesrepublik (vgl: Deutsche Forschungsgemeinschaft 1993) und eine Umfrage des Hochschuldidaktischen Zentrums der Universität Dortmund über Frauenstudienveranstaltungen im Rahmen eines Kooperationsverbundes mit der Universität Bielefeld zu fachübergreifenden Lehrangeboten an den Hochschulen (vgl. Kreienbaum/Metz-Göckel 1993).
 Die Senatskommission der DFG für Frauenforschung hat die Daten mit Hilfe der Frauenbeauftragten an den Hochschulen erhoben und um Auskünfte des Ministeriums für Wissenschaft und Forschung von Nordrhein-Westfalen ergänzt. Es wurden alle Frauenbeauftragten an den Hochschulen (Zeitpunkt Sommer 1991) der alten Bundesländer mit einem kurzen Fragebogen angeschrieben. Die Adressen stammen aus einer Liste der Frauenbeauftragten der Hochschulen und aus sonstigen Ergänzungen. Von den 51 angeschriebenen Universitäten haben 88% geantwortet. Der Rest konnte durch Nachfrage größtenteils ergänzt werden. Trotzdem sind die Auskünfte nicht vollständig. In einem koordinierten Verfahren wurden auch 48 Fragebögen an Hochschulen der neuen Bundesländer verschickt, von denen 73% antworteten. An der Erhebung und Auswertung war Susanne Omran, Hochschuldidaktisches Zentrum der Universität Dortmund, maßgeblich beteiligt.
 Die Zentraleinrichtung zur Förderung von Frauenstudien und Frauenforschung der FU Berlin hat zeitgleich und unabhängig davon ebenfalls eine Umfrage durchgeführt. Sie kommt zu leicht abweichenden Ergebnissen (Vgl. Zentraleinrichtung 1993).
 Die Trennschärfe, ab wann eine Professur als Professur für Frauenforschung gelten kann, ist eine Schwierigkeit bei der hier vorgelegten Datenzusammenstellung. Die Befragten haben dies nicht im strikten Sinne einheitlich beantwortet bzw. aufgefaßt.
2 Die Deutsche Forschungsgemeinschaft hat nach einem gescheiterten Versuch von Wissenschaftlerinnen, nach dem ersten Schwerpunkt *Integration der Frau in die Berufswelt* in den Jahren 1974-1980 einen zweiten Schwerpunkt zur Frauenforschung in den 80er bzw. 90er Jahren einzurichten, eine Senatskommission im Jahre 1990 eingesetzt mit der Aufgabe, "Forschungsdefizite der Frauenforschung zu ermitteln, aus ihrer Sicht wichtige Forschungsaufgaben zu benennen und Vorschläge zur Verbesserung der Förderung der Frauenforschung vorzulegen".
 Die Senatskommission für Frauenforschung unter Vorsitz von Frau Prof. Dr. Nave-Herz hat ihren Bericht inzwischen dem Senat der DFG vorgelegt, der ihn zur Veröffentlichung freigegeben hat (Brief des Präsidenten der Deutschen Forschungsgemeinschaft, Prof. Frühwald vom 5.8.1993).
3 Die erste Frauenforschungsprofessur (C2) wurde im Jahre 1983 an der Fachhochschule in Fulda besetzt mit dem Aufgabenbereich *Gemeindearbeit mit dem Schwerpunkt Theorie und Praxis der Frauenarbeit*. Die erste C4 Frauenforschungsprofessur an einer Universität wurde in Frankfurt im Jahre 1987 im Fachbereich Gesellschaftswissenschaften besetzt. Der Ausschreibungstext lautete *Soziologie, insbesondere Frauenarbeit in Produktion und Reproduktion/Frauenbewegungen*.

Die meisten Stellenausschreibungen enthalten eine Denomination des Faches mit einem Schwerpunkt, der sich auf Frauen- oder die Geschlechter bezieht, z.B. *Soziologie mit dem Schwerpunkt Frauenproblematik in den Entwicklungsländern* (Universität Bielefeld).

4   Die IFF ist mit einer Geschäftsführerin, einer wissenschaftlichen Mitarbeiterstelle und einer Sekretärinstelle ausgestattet. Sie stellt einen Rahmen dar für Drittmittelprojekte, Arbeitsbeschaffungsmaßnahmen und Forschungsprojekte der an der IFF beteiligten Hochschullehrerinnen. Hochschullehrerinnen können auf Zeit im Rahmen eines Projektes in der Interdisziplinären Forschungsgruppe Frauenforschung zusammenarbeiten und/oder auch im Leitungsgremium.

5   An den Fachhochschulen beginnt auch ein Prozeß der Institutionalisierung von Frauenforschung. Bisher sind sechs Frauenforschungsprofessuren, davon fünf in Nordrhein-Westfalen, eine an der Fachhochschule Fulda in Hessen eingerichtet.

6   In der Frankfurter Rundschau gab es eine über mehrere Monate geführte Auseinandersetzung mit Barbara Vinken, Marlies Janz, Sigrid Weigel, Allison Weir und Judith Butler (s. Literaturhinweise)

7   Die Graduiertenkollegs sind relativ neue Einrichtungen der Hochschulen in der Bundesrepublik. Es gibt inzwischen über 150. Sie werden auf der Grundlage eines koordinierten Forschungsprogramms von mindestens fünf HochschullehrerInnen in der Regel an einer Universität eingerichtet. Sie sollten die Promotions- und Post-doc-Phase für den wissenschaftlichen Nachwuchs verkürzen und durch eine systematischere und koordinierte Betreuung verbessern.

Gabriele Jähnert

Frauenforschung und Frauenstudien im Konzept des Zentrums für interdisziplinäre Frauenforschung an der Humboldt-Universität zu Berlin

Frauenforschung und Frauenstudien werden an der Humboldt-Universität Berlin (HUB) und in den neuen Bundesländern insgesamt unter anderen politischen Bedingungen als beispielsweise in Frankfurt am Main oder Dortmund etabliert. Sie haben eine andere, überdies sehr kurze Geschichte.

Die Frauenforschung der DDR entwickelte sich nicht vor dem Hintergrund der Studenten- und neuen Frauenbewegung; die Sozialisation der Wissenschaftlerinnen in der DDR prägt bis heute Fragestellungen und methodische Ansätze anders als in den alten Bundesländern.

In der DDR gab es eine peripher vom Staat und der SED geförderte Forschung über Frauen, wobei unter Ostfrauen umstritten ist, inwieweit dies eine Frauenforschung war.[1] Daneben entwickelten sich im Laufe der achtziger Jahre Frauenforschungsansätze von "unten". Im Rahmen von Umwelt-, Friedens- und Frauenkirchengruppen formierte sich eine frauenkritische Sicht, die ihren primären Ansatzpunkt in der Kritik der gesellschaftlichen Zustände der DDR und den Demokratisierungsversuchen hatte und durch politische und Alltagserfahrungen gespeist wurde.

Parallel und relativ unabhängig davon hatten seit den 80er Jahren - wie Irene Dölling in Bulletin Nr. 1 schrieb - "insbesondere in den Kultur-, Kunst-, Literatur- und Sprachwissenschaften, in der Soziologie und Kulturgeschichte einige Wissenschaftlerinnen versucht, einen mehr oder weniger expliziten feministischen Ansatz in ihren Forschungen zu entwickeln. Sie fühlten sich einer theoretischen Herangehensweise verpflichtet, die die Erforschung struktureller Ursachen für die Benachteiligung des weiblichen Geschlechts als eine wesentliche 'Achse' in die Analyse der jeweils untersuchten Gegenstände einschließt. Sie wurde oft als 'Hobbyforschung' innerhalb eines männlich dominierten Wissenschaftsbetriebes und nicht selten gegen einen mehr oder weniger massiven Widerstand von seiten nicht nur männlicher Kollegen betrieben."[2]

Die Grenzen dieser zu DDR-Zeiten betriebenen Forschung sieht Dölling darin, daß sie nicht aus einer Frauenbewegung hervorgingen - damit stark "akademischen Charakter" trugen - und daß diesen Forschungen nur "unzureichend eine Analyse der Strukturen des 'bürokratisch-administrativen Staatssozialismus'" zugrundelag[3].

Außerdem wurde die für die offizielle DDR-Forschung über Frauen typische funktionale Betrachtungsweise nur zum Teil überwunden.

In Berlin gehörten zu einem halboffiziellen Arbeitskreis, in dem westliche feministische Wissenschaftsansätze und eigene Arbeiten in einem eher privaten Zirkel diskutiert wurden, Wissenschaftlerinnen der Humboldt-Universität und der Akademie der Wissenschaften, wie z.B. Irene Dölling und Hildegard Maria Nickel.

Der hier erarbeitete geistige Vorlauf bildet auch eine wesentliche Voraussetzung dafür, daß in der unmittelbaren Wendesituation (im Dezember 1989) an der Humboldt-Universität relativ problemlos ein Zentrum für interdisziplinäre Frauenforschung (ZiF) gegründet werden konnte, das bis heute aus der Vollversammlung aller Mitarbeiterinnen und sich zugehörig fühlenden Frauen, dem ehrenamtlich arbeitenden wissenschaftlichen Beirat, der wissenschaftlichen Leiterin und einer Geschäftsstelle besteht.

Die wohl nur in dieser wirklichen Wendezeit mögliche, relativ problemlose Gründung des ZiF war ein erster wichtiger Schritt zur Etablierung der Frauenforschung an der Humboldt-Universität zu Berlin. Verteidigung und Ausbau standen und stehen unter den Vorzeichen der Umstrukturierung des DDR-Hochschulsystems sowie des personellen und strukturellen Umbaus der HUB. "Hochschulerneuerung" vollzieht sich an den Hochschulen der neuen Bundesländer als Übertragung des - seit Jahren in die Kritik geratenen - westdeutschen Hochschulmodells zumeist in seiner konservativen Variante.

Dieser problematische Prozeß hat auch für die Etablierung der Frauenforschung und Frauenstudien höchst widersprüchliche Auswirkungen.

Einerseits bewirkt die Umstrukturierung gegenwärtig, insbesondere aber auf lange Sicht einen Rückgang des bislang relativ hohen Anteils der Frauen vor allem in unbefristeten Mittelbaustellen. Die Ost-Frauenforscherinnen sind davon stark betroffen: Sie sind entweder nicht mehr an den Universitäten beschäftigt oder erhalten befristete Verträge und haben - von einigen Ausnahmen abgesehen - langfristig keine Perspektive im Wissenschaftsbetrieb. Dies gilt auch für diejenigen Frauen, die an der Etablierung der Frauenforschung an der HUB maßgeblichen Anteil hatten.

Andererseits profitieren wir "von den Kämpfen westdeutscher Wissenschaftlerinnen um die Institutionalisierung und Akzeptanz von Frauenforschung im Wissenschaftsfeld".[4] An der Humboldt-Universität wurden so von den eingesetzten Struktur- und Berufungskommissionen (mit West-Professorenmehrheit) drei C3-Professuren mit Schwerpunkt Geschlechter- bzw. Frauenforschung bestätigt (in der Soziologie, germanistischen Literaturwissenschaft und Kulturwissenschaft).

Die Ergebnisse der Umstrukturierung in den anderen DDR-Hochschulen zeigen jedoch, daß dies nur dort möglich war, wo der Druck aus der Fachbereichsebene groß genug war, wo feministische und geschlechtsspezifische Fragestellungen durch das Engagement der Frauenforscherinnen schon zu DDR- bzw. Wendezeiten Fuß fassen und das Profil des Wissenschafts- und Lehrgebietes mitprägen konnten. Von daher ist der derzeitige Stand der Etablierung von Frauenforschung und Frauenstudien an der HUB nicht exemplarisch für die neuen Bundesländer, sondern die Ausnahme. Auch das ZiF[5] , das sich erfolgreich über die Umstrukturierung hinaus an der Humboldt-Universität behaupten konnte, ist bis jetzt eine singuläre Erscheinung im Osten Deutschlands.

Die gravierenden Veränderungen in der Wissenschaftsstruktur und die jüngsten Erfahrungen der Frauenforscherinnen am ZiF führen dazu, daß die Zielstellungen des Zentrums gerade auch im Hinblick auf das Verhältnis von Frauenforschung und Frauenstudien hinterfragt und neu diskutiert werden.
Die Grundidee des ZiF hat sich jedoch bewährt, ein Netzwerk aufzubauen, das die in ihren Fachbereichen meist vereinzelt arbeitenden und an Frauenforschung interessierten Wissenschaftlerinnen zusammenfinden läßt und die Interdisziplinarität in der Frauenforschung, vor allem an der HUB und im Raum Berlin fördern helfen soll. Das heißt, das ZiF will die Frauenforschung in den Fachbereichen unterstützen und eine möglichst breite Öffentlichkeit für deren Ergebnisse schaffen.
Konsens besteht auch darin, daß die Ergebnisse der Frauenforschung noch stärker in die Lehre integriert werden müssen. Die Geschäftsstelle des ZiF hat dabei vor allem Koordinierungs- und Initiierungsfunktion. Die in den verschiedenen Fachbereichen und vom ZiF organisierten Lehrveranstaltungen zu geschlechtsspezifischen und feministischen Fragestellungen stellen wir beispielsweise im ZiF-Bulletin und in einer extra ausgewiesenen Rubrik "Frauenstudien" im Zentralen Vorlesungsverzeichnis der HUB zusammen, um die Frauenforschung stärker ins öffentliche Bewußtsein zu bringen. Gegenwärtig werden in den Fachbereichen und innerhalb der etablierten Studiengänge pro Semester ca. 50 Lehrveranstaltungen mit feministischen oder geschlechtsspezifischen Schwerpunkten angeboten.
Darüber hinaus organisiert das ZiF Weiterbildungskurse und Lehrveranstaltungen wie z.B. jeweils eine interdisziplinär und thematisch angelegte Ringvorlesung, durch Lehraufträge finanzierte Seminare, Gastvorträge, PC-Kurse für Frauen oder Kurse im Bereich Rhetorik und Kommunikationstraining.

Der eigentliche Zielpunkt besteht jedoch in der Verankerung der angebotenen Frauenstudien in den Studien- und Prüfungsordnungen der verschiedenen Fachbereiche, d.h. in der Integration von feministischen Fragen, Themen und Theorien in die reguläre Wissenschaft.

Erfolgversprechende Ansätze bestehen hier bereits in den Kulturwissenschaften, der Soziologie, der Germanistik, neuerdings auch in den Agrar- und Gartenbauwissenschaften. Da bislang an der HUB nur vorläufige Prüfungs- und Studienordnungen existieren, hoffen wir, daß es gelingt, geschlechtsspezifische

Ansätze zumindest in diesen Studiengängen offiziell zu integrieren und in der Konsequenz weitere Frauenforschungslehrstühle zu installieren.

Seit längerem wird die Diskussion im ZiF auch von der Utopie eines interdisziplinären Studienganges bzw. Aufbaustudienganges im geistes- und sozialwissenschaftlichen Bereich geprägt. Die in dem Zusammenhang bisher jedoch ergebnislos geführten Debatten verdeutlichen die Schwierigkeiten auf verschiedenen Ebenen. Eine theoretische Verständigung ist herbeizuführen über eine Konzeption, die mehr darstellt als die Zusammenfassung von Bestandteilen disziplinärer Studiengänge und die wirklich interdisziplinäre Erklärungsansätze mit Bezug auf den jeweils eigenen Wissenschaftsgegenstand entwirft und praktiziert.

Auch die praktischen Fragen sind nicht zu unterschätzen, etwa die weitgehend ungesicherte personelle und finanzielle Absicherung, und die Durchsetzung der Anerkennung eines interdisziplinären Studienganges von den Fachbereichen bis zum Senat.

Offen bzw. umstritten sind auch das Interesse der Studentinnen und die beruflichen Möglichkeiten, die ihnen ein solcher Abschluß eröffnet.

Produktiv und nachahmenswert scheint uns das in Dortmund entstandene Graduiertenkolleg zu sein. Es dürfte im Bereich der Frauenstudien unmittelbar zwar nur begrenzt wirksam werden, eröffnet jedoch Nachwuchswissenschaftlerinnen die Perspektive, sich auf dem Gebiet der Frauen- und Geschlechterforschung zu profilieren.

Gibt es eine Distanz im Verhältnis von Frauenforschung und Frauenstudien? Sie besteht an der Humboldt-Universität vor allem im drohenden bzw. vollzogenen Ausschluß der Frauenforscherinnen von der Wissenschaftskarriere, nicht im Selbstverständnis der Ost-Frauenforschung.

Ein großer Teil an Forschungsarbeit ist in den vergangenen Jahren im Bereich der außeruniversitären Forschung über Arbeitsbeschaffungsmaßnahmen bzw. über das Förderprogramm Frauenforschung des Berliner Senats realisiert worden.

Auch am ZiF sind Projekte angebunden, die auf diesem Wege gefördert werden. Wie bei Drittmittelprojekten generell sind diese Forschungsergebnisse jedoch nur sehr begrenzt in die studentische Ausbildung integrierbar.

Die gegenseitige Förderung von Frauenforschung und Frauenstudien stellt insbesondere im studentischen Bereich ein Problem dar. Die Einbeziehung von Studentinnen in die Frauenforschung über die Frauenstudien hinaus gelingt bisher nur sehr vereinzelt.

In wenigen wissenschaftlichen Projekten, z.B. in der Kulturwissenschaft, sind Studentinnen direkt in die Forschungsarbeit integriert. Hier handelt es sich vor allem um Projekte, in denen mit den Methoden des Interviews und der Tagebuchanalyse erste Untersuchungen zum soziokulturellen Wandel in den neuen Bundesländern durchgeführt und deren Ergebnisse z.B. im Rahmen von Abschlußarbeiten dokumentiert werden.

Einige produktive Ansätze der Verbindung von Frauenforschung und Frauenstudien entwickeln sich zur Zeit auch im Zuge studentisch initiierter Projekttutorien.

Im wissenschaftlichen Beirat des ZiF sind Studentinnen ebenfalls integriert und können auf diesem Wege Einblick in das Forschungsmanagement, in universitäre Strukturentscheidungen und Hindernisse für die Frauenforschung gewinnen.

Zusammenfassend möchte ich sagen, daß die Verzahnung und gegenseitige Förderung von Frauenstudien und -forschung zukünftig ein zentrales frauen- und wissenschaftspolitisches Anliegen sein sollte und dabei eine zweigleisige Strategie notwendig und sinnvoll ist.

Zum einen sollten wir auf die Integration der Frauenforschung in die traditionellen Studiengänge und deren Unterwanderung setzen und dies als Motor zur gegenseitigen Förderung von Frauenforschung und Frauenstudien begreifen, langfristig darin ferner einen wichtigen kritischen Ansatzpunkt einer gesamtgesellschaftlichen Neuorientierung und Utopie sehen.

Zum anderen dürfen wir auf außeruniversitäre Modelle bzw. andersartige Hochschulmodelle nicht verzichten, um der Gefahr der schleichenden Vereinnahmung und der Neutralisierung des kritischen Potentials in der Frauen- bzw. Geschlechterforschung zu entgehen und um neue innovative Arbeitsstrukturen zu erproben.

Anmerkungen

1 Vgl. dazu u.a. Christine Eifler: Sozialwissenschaftliche Frauenforschung in den neuen Bundesländern. Arbeitspapiere der Berghof-Stiftung für Konfliktforschung, Nr. 51, Berlin 1992; Birgit Gabriel: Was heißt es für uns, feministisch zu forschen? In: Frauen im Umbruch - Feminismus im Aufbruch? Hrsg. v. d. Leipziger Gesellschaft für Politik und Zeitgeschichte e.V., Einspruch.Leipziger Hefte, H. 4, Leipzig 1992, S. 30-39.
2 Irene Dölling: Situation und Perspektiven von Frauenforschung in der DDR. In: Bulletin Nr. 1 des Zentrums interdisziplinäre Frauenforschung der Humboldt-Universität zu Berlin, Berlin 1990, S. 5.
3 a.a.O., S. 6.
4 Irene Dölling: Der Beitrag von Frauenstudien und Frauenforschung zur Hochschulreform. In: Hochschulreform durch Frauen? Dokumentation der 5. Jahrestagung der Bundeskonferenz der Frauen- und Gleichstellungsbeauftragten an Hochschulen, 15.-17.10.1993 (Druck in Vorbereitung).
Irene Dölling spricht von Paradoxien bei der Etablierung von Frauenstudien und Frauenforschung an ostdeutschen Hochschulen nach 1989 und entwickelt diese These ausführlich.
5 Die Geschäftsstelle ist mit drei Stellen ausgestattet - einer Geschäftsführerin, einer Mitarbeiterin für Information/Dokumentation und einer Sekretärin.

Anni Weiler

Frauenlohnpolitik in den USA, Schweden und der Bundesrepublik Deutschland

In den USA, Schweden und der Bundesrepublik Deutschland ist das Problem der Frauenentlohnung bzw. der Gleichstellung der Geschlechter bei der Entlohnung in recht unterschiedliche politische, rechtliche, soziale und kulturelle Strukturen eingebunden, und staatliche respektive gewerkschaftliche Bemühungen zur Beseitigung der Ungleichbehandlung der Geschlechter bei der Entlohnung wirken sich unterschiedlich auf die relativen Einkommenspositionen der Geschlechter aus.

Der folgende Vergleich der Frauenlohnpolitiken beschränkt sich auf die jeweiligen lohnpolitischen Ansätze bzw. die Begründungen von Lohndifferenzierungen und bezieht sich nur auf Teilbereiche der tariflichen und rechtlichen Regelungen. Beispielhaft wird für die Bundesrepublik Deutschland das Konzept einer anforderungsbezogenen Entlohnung, für Schweden das der "Solidarischen Lohnpolitik" und für die USA der Comparable-Worth-Ansatz im öffentlichen Dienst untersucht.

Bundesrepublik Deutschland

Rechtliche Grundlagen für die Lohngleichheit sind in Deutschland der Art. 3 GG und Art. 119 EWG-Vertrag. In der Bundesrepublik hat sich trotz Änderungen der Tarifgruppensysteme in den Tarifverträgen an den Einkommensrelationen der Geschlechter in den letzten Jahrzehnten nichts Grundlegendes geändert. Die gewerkschaftliche Politik war vorrangig an der Lohntechnik orientiert. Der politische Gehalt der Tariflohnstrukturen wurde nicht thematisiert (Weiler 1992: 183). Das Konzept der westdeutschen Gewerkschaft ist auf eine Lohndifferenzierung gerichtet. Bei diesem Konzept werden große Hoffnungen mit dem Instrument einer Arbeitsbewertung verbunden, die die "Gleichwertigkeit" von Frauenarbeit belegen soll. Es gibt verschiedene Verfahren der Grundentgeltdifferenzierung. Gemeinsam ist allen Verfahren eine Zuordnung von Tätigkeiten und Anforderungen zu Positionen in der Einkommenshierarchie.

In Deutschland stand bei der Anwendung von Arbeitsbewertungsverfahren die Absicherung bestehender Lohnansprüche der Beschäftigten im Vordergrund. Die Arbeitsbewertungssysteme wurden nicht gezielt zur Veränderung von Frauenlohnpositionen verwendet. Dieses Problem wurde innerhalb der allgemeinen Tarifverhandlungen zu lösen und integrieren versucht. Ein formaler Anspruch auf Lohngleichheit wurde artikuliert, aber das Lohngefüge mit seinen Differenzierungen nicht in Frage gestellt. Ein lohnstrukturpolitischer Ansatz, der geeignet wäre, die geschlechtsspezifische Lohnstrukturierung aufzubrechen, ist in der Bundesrepublik nicht erkennbar. Die Systeme der Arbeitsbewertung wurden relativ unkritisch hinsichtlich ihrer sozialstrukturellen oder geschlechterpolitischen Bedeutung angewendet. Sie wurden erst recht nicht gezielt eingesetzt, um die geschlechtsspezifischen Lohnpositionen zu verändern.

Die Anwendung der Arbeitsbewertungssysteme zur Verbesserung der relativen Fraueneinkommen ist äußerst ambivalent. Bei den Verfahren der Arbeitsbewertung sind bei allen Schritten Möglichkeiten der relativen Benachteiligung - und theoretisch auch der Bevorzugung und Besserstellung - von Frauen enthalten (Weiler 1992: 69). Die betriebliche und die tarifliche Praxis in der Bundesrepublik zeigte, daß die Arbeitsbewertungssysteme bislang - aufgrund der Ableitung der Gewichtung aus der bestehenden Lohnstruktur - faktisch eher die vorhandene Entlohnungsstruktur bestätigt und festgeschrieben haben (Bartölke 1981: 43; Acker 1991a: 170; Brenner 1991: 201). Da das Lohngefüge die Arbeitswerte bestimmt, sind die Arbeitswerte an den Frauenarbeitsplätzen niedrig, weil die Frauenlöhne im bestehenden Lohngefüge niedrig sind und nicht weil die Anforderungen bzw. Beanspruchungen an diesen Arbeitsplätzen gering sind.

In vielen Tarifbereichen wurden gezielte Korrekturen der Lohn- und Gehaltsgruppenpläne angestrebt und verwirklicht, doch kann diese Politik nicht als auf eine Lohnstrukturnivellierung gerichtete Politik bezeichnet werden. Einerseits fehlt das tarifpolitische Ziel einer grundsätzlichen Annäherung der Lohnsätze; andererseits werden etwa Anhebungen am unteren Ende der Lohn- und Gehaltsgruppenskala durch andere tarifvertragliche Regelungen, wie Erweiterung des Lohnschemas nach oben, Einführung bzw. Erhöhung von tariflichen Zulagen, die für die mittleren oder höheren Tarifgruppen Vorteile bringen, unterlaufen. Erkennbar ist vielmehr das tarifpolitische Konzept einer Absicherung der Basis der Tarifgebäude und eine - eher gleichmäßige - Anhebung der Lohnhierarchie auf ein höheres Niveau (Weiler 1992: 189).

USA

Auf der Bundesebene gibt es zwei gesetzliche Grundlagen für die Lohngleichheit. Der Equal Pay Act von 1963, der als Ergänzung zum Fair Labor Standards Act (1938) verabschiedet wurde, hat eine relativ geringe Wirksamkeit (Schlachter 1993: 261). Der Equal Pay Act verbietet die ungleiche Bezahlung von Frauen und Männern, wenn diese *im wesentlichen* gleiche Arbeit verrichten. Unterschiede bei der Entlohnung bedürfen eines sachlichen Grundes (Cook 1990: 526; Schlachter 1993: 268). Title VII des Civil Rights Act von 1964 erklärt es - im Rahmen des allgemeinen Benachteiligungsverbots - für rechtswidrig, Beschäftigte aufgrund des Geschlechts bei Arbeitsbedingungen, Entlohnung und anderem unterschiedlich zu behandeln (Schlachter 1993: 284).

Neben den nationalen Gesetzen existieren Gesetze, die nur für einzelne Bundesstaaten gelten (Jochmann-Döll 1990: 104). Die State Equal Pay Acts sind teilweise identisch mit dem Equal Pay Act auf Bundesebene; andere Gesetze gehen jedoch weiter und fordern explizit auch die gleiche Entlohnung gleichwertiger Arbeit. Einige liegen mit ihren Vorschriften dazwischen (Jochmann-Döll 1990: 104). In zahlreichen Bundesstaaten gibt es Gesetzesinitiativen zur Verpflichtung des Staates auf die Zahlung gleichen Lohns für gleichwertige Arbeit. In einigen Staaten werden die Ergebnisse von Comparable-Worth-Studien angewendet (Jochmann-Döll 1990: 107; Cook 1990: 528).

Die Aktivitäten um Comparable-Worth finden überwiegend im öffentlichen Dienst statt. Dies hat seinen Grund vor allem in dem für amerikanische Verhältnisse hohen gewerkschaftlichen Organisationsgrad der öffentlichen Bediensteten, insbesondere der weiblichen Beschäftigten und dem starken Engagement der Gewerkschaften des öffentlichen Dienstes für das Comparable-Worth-Konzept (Acker 1989: 8; Jochmann-Döll 1989: 35).

Minnesota wird als der bislang erfolgreichste Fall der Implementierung eines Comparable-Worth-Projektes in den Staats- und Bezirksregierungen angesehen (Evans/Nelson 1991: 228; Cook 1990: 528). 1982 wurde dort der "State Employees Pay Equity Act" verabschiedet (Evans/Nelson 1991: 229). Dieses Gesetz erhob die Lohngleichheit zu *dem primären* Entlohnungsprinzip für die Staatsangestellten in Minnesota (Evans/Nelson 1991: 229). Zur Ermittlung von Arbeitsplatzklassifikationen wurde ein existierendes Arbeitsbewertungssystem - ohne jegliche Modifikationen zur Beseitigung des wohlbekannten Geschlechter-Bias - benutzt (Evans/Nelson 1991: 229). Rund 8500 Beschäftigte in 2000 weiblich dominierten Tätigkeitsklassifikationen erhielten Lohngleichheitserhöhungen (Evans/Nelson 1991: 230). Der 1984 verabschiedete Local Government Pay Equity Act war nicht so strikt wie die Gesetzgebung auf der Ebene der Staatsbeschäftigten. In diesem Gesetz wurde Lohngleichheit demontiert von *dem* Prinzip der Entlohnung zu *einem* Prinzip der Entlohnung (Evans/Nelson 1991: 233).

Die vorherrschende Reaktion war der Versuch, den gesetzlichen Vorgaben formal zu entsprechen und sich keine Klage einzuhandeln, andererseits sollte die Implementation möglichst wenig kosten (Evans/Nelson 1991: 233). Die Verwirklichung von Lohngleichheit wurde weniger als ein Mittel gegen die historische Unterbewertung von Frauenlöhnen behandelt, sondern dieses Konzept verwandelte sich vielfach in eine standardisierte statistische Personaltechnik (Evans/Nelson 1991: 234). Die Löhne in den weiblichen dominierten Arbeitsbereichen im öffentlichen Dienst in den Kommunen erhöhten sich als ein Resultat der Lohngleichheit, wenn auch nicht so dramatisch und gleichmäßig wie die Löhne auf Staatsebene (Evans/Nelson 1991: 234 f).

Die Comparable Worth-Kampagne ist genauso eine soziale Bewegung wie eine technische Strategie zur Reduzierung von Lohnungleichheiten nach dem Geschlecht, der Rasse und der Segregation der Tätigkeiten (Acker 1989: 8). Von einigen Gewerkschaften - vor allem im öffentlichen Dienst - und von Feministinnen wurde auf die Anwendung von Arbeitsbewertungssystemen gedrungen, um die Unterbewertung von typischen Frauenarbeiten zu belegen und diese höher zu bewerten und zu entlohnen. Dies ist eine andere Intention als die Anwendung eines als neutral betrachteten arbeitswissenschaftlichen Instrumentes, wie es in der Bundesrepublik Deutschland behandelt wurde. Trotz der Kampagnen zur Angleichung der Entlohnung von typischen Frauentätigkeiten an typische Männertätigkeiten fand innergewerkschaftlich keine Auseinandersetzung um Lohnansprüche der Geschlechter statt.

Schweden

Schweden kennt keine expliziten Rechtsvorschriften zur Entlohnung der Geschlechter bzw. zur Lohngleichheit. Lohnregelungen werden dem Zuständigkeitsbereich der Tarifparteien zugeschrieben.

In Schweden ist ein stärker auf eine *Nivellierung* des Einkommensgefüges gerichtetes lohnstrukturpolitisches Verständnis vorherrschend. Das Konzept der "solidarischen Lohnpolitik" wurde vor allem von dem LO (Landsorganisationen i Sverige) betrieben, dem Dachverband der Industriegewerkschaften. Eine Nivellierung der Lohnstruktur wurde dadurch erreicht, daß den Niedriglohngruppen größere absolute und relative Erhöhungen in den periodischen Lohnrunden zugestanden wurden (Cook 1980: 63; Pfromm 1978: 136). Dies geschah in erster Linie mittels der Vereinbarung von Sockelbeträgen oder Mindestbeträgen. Weitere lohnnivellierende Instrumente waren zusätzliche Erhöhungen um absolute Beträge für die Niedriglohngruppen, Niedriglohnzulagen von einem bestimmten Prozentsatz der Differenz zum Durchschnittslohn, Lohndrift-Anpassungsklauseln, nach denen allen Lohngruppen, deren Lohndrift geringer als ein festgelegter Betrag ausfiel, ein zusätzlicher Anstieg bis zu dieser Summe tarifvertraglich garantiert wurde. Die Angleichung der unteren Einkommensgruppen an ein Durchschnittslohnniveau bewirkte zugleich eine Anhebung der Frauenverdienste, da auch in Schweden die meisten Frauen in die unteren Tarifgruppen eingestuft sind (Weiler 1992: 209).

Das längst in die Krise gekommene und nicht generell unproblematische "schwedische Modell" soll hier nicht idealisiert werden, doch sind die für die Frauen positiven Resultate eines solchen lohnpolitischen Ansatzes eindrucksvoll. Bei der Betrachtung der Einkommen im produzierenden Gewerbe erreicht

Schweden fraglos international eine Spitzenstellung hinsichtlich der Relationen der Verdienste der Frauen zu denen der Männer. Die geschlechtsspezifische Struktur wird mit diesem Modell nicht grundsätzlich in Frage gestellt, sondern in erster Linie die differenzierte Lohn- und Sozialstruktur. Auch standen die geschlechtsbasierten Einkommensunterschiede nicht an der Spitze der Prioritätenliste gewerkschaftlicher Ziele, aber die relativen Löhne der Frauen verbesserten sich solange, wie die Gewerkschaften eine Politik der Lohnsolidarität betrieben (Acker 1991c: 252). Obwohl der geschlechtsspezifische Einkommensabstand weiter bestand, verringerte er sich in allen Bereichen bis Mitte der achtziger Jahre (Acker 1991c: 248).

Die Schere zwischen den Einkommen der Geschlechter öffnet sich seit 1985 wieder (Acker 1991c: 247; Acker 1991b: 390; Schunter-Kleemann 1992: 279; Kulawik 1992: 232). Die Tatsache, daß diese Entwicklung zeitgleich mit dem Infragestellen der Inhalte der "solidarischen Lohnpolitik" und der zentralisierten Verhandlungsstrukturen einsetzt (Peterson 1987: 38; Lash 1985: 217, Olsson 1990:34, 48), ist ein Beleg dafür, daß dieses "schwedische Modell" der Verbesserung der Frauenlohnposition förderlich ist.

In Schweden basierte der auf eine Lohnstrukturnivellierung gerichtete lohnpolitische Ansatz in starkem Maße auf der Akzeptanz der Mitglieder. Das Ausmaß der Lohndifferenzierung wurde problematisiert und die Bedeutung von Differenzierungen thematisiert. Die Arbeitsbewertung ist untergeordnet unter andere lohnstruktur- und gesellschaftspolitische Ziele. In den letzten Jahren gibt es Überlegungen bzw. Diskussionen von Gewerkschafterinnen, Politikerinnen und feministischen Wissenschaftlerinnen, ob die Anwendung der analytischen Arbeitsbewertung ein Instrument zur Anhebung der Verdienste in frauendominierten Arbeitsplatzkategorien sein kann (Acker 1991c: 247).

Frauenlohnpolitische Schlußfolgerungen

In Schweden und in der Bundesrepublik Deutschland liegt die Frauenlohnpolitik vorrangig in den Händen der Tarifparteien. Im öffentlichen Dienst der USA sind die frauenlohnpolitischen Maßnahmen in starkem Maße auf Gesetzgebung und staatliche Intervention zurückzuführen. Dies ist vermutlich auch ein Resultat der vergleichsweise schwachen Position der Gewerkschaften.

Die Gegenüberstellung der lohnpolitischen Ansätze sollte nicht so verstanden werden, daß es in Schweden keine Lohndifferenzierung und Lohnabstufungen gibt, doch das Augenmerk wird in Schweden nicht auf die Zuordnung von Arbeitstätigkeiten zu Lohnansprüchen gerichtet, sondern es bestehen andere lohnstrukturpolitische Prioritäten. Andererseits werden z.B. in der Bundesrepublik nicht alle Beschäftigten nach Maßstäben der Arbeitsbewertung eingestuft, doch ist die Lohnbegründung bzw. Vorstellung von Lohngerechtigkeit an dem Ideal einer Entlohnung nach "Leistung" orientiert.

Die Kontrastierung eines anforderungsbezogenen Konzepts mit einem stärker auf eine Lohnstrukturnivellierung ausgerichteten Ansatz verdeutlicht, daß recht unterschiedliche Formen und Prinzipien der Lohnbegründung und Lohnabstufung möglich sind, die sich auf die geschlechtsspezifischen Einkommensrelationen auswirken können. Fraglich ist, was im Ergebnis frauenpolitisch effektiver ist, eine Lohngleichheitspolitik auf der Basis beispielsweise der analytischen Arbeitsbewertung oder ein lohnpolitischer Ansatz, der gerade nicht die Differenzierung der Einkommen in den Vordergrund stellt.

Die Arbeitsbewertung als Instrument zur Herstellung von Lohngleichheit ist äußerst ambivalent. Wird dieses zielgerichtet und mit Nachdruck und vor allem mit Unterstützung von GewerkschafterInnen und Feministinnen implementiert, kann diese Methode die Verdienste von Arbeitskräften, die in weiblich dominierten Tätigkeiten arbeiten, verbessern. Ohne diesen Nachdruck und diese Unterstützung bleibt die Arbeitsbewertung ein technokratisches Werkzeug, welches patriarchale Annahmen über den Wert von Arbeitskräften und der Art von Tätigkeiten, die diese typischerweise ausüben, rechtfertigt (Evans/Nelson 1991: 227).

Auch wenn die Durchführung eines Comparable Worth-Projektes den Frauen Verbesserungen ihrer Lohnsätze brachte, schließt dies Ausweichstrategien zur Aufrechterhaltung von Lohnstrukturen nicht aus. Für die Bundesrepublik wurde dargestellt, wie vielschichtig solche lohnstrukturdynamischen Prozesse sind (Weiler 1992). Eine entsprechende Untersuchung für die USA liegt nicht vor.

Ein Vergleich der Frauenlohnpolitik in den drei Ländern zeigt, daß eine explizite Lohngleichheitspolitik nicht der entscheidende Faktor für Unterschiede in der Struktur und dem Ausmaß der geschlechtsspezifischen Einkommensunterschiede ist. Frauenlohnpolitisch ist es ratsam, phantasievoll an Fragen der Lohn- und Arbeitsmarktpolitik heranzugehen und offensiv alle zur Verfügung stehenden Mittel und lohnpolitischen Instrumente auszuschöpfen und sich nicht allein auf das im System der Lohndetermination eher periphere Problem der "gleichen" oder "gleichwertigen" Arbeit zu beschränken. Bestehende Systeme der Lohndetermination sollten nicht als quasi naturgegeben hingenommen werden und allein nach Möglichkeiten einer schlichten Anpassung der Frauenverdienste gesucht werden.

Insgesamt ist eine Lohn- und Geschlechterpolitik notwendig, die die bestehenden Lohn- und Arbeitsmarktstrukturen problematisiert. Ein umfassender und wirkungsvoller frauenlohnpolitischer Ansatz muß die Grundlage für die Lohndifferenzierung in Frage stellen und kann sich nicht allein auf die Gleichstellung der Entlohnung von Frauen und Männern bei - nach welchen Kriterien und Methoden auch immer - vergleichbaren Tätigkeiten beschränken, sondern muß auch andere Begründungen für die Festlegung von Einkommen in Betracht ziehen. Beispielsweise kann eine Lohndifferenzierung anforderungsbezogen, bedarfsbezogen oder auch völlig anders begründet sein.

Bei der Entlohnung der Frauen handelt es sich vorrangig um einen politischen Aushandlungsprozeß, in welchem sich Machtstrukturen zwischen Frauen und Männern niederschlagen. Zur Debatte steht hier das Geschlechterverhältnis und die Honorierung der Geschlechtszugehörigkeit. Eine Angleichung der geschlechtsspezifischen Einkommensdifferenzen muß vor allem politisch umgesetzt werden, denn sie ist ohne eine Veränderung des Geschlechterverhältnisses nicht erreichbar.

Literatur

Acker, Joan, 1991a, Hierarchies, Jobs, Bodies, A Theory of Gendered Organizations, in: Lorber, Judith / Farrell, Susan A. (Hg.), The Social Construction of Gender, Newbury Park - London - New Delhi, S. 162-179

Acker, Joan, 1991b, Thinking About Wages, The Gendered Wage Gap in Swedish Banks, in: Gender & Society, Vol. 5, No. 3, S. 390-407

Acker, Joan, 1991c, Pay Equity in Sweden and Other Nordic Countries, in: Fudge, Judy, McDermott, Patricia (eds.), Just Wages, A Feminist Assessment of Pay Equity, Toronto, S. 247-253

Acker, Joan, 1989, Doing Comparable Worth, Gender, Class and Pay Equity, Pliladelphia

Bartölke, Klaus / Foit, Otto / Gohl, Jürgen / Kappler, Ekkehard/Ridder, Hans-Gerd/Schumann, Ulrich, 1981, Konfliktfeld Arbeitsbewertung, Grundprobleme und Einführungspraxis, Frankfurt

Brenner, Johanna, 1991, Feminization of Poverty and Comparable Worth, Radical versus Liberal Approaches, in: Lorber, Judith / Farrell, Susan A., The Social Construction of Gender, Newbury Park, S. 193-209

Cook, Alice, 1990, Current State of Comparable Worth in the United States, in: Labor Law Journal 41,1990, S. 525 - 531

Cook, Alice H., 1980, Collective Bargaining as a Strategy for Achieving Equal Opportunity and Equal Pay: Sweden and West Germany, in: Steinberg Ratner, Ronnie (Ed.), Equal Employment Policy for Women, Philadephia, S. 53 - 78

Evans, Sara M. / Nelson, Barbara J., 1991,Translating Wage Gains into Social Change, International Lessons from Implementing Pay Equity in Minnesota, in: Fudge, Judy / McDermott, Patricia (eds.), Just Wages, A Feminist Assessment of Pay Equity, Toronto, S. 227-246

Jochmann-Döll, Andrea, 1989, Lohndiskriminierung und Arbeitsbewertung, Die Comparable Worth-Debatte, Nürnberg, Beträge zur Arbeitsmarkt- und Berufsforschung 128

Jochmann-Döll, Andrea, 1990, Gleicher Lohn für gleichwertige Arbeit, Ausländische und deutsche Konzepte und Erfahrungen, München und Mering

Kulawik, Teresa, 1992, Gleichstellungspolitik in Schweden, Kritische Betrachtung eines "Modells", in: WSI-Mitteilungen, 4/1992, S. 226-234

Lash, Scott, 1985, The End of Neo-corporatism?, The Breakdown of Centralised Bargaining in Sweden, in: British Journal of Industrial Relations, Vol. 23, S. 215-239

Olsson, Anders S., 1991, The Swedish Wage Negotiation System, Aldershot

Peterson, Richard, B., 1987, Swedish Collective Bargaining - A Changing Scene, in: British Journal of Industrial Relations, Vol. 25, No. 1, S. 31-48

Pfromm, Hans-Adam, 1978, Solidarische Lohnpolitik, Zur wirtschaftlichen und sozialen Problematik tariflicher Lohnstrukturnivellierung, Köln - Frankfurt/M.

Reskin, Barbara F., 1991, Bringing the Men Back In, Sex Differentiation and the Devaluation of Women's Work, in: Lorber, Judith/Farrell, Susan A., The Social Construction of Gender, Newbury Park, S. 141 - 161

Schlachter, Monika, 1993 (im Erscheinen), Wege zur Gleichberechtigung, Vergleich des Arbeitsrechtes der Bundesrepublik Deutschland und der Vereinigten Staaten, München (Manuskript)

Schunter-Kleemann, Susanne, 1991, EG-Binnenmarkt - Markt der Möglichkeiten oder Markt der Betrogenen?, in: beiträge zur feministischen theorie und praxis, H. 29, S. 79-93

Weiler, Anni, 1994, Lohngerechtigkeit durch Lohntechnik? Geschlechtsspezifische Lohnstrukturierung, gewerkschaftliche Tarifpolitik und frauenlohnpolitische Ansätze zur Neubewertung von Frauenarbeit, in: Winter, Regine (Hgin.) Frauen verdienen mehr, Zur Neubewertung von Frauenerwerbsarbeit im Tarifsystem, Berlin

Weiler, Anni, 1994, "Gleicher Lohn für gleiche Arbeit" oder Frauenlohnpolitik? Der gewerkschaftliche Ansatz zur geschlechtsspezifischen Lohnstrukturierung in der Bundesrepublik Deutschland und in Schweden, in: Lang, Susanne / Richter, Dagmar (Hginnen.), Geschlechterverhältnisse - schlechte Verhältnisse, Verpaßte Chance der Moderne?, Marburg

Weiler, Anni, 1992, Frauenlöhne - Männerlöhne, Gewerkschaftliche Politik zur geschlechtsspezifischen Lohnstrukturierung, Frankfurt - New York

Hilde Theobald

Arbeits- und Lebenssituation von Frauen in leitenden Positionen in (West)deutschland und Schweden

Als ein herausragendes Kennzeichen des Arbeitsmarktes westlicher Industrienationen gilt die horizontale und vertikale Geschlechtssegregation. Dieses Muster der geschlechtsspezifischen Arbeitsteilung zeigt sich - ebenso wie die Dominanz der männlichen Interessen - auch im "privaten" Bereich. Gleichzeitig erschweren die Strukturen in der Erwerbsarbeit und im "privaten" Sektor die Integration beider Lebensbereiche für Frauen. Vor diesem gesamtgesellschaftlichen Hintergrund gewann der Blick auf Frauen in leitenden Positionen wissenschaftlich wie gesellschaftspolitisch eine besondere Relevanz. Arbeiten sie doch auf einem hierarchischen Niveau, das meist Männern vorbehalten bleibt, und durchbrechen so im Erwerbsbereich das Muster der geschlechtsspezifischen Macht- und Arbeitsteilung.

Die wissenschaftliche Auseinandersetzung mit diesem Thema begann in den 70er Jahren in den USA. Im Blickpunkt standen zunächst Einstellungen und Führungsstile der Frauen selbst bzw. Einstellungen gegenüber Frauen (z.B. O'Leary 1974, Rosen & Jerdee 1974, Schein 1975). Die Perspektive der wissenschaftlichen Betrachtung wechselte Ende der 70er Jahre von diesem individuenzentrierten Blickwinkel zur Analyse der Interaktion von Organisationsstruktur und Individuum. Kanter (1977) hat in ihrem Ansatz die spezifischen Charakteristika der Arbeitssituation von Frauen herausgearbeitet. Danach bestimmen diese strukturellen Bedingungen von Frauenarbeitsplätzen die Entwicklungsmöglichkeiten von Frauen. In den 80er Jahren wurde die Frage des Verhältnisses von Geschlecht und Organisation zu einer zentralen Forschungsfrage (vgl. Acker 1990). Forschungsansätze zum Verhältnis von Arbeits- und "Privatbereich" zeigten einen wechselseitigen Einfluß beider Lebensbereiche (Haavind 1984, Friberg 1990, Busch u.a. 1989, Maier 1990, Schmidt 1989).

Diese in verschiedenen westlichen Industrienationen durchgeführten Forschungen zeigten weitgehende Übereinstimmungen in den Ergebnissen. Bei genaueren Analysen werden jedoch länderspezifische Differenzen sichtbar. Die hier dargestellte Untersuchung soll anhand eines Vergleiches den Einfluß unterschiedlicher Geschlechterpolitik nachvollziehen. Gegenübergestellt werden dabei Schweden und die Bundesrepublik, die sich in zentralen Aspekten ihrer Geschlechterpolitik unterscheiden. In Schweden wurden gesamtgesellschaftliche Veränderungen zur

Erleichterung der Verbindung von Beruf und Familie vorgenommen, z.B. Ausbau der öffentlichen Kinderbetreuung, Flexibilisierung bzw. Anpassung der Arbeitszeit an familiäre Belange. Zudem sollten eine Vielzahl von Maßnahmen und Projekte den Frauen gleiche Entwicklungsmöglichkeiten im Arbeitsbereich verschaffen. In der Bundesrepublik Deutschland wurden nur wenig gesamtgesellschaftliche Anstrengungen zur Erleichterung der Vereinbarkeit von Beruf und Familie vorgenommen. Neuere Ansätze geben den Frauen das Recht einer Rückkehr auf den früheren Arbeitsplatz nach einer familienbedingten Unterbrechung innerhalb bestimmter Zeiten. Es gibt aber auch weiterhin weder geeignete Kinderbetreuung, noch wird der Arbeitsmarkt an familiäre Belange angepaßt. Die Gleichstellung von Männern und Frauen im Arbeitsbereich und der Familie war nie ein so zentrales politisches Thema wie in Schweden. Den Ausgangspunkt der Untersuchung bildet die Annahme, daß die in beiden Ländern unterschiedliche Geschlechterpolitik einen erheblichen Einfluß auf die Arbeits- und Lebenssituation sowie auf die individuelle Entwicklung der Frauen in leitenden Positionen ausübt.

Anlage der Untersuchung

Mit Hilfe der hier dargestellten Untersuchung soll der wechselseitige Einfluß von beruflicher und "privater" Enwicklung sichtbar werden. Die Analyse bezieht sich dabei auf die geschlechtsspezifische Macht- und Arbeitsteilung im Unternehmensalltag und im "Privatbereich" sowie auf die Möglichkeit der Integration beider Lebensbereiche.

Die Untersuchung umfaßte zwei Stufen und wurde 1992 bzw. 1993 durchgeführt. An der Fragebogenuntersuchung nahmen 81 Frauen in Schweden und 78 Frauen in der Bundesrepublik (alte Bundesländer) in unteren oder mittleren leitenden Positionen bzw. hierarchisch gleichgeordneten Spezialistinnenfunktionen teil. Die Rücklaufquote betrug in der Bundesrepublik 62,9% und in Schweden 74,3%. Im Anschluß daran wählte ich zur Vertiefung zentraler Ergebnisse jeweils 22 Frauen in beiden Ländern mit einer vergleichbaren Arbeits- und Lebenssituation zu Interviews aus. Die Frauen sind in 18 Unternehmen in drei Branchen beschäftigt: Computer/Software, Bank/Versicherung und Automobilindustrie. Die Kontaktaufnahme zu den Unternehmen erfolgte auf unterschiedliche Art und Weise. Einen sehr wichtigen Zugang bildeten Empfehlungen von Mitgliedern von EWMD (European Women Management Development). Zum Teil konnte aber auch auf etablierte Kontakte zwischen einzelnen Mitarbeitern/innen in Universitätsinstituten und Mitarbeitern/innen in den teilnehmenden Unternehmen zurückgegriffen werden. Ein weiterer Teil der späteren Kontaktpersonen in den Unternehmen wurde gezielt angeschrieben. Die Kontaktpersonen verteilten die Fragebogen in den jeweiligen Unternehmen. Die Verteilung erfolgte bei kleineren Unternehmen an alle weiblichen Führungskräfte auf diesen Hierarchieebenen. In größeren Unternehmen wurden die Teilnehmerinnen meist nach unterschiedlichsten Kriterien ausgewählt. Die Kontaktpersonen, nahezu ausschließlich Frauen, arbeiten im Bereich Personal bzw. sind Gleichstellungsbeauftragte in den Unternehmen.

Berufliche Situation der Befragten

Die Frauen arbeiten auf drei Hierarchieniveaus; auf einem unteren Niveau im Unternehmen meistens als Gruppenleiterinnen (33 der schwedischen Frauen, 32 der deutschen Frauen), auf einem zweiten oder mittleren Hierarchieniveau meist als Abteilungsleiterinnen bzw. in einer bedeutenden Stabfunktion (42 der deutschen Frauen, 39 der schwedischen Frauen). Nur wenige Frauen haben ein höheres Niveau erreicht. In diese Kategorie gehören sehr unterschiedliche Positionen, von der Hauptabteilungsleiterin bzw. nächsthöheren Hierarchiestufe nach der Abteilungsleitung bis zur Personalchefin und Mitglied der Unternehmensführung.

Etwas mehr als die Hälfte der Frauen in beiden Ländern hat ein Hochschulstudium abgeschlossen. Die übrigen deutschen Befragten haben nach Realschulabschluß bzw. Abitur und Berufsausbildung durch Teilnahme an innerbetrieblicher Weiterbildung ihre Positionen erreicht. Die schwedischen Teilnehmerinnen ohne Hochschulabschluß verfügen meist über den Abschluß am Gymnasium; dieser schließt oft Hochschulzugang wie auch eine Berufsqualifikation mit ein. 14 der schwedischen Befragten sowie 10 der deutschen Befragten haben mehr als eine Ausbildung abgeschlossen. Hinsichtlich der Ausbildungsrichtungen werden länderspezifische Unterschiede deutlich. Die Mehrheit der deutschen Teilnehmerinnen (60 Frauen) hat eine wirtschaftsbezogene Ausbildung bzw. Studium abgeschlossen. Die weiteren nachgefragten Fachrichtungen wie Geistes- und Sozialwissenschaft, Technik, Informatik, Jura, Naturwissenschaft wurden jeweils von weniger als 10 der Teilnehmerinnen angegeben. In der schwedischen Stichprobe haben 31 Frauen eine wirtschaftsbezogene Ausbildung bzw. Studium abgeschlossen, 27 eine geistes- bzw. sozialwissenschaftliche Ausbildung bzw. Studium sowie 21 eine technische Ausbildung bzw. Studium. Die weiteren vorgegebenen Fachrichtungen wurden von weniger als 10 der Teilnehmerinnen genannt.

Die Befragten sind in unterschiedlichen Arbeitsbereichen beschäftigt. Die deutschen Teilnehmerinnen arbeiten vorwiegend in drei Bereichen: 24 sind im Bereich Personal, 21 im Bereich Marketing / Vertrieb und 18 im Bereich Finanzen / Controlling beschäftigt. In den Arbeitsbereichen Einkauf, Produktion, Forschung / Entwicklung, Werbung/Public Relations sowie General Management arbeiten jeweils weniger als 10 der deutschen Teilnehmerinnen.

Von der schwedischen Stichprobe arbeiten 22 Frauen im Bereich Produktion, 14 im Bereich Personal, 12 im Bereich Forschung / Entwicklung und jeweils 10 in den

Bereichen Marketing / Vertrieb und Finanzen / Controlling. Weniger als 10 der befragten Frauen sind in den Bereichen Einkauf, Werbung / Public Relations bzw. General Management tätig.

Private Lebenssituation der Befragten

Eine nahezu identische Anzahl der Teilnehmerinnen -60 (77,9%) der deutschen und 63 (77,8%) der schwedischen Frauen - leben mit einem Partner zusammenleben. Bei der Anzahl der Kinder wird ein großer Unterschied zwischen beiden Stichproben deutlich. 64 (82%) der schwedischen Teilnehmerinnen haben Kinder, jedoch nur 22 (30%) der deutschen Befragten. Hier spielt auch der Faktor Alter eine wichtige Rolle: 45 der über 40-jährigen schwedischen Teilnehmerinnen (90%) haben Kinder, sowie 19 der befragten Frauen bis zu 40 Jahren (68%). In der deutschen Stichprobe haben nur 15 der unter 40-jährigen Frauen Kinder (29%), und 7 der über 40-jährigen (33%). Die Mehrzahl der Teilnehmerinnen mit Kindern unter 16 Jahren lebt mit einem Partner zusammen. Lediglich zwei der deutschen Teilnehmerinnen, die allein leben, haben ein Kind unter 12 Jahren zu versorgen. Von den schwedischen Befragten sind dies drei Frauen. In der Gruppe der Kinder im Alter von 13-16 Jahren unterscheiden sich die Stichproben in beiden Ländern. In der deutschen Stichprobe hat nur eine Frau überhaupt ein Kind in dieser Altersgruppe. Diese Teilnehmerin lebt mit ihrem Partner zusammen. 16 der schwedischen Befragten haben ein Kind dieser Altersgruppe und sechs dieser Frauen leben alleine.

Ein wesentlicher Unterschied betrifft das Alter der Teilnehmerinnen. So ist die Mehrheit der deutschen Teilnehmerinnen (52 (70%) der Befragten) bis zu 40 Jahre alt, in der schwedischen Stichprobe dagegen ist die Mehrheit der Befragten (52 (65%) der Frauen) älter als 40 Jahre.

Die Verbindung von Beruf und Familie im Alltag der Frauen

Im folgenden Beitrag werde ich Ergebnisse zu einer zentralen Fragestellung der Untersuchung darlegen, zur Frage der Verbindung von Beruf und Familie. Wichtige Aspekte sind dabei die Aufgabenverteilung im familiären Bereich, aber auch die Zeit, die die Frauen hierfür verwenden. Von Seiten des Arbeitsplatzes ist die Arbeitszeit eine wesentliche Einflußgröße. Da das Alter der Kinder (jeweils auf das jüngste Kind bezogen) diese Vereinbarung von Beruf und Familie ebenfalls beeinflußt, habe ich die Kinder in zwei Altersgruppen eingeteilt, Vorschulkinder (0-6Jahre) und Grundschul- bzw. Orientierungsstufenkinder (7-12 Jahre)[1]. Aufgrund dieser Eingrenzung kann ich nur relativ kleine Stichproben vergleichen. In der deutschen Stichprobe sind dies insgesamt 12 Frauen mit einem Vorschulkind und fünf Frauen mit einem Grundschulkind. Zwei Mütter mit einem Vorschulkind hatten zum Zeitpunkt der Datenerhebung Elternurlaub und können bei dem Vergleich nicht berücksichtigt werden. In der schwedischen Stichprobe sind es jeweils 13 Frauen mit einem Vorschulkind und 13 Frauen mit einem Grundschulkind. Die relativ ähnliche Zahl beider Stichproben kommt durch die unterschiedliche Altersverteilung der Frauen zustande. Die Kinderzahl differiert zwischen den Ländern. Von den deutschen Teilnehmerinnen haben vier der 17 Frauen zwei oder mehr Kinder, in der schwedischen Stichprobe sind dies 15 von 26 Frauen. Bei einem Vergleich ist das Alter der Kinder wie auch die Kinderzahl in den Familien wichtig. Aus Gründen der Übersicht werde ich einen allgemeinen Vergleich vornehmen. Den Einfluß des Alters der Kinder bzw. der Anzahl der Kinder in den Familien werde ich dort angeben, wo dies wesentlich ist. Aufgrund der geringen Stichprobengröße können keine allgemeingültigen Aussagen getroffen werden, aber die Daten ermöglichen das Erkennen gesellschaftsspezifischer Muster und Tendenzen.

Haus- und Familienarbeit

Ein erstes wichtiges Element in der Verbindung von Karriere und Familie ist die Betreuung des Kindes während der Arbeitszeit der Mutter. Hier zeigen sich grundlegende Unterschiede zwischen den Teilnehmerinnen dieser Untersuchung in beiden Ländern. In der deutschen Stichprobe übernehmen die Väter einen entscheidenden Teil der Betreuung der Vorschul- und Grundschulkinder während der Arbeitszeit der Mütter. In sieben der insgesamt 15 Familien betreuen ausschließlich die Väter die Kinder. In fünf Familien besuchen die Kinder eine Kindertagesstätte, und in zwei Familien mit einem Vorschulkind betreut eine Angestellte das Kind. In der schwedischen Stichprobe ist das System der öffentlichen Kinderbetreuung die Basis der Betreuung. In 14 der insgesamt 26 Familien besuchen die Kinder eine Kindertagesstätte. In vier Familien gehen die Kinder zu einer Tagesmutter. Sechs der älteren Kinder innerhalb dieser Altersgruppe haben keine Betreuung mehr. Nur in einer Familie mit Vorschulkindern betreut eine Angestellte die Kinder.

Auch bei der Betreuung der Kinder zuhause wird die Bedeutung des Vaters in beiden Ländern deutlich, wenn auch auf unterschiedliche Art und Weise. Im Fragebogen fragte ich, wer welche Aufgaben in der Kinderbetreuung ausführt. Dabei zeigte sich in der deutschen Stichprobe, daß eine Veränderung der traditionellen Arbeitsteilung gleichermaßen zu einer Gleichverteilung zwischen den Partnern wie auch zu einer Rollenumkehr führt, d.h. die Väter führen bestimmte Aufgaben überwiegend aus. Konkret bedeutet dies, daß etwa in einem Drittel der Haushalte die Teilnehmerinnen, in einem weiteren Drittel ihre Partner die größere Bürde in der Kinderbetreuung tragen; im letzten Drittel findet eine Gleichverteilung der Aufgaben statt. Nur in einer Familie mit einem Vorschulkind übernimmt eine Angestellte überwiegend die Betreuung des Kindes. Ein Teil der Fragen in den Interviews beschäftigte sich mit den in der Betreuung ihrer Kinder ungewöhnlich engagierten Vätern. Diese Väter sind nicht erwerbstätig, bzw. sie sind freiberuflich tätig. Sie können aber auch in "familienfreundlichen Berufen" arbeiten, wie z.B. als Lehrer.

In der schwedischen Stichprobe führt eine Veränderung der traditionellen Arbeitsteilung eher zu einer Gleichverteilung der Aufgaben. Jeweils in vierzehn der 26 Familien werden die Aufgaben gleich verteilt. In elf Familien trägt die Frau die größere Bürde. In einer Familie mit Vorschulkindern betreut eine Angestellte die Kinder überwiegend. Auch hier wollte ich in den Interviews erfahren, wie die Beteiligung der Väter im Alltag aussieht. Die Väter der schwedischen Stichprobe sind erwerbstätig. Vor allem Väter von Vorschulkindern holen die Kinder abwechselnd mit den Müttern von der Tagesstätte ab und betreuen sie, bis die Frauen nach Hause kommen. Für die Teilnehmerinnen bedeutet dies z.B., daß sie an einem Tag bis 16 Uhr arbeiten und am nächsten Tag bleiben, "bis ihre Arbeit beendet ist".

Der zweite wichtige familiäre Bereich ist die Hausarbeit. Die Verteilung der Hausarbeit zwischen den Partnern sieht in den Stichproben beider Länder sehr unterschiedlich aus. Die deutschen Teilnehmerinnen delegieren eher die Hausarbeit an eine Haushaltshilfe. Vier der Paare delegieren mindestens die Hälfte der Hausarbeit, fünf Paare ungefähr 30%. Nur vier Paare führen die Hausarbeit ohne Haushaltshilfe aus. Dabei trägt einmal die Frau die größere Bürde, einmal wird die Arbeit gleichverteilt, in zwei Familien haben aber auch die Partner die Hausarbeit zum größten Teil übernommen. Die schwedischen Teilnehmerinnen geben viel seltener und auch in geringerem Umfang die Hausarbeit an eine Haushaltshilfe ab. Lediglich eine Familie mit einem Vorschulkind delegiert mehr als die Hälfte der Hausarbeit. Weitere sieben Familien lassen einen geringen Teil der Hausarbeit, im Durchschnitt zwischen 5 und 10%, von Haushaltshilfen ausführen. 15 der Familien bewältigen die Hausarbeit ohne fremde Hilfe. Davon verteilen acht der Paare die Hausarbeit gleich, und bei sieben der Paare trägt die Frau die größere Bürde.

Die bisher erläuterte Arbeitsverteilung beschreibt aus der Sicht der Frauen die Partizipation beider Partner in der Haus-und Familienarbeit. Diese Angaben können kein objektives Maß für die tatsächliche Arbeitsverteilung sein. Sie drücken beides aus, Normen und Wünschenswertes aus der Sicht der Frauen und die tatsächliche Verteilung im Alltag. Diese Angaben sind kein Maß für das tatsächliche Engagement der Frauen für ihre Familien bzw. ihre Belastung durch Haus- und Familienarbeit. Ein wichtiges Maß dafür ist die Zeit, die die Frauen für Haus- und Familienarbeit verwenden. Hier zeigen sich trotz der unterschiedlichen Organisation von Kinderbetreuung und Hausarbeit in beiden Ländern Übereinstimmungen im Zeitbudget der Teilnehmerinnen. Da der Zeitaufwand in der

Betreuung eines Kindes von dessen Alter abhängig ist, werde ich hierbei wiederum das Alter der Kinder berücksichtigen. Teilnehmerinnen mit Vorschulkindern in Schweden betreuen ihre Kinder 34,7 Stunden pro Woche, in der deutschen Stichprobe sind dies 32,7 Stunden. Teilnehmerinnen mit Grundschulkindern in Schweden benötigen noch 23,7 Stunden für die Betreuung ihrer Kinder, in der deutschen Stichprobe sind dies noch 23,0 Stunden. Der zeitliche Umfang der Hausarbeit wird von der Kinderzahl beeinflußt. Teilnehmerinnen aus der Bundesrepublik mit einem Kind benötigen 15,7 Stunden pro Woche für die Hausarbeit, in der schwedischen Stichprobe sind dies 18,4 Stunden. Ein entscheidender Unterschied zwischen den Stichproben beider Länder wird bei Familien mit zwei oder mehr Kindern deutlich. Deutsche Teilnehmerinnen mit zwei oder mehr Kindern delegieren in stärkerem Ausmaß Hausarbeit an eine Haushaltshilfe. Die Stundenzahl für Hausarbeit sinkt dadurch im Durchschnitt auf 12,0 Stunden Hausarbeit. In der schwedischen Stichprobe steigt die notwendige Zeit für Hausarbeit mit der Kinderzahl. Teilnehmerinnen mit mehr als einem Kind führen durchschnittlich 22,9 Stunden Hausarbeit pro Woche aus.

Erwerbsarbeit

Ein wichtiges Element in der Verbindung von Karriere und Familie ist die tägliche Erwerbsarbeitszeit. So sehen in den Stichproben in beiden Ländern die Frauen in den Überstunden die größte Schwierigkeit im beruflichen Bereich in Bezug auf die Verbindung beider Lebensbereiche, mit Ausnahme der schwedischen Teilnehmerinnen im Automobilbereich. Tatsächlich können Frauen in beiden Ländern ihre Arbeit kaum innerhalb der regulären Arbeitszeit bewältigen. Es gibt jedoch erhebliche länderspezifische Unterschiede im Ausmaß der Überstunden. So arbeiten "nur" 16 der schwedischen Teilnehmerinnen (19,8%) mehr als 50 Stunden pro Woche, in der deutschen Stichprobe sind dies 40 der Frauen (51,3%). Dieser Unterschied verschwindet bei der Betrachtung der Arbeitszeit von Frauen mit Kindern. Lediglich zwei der 15 deutschen Teilnehmerinnen mit jüngeren Kindern arbeiten mehr als 50 Stunden in der Woche, in der schwedischen Stichprobe sind dies drei von 26 Frauen.

Die Frage nach der Arbeitszeit ist nicht nur spannend im Zusammenhang mit der Belastung der Frauen, sondern ist auch eine wichtige Frage beim Aufstieg in der betrieblichen Hierarchie. Entscheidend ist dabei nicht die Arbeitszeit der Frauen an sich sondern vor allem die Arbeitszeit der männlichen Führungskräfte, denn die Arbeitszeiten der Männer bilden die Norm. In einer Untersuchung zur Arbeits- und Lebenssituation von Managern in Schweden auf höherem Niveau arbeiteten "nur" 41% mehr als 50 Stunden pro Woche, in einer Untersuchung in der

Bundesrepublik mit Managern auf ähnlichem Niveau waren dies 68% (Edlund u.a. 1990, Bischoff 1991).

Eine wichtige Möglichkeit der Anpassung der Arbeitsbedingungen an familiäre Erfordernisse scheint Teilzeitarbeit zu sein. Sechs der 15 deutschen Teilnehmerinnen mit jüngeren Kindern arbeiten Teilzeit, in der schwedischen Stichprobe sind dies sechs von 26 Frauen. In Schweden ist Teilzeitarbeit mit nur einer Ausnahme auf Teilnehmerinnen mit Vorschulkindern begrenzt. In der deutschen Stichprobe wird kein Unterschied zwischen Frauen mit Vorschulkindern und Frauen mit Grundschulkindern sichtbar. Aufgrund der Zusammensetzung der deutschen Stichprobe (12 Frauen mit einem Vorschulkind gegenüber nur fünf Frauen mit Grundschulkind) können daraus keine Schlußfolgerungen gezogen werden.

Die Abweichung von der allgemein üblichen Arbeitszeit beeinflußt auch die Aufstiegsmöglichkeiten. Die Mehrzahl der schwedischen Teilnehmerinnen mit jüngeren Kindern arbeiten auf einer mittleren Führungsebene (16), vier der Befragten auf einer höheren Führungsebene und sechs Frauen auf einer unteren Ebene. In der schwedischen Stichprobe beeinflußt das Alter der Kinder das Hierarchieniveau. So arbeiten fünf der 13 Befragten mit einem Vorschulkind auf der unteren Führungsebene, aber nur noch eine von dreizehn Teilnehmerinnen mit einem Grundschulkind. In der Bundesrepublik arbeiten neun von 16 Frauen auf der unteren Führungsebene und sieben auf der mittleren Führungsebene. Das Alter der Kinder spielt keine Rolle. Aber auch hier gilt, daß aufgrund der Zusammensetzung der Stichprobe nur schwer Schlußfolgerungen zu ziehen sind.

Zusammenfassung und Ausblick

Mit Hilfe der Untersuchung soll der Einfluß von unterschiedlicher Geschlechterpolitik auf die Arbeits- und Lebenssituation von Frauen in leitenden Positionen nachvollzogen werden. Ein Aspekt dieser Analyse ist die Vereinbarkeit von Beruf und Familie. Von den deutschen Teilnehmerinnen hat nur eine kleine Gruppe die Möglichkeit, Beruf und Familie zu verbinden. Die Grundlage im familiären Bereich dafür bilden zum einen die Unterstützung durch den Partner, zum anderen erhebliche finanzielle Ressourcen zur Delegation der familiären Arbeit. In der untersuchten Gruppe werden bei der Betreuung der Kinder zum Teil traditionelle geschlechtsspezifische Muster aufgebrochen. Die Voraussetzung dafür sind meist spezifische Partnerkonstellationen. Die Beteiligung der Väter ist abhängig davon, inwieweit deren Arbeitssituation eine Anpassung an familiäre Erfordernisse ermöglicht. Einige der Väter verlassen zumindest zeitweise den Arbeitsmarkt bzw. arbeiten freiberuflich. Diese Unterstützung ist für einen Teil der befragten Frauen eine grundlegende Voraussetzung ihrer Verbindung von Beruf und Familie. Eine weitere Möglichkeit stellt die Annahme von Teilzeitarbeit dar. Die Voraussetzung dafür bildet allerdings die Zustimmung des Unternehmens, die die Frauen aus einer gesicherten Position heraus erreicht haben. Die Übernahme von Teilzeitarbeit erschwert ihnen den weiteren Aufstieg.

Die Mehrheit der schwedischen Teilnehmerinnen kann Beruf und Familie verbinden. Wichtige Elemente dabei sind die öffentliche Kinderbetreuung, Unterstützung durch den Partner sowie eine stärkere Anpassung des Erwerbsbereiches an den familiären Bereich. Aber auch für Frauen in Schweden ist diese Verbindung sehr belastend. Vor allem Mütter von Vorschulkindern versuchen, durch Teilzeitarbeit dieses Dilemma zu lösen. Das Recht auf Teilzeitarbeit für Eltern mit Kindern unter acht Jahren ist zwar gesetzlich garantiert, aber nicht festgelegt ist die tatsächliche Anpassung der Arbeitsaufgaben an die kürzere Arbeitszeit. Diese Anpassung der Arbeitsaufgaben müssen die Frauen im Unternehmen aushandeln. Dies gelingt ihnen nicht immer. Auch die schwedischen Teilnehmerinnen werden durch diese Anpassung der Arbeitszeit in ihrer weiteren beruflichen Entwicklung benachteiligt.

Die befragten Frauen in beiden Ländern stehen einem Karrieresystem gegenüber, das nur wenig Rücksicht auf den außerberuflichen Bereich nimmt. In beiden Ländern werden sie durch die individuelle Anpassung ihrer Arbeitszeit an die familiären Bedürfnisse, wie z.B. durch Teilzeitarbeit, in ihren Karrieremöglichkeiten benachteiligt. Wirkliche Chancengleichheit setzt daher in beiden Ländern eine generelle Veränderung der Arbeitszeitstrukturen für Männer und Frauen voraus, eine Veränderung der Zeitstrukturen in Führungspositionen, die Männern wie Frauen Zeit läßt für außerberufliche Belange.

Literatur

Acker, J. (1990), Hierarchies, Jobs, Bodies: A Theory of gendered organizations. Gender and Society, Vol. 4, Nr.2, S.139-158

Autenrieth, C., Chemnitzer, K. und M. Domsch (1993), Personalauswahl und -entwicklung von weiblichen Führungskräften. Frankfurt, Main/New York

Bischoff, S. (1991), Männer und Frauen in Führungspositionen in der Bundesrepublik Deutschland. Ergebnisse einer schriftlichen Umfrage. Köln

Busch, G., Hess-Diebäcker, D. und M. Stein-Hilbers (1988), Den Männern die Hälfte der Familie - den Frauen mehr Chancen im Beruf. Weinheim

Cockburn, C. (1991), In the way of women. London: Macmillan

Edlund, C., Ahltorp, B. Andersson, G. und S. Kleppesto (1990), Karriärer i kläm. Stockholm, Norstedts

Friberg, T. (1990). Kvinnors vardag. Lund: University Press.

Haavind, H. (1984), Love and power in marriage. In: Holter, H., Patriarchy in a welfare society. Oslo: Universitetsforlaget

Kanter, R.M. (1977), Men and women of the corporation. New York: Basic Books

Maier, F. (1990), Arbeitsmarktsegregation und patriarchale Gesellschaftsstruktur - Thesen zu einem gesellschaftssystem-übergreifenden Zusammenhang. In: Autorinnengemeinschaft : Erklärungsansätze zur geschlechtsspezifischen Strukturierung des Arbeitsmarktes. Arbeitspapier 1990-1. Paderborn: Arbeitskreis sozialwissenschaftlicher Arbeitsmarktforschung (SAMF), S. 54-90

O`Leary, V. (1974), Some attitudinal barriers to occupational aspirations in women. Psychological Bulletin 1974: 81/11, S. 809-826

Rosen, B. & T. Jerdee (1974), Influence of sex role stereotypes on personnel decisions. Journal of Applied Psychology 1974:59/1, S. 9-14

Schein, V.E. (1975), Relationships between sex role stereotypes and requisite management characteristics among female managers. Journal of Applied Psychology 1975:59, S. 9-14

Schmidt, M. (1989), Karrierefrauen und Partnerschaft. Münster/New York

Anmerkung

1   Im Folgenden als Grundschulkinder bezeichnet.

Zusammenfassung

In den Vereinigten Staaten bleibt Diskriminierung ein herausragendes Thema für Frauen in qualifizierten Berufen mit Hochschulabschluß (women in the professions). Dieser Beitrag untersucht die Berufsfelder Medizin und Rechtswissenschaft, um die Widersprüche aufzuzeigen, denen Frauen im persönlichen, ethischen und ökonomischen Bereich ausgesetzt sind. Beide Berufsgruppen wurden historisch von Männern für männliche Funktionsträger ausgestaltet, und in beiden war in der jüngsten Zeit ein beträchtlicher Zuwachs von Frauen zu verzeichnen. Was passiert nun auf der persönlichen und der ökonomischen Ebene mit denjenigen Frauen, die in diese Berufe eintreten, und welche Veränderungen gibt es innerhalb dieser Berufe, um den Orientierungen und Realitäten von Frauenleben besser zu entsprechen? Auszüge aus Interviews mit Ärztinnen und Juristinnen sowie Statistiken und Beobachtungen aus anderen Untersuchungen sollen sowohl die Fallgruben professioneller Alltagspraxis veranschaulichen wie auch die Fortschritte, die Juristinnen und Medizinerinnen inzwischen gemacht haben.

Folgende Schwerpunkte sollen einbezogen werden:

- Forschungsergebnisse über geschlechtsspezifische Selektivität (sexual bias) in Gerichtsverfahren;
- Vereinbarkeit von beruflichen und familiären Anforderungen als Problem für Frauen in Medizin und Rechtswissenschaft:

eine Untersuchung über soziale Strukturen und private Strategien;

- Die Schwierigkeiten von Frauen, ihre persönlichen Werte und Orientierungen mit Berufen in Einklang zu bringen, die durch Haltungen, Gefühle und Werte der Männer in diesen Berufen geprägt sind;
- Konfligierende Werte: persönliche Strategien von Ärztinnen und Juristinnen, um mit professionellen Rollenerwartungen fertig zu werden;
- Verdienst: Die Einkünfte von Ärztinnen und Juristinnen sind immer noch deutlich niedriger als die ihrer männlichen Kollegen.

Dana Crowley Jack
Ärztinnen und Juristinnen: Widersprüche im persönlichen, ethischen und ökonomischen Bereich, denen berufstätige amerikanische Frauen in den 90er Jahren ausgesetzt sind

Dana Crowley Jack

Women Doctors and Lawyers: Personal, Ethical, and Economic Dilemmas Facing American Working Women in the 90's

Introduction

Historically, both medicine and law were designed by men for male practitioners. In the United States, women have recently entered these professions in large numbers, yet they continue to experience a pervasive discrimination against their gender. What happens to women doctors and lawyers on a personal, psychological, and economic level? And what can we, as feminists studying women's lives, learn about women's adaptation and resistance to structures that, most often, do not take women's realities into account?

Social Context

Women have accomplished tremendous gains in medicine and law, but we still have far to go. Currently, women make up over 38% of medical students, 28 % of residents (Bickel & Quinnie, 1990), and 20.4% of all physicians (U.S. Department of Labor, 1993). Women number about 43% of the students entering law school (ABA, 1990), and 21.4% of all lawyers (U.S. Department of Labor, 1993). Despite the fact that these professions are no longer overwhelmingly male in numbers, they maintain structures and practices that result in economic and career inequities for women. Equality would mean that women have an equal opportunity for success after licensing in law and medicine, yet salary differentials reveal the barriers that exist for women. In 1992, a male physician's median weekly salary was $1,190 while a female's was $859. Male lawyers and judges earned a median salary of $1,157 in 1992, while the females earned $884 (U.S. Department of Labor, 1993).

In law, evidence of continuing discrimination against women has been documented by task forces across the United States studying sexual bias in the courts. Studies occurring in 40 states, Puerto Rico, and the District of Columbia found widespread bias among judges, lawyers, and jurors everywhere in the legal system (Schafrin, 1993).[1] The final reports highlight a major dilemma facing women in law practice: Most women perceive a problem with sexism in law; most men do not. Significant differences in how women and men lawyers perceive gender discrimination were found in every state. For example, in Washington state, 50% of women attorneys and 10% of men had seen litigants and witnesses regarded as less credible because of their gender by judges; 67% of the women and 13% of the men had seen this from opposing counsel as well (Washington State Task Force on Gender and Justice in the Courts, 1990). Male attorneys even said they see no gender bias in the courts. More than 2,500 male attorneys were surveyed in Colorado's 1990 study; one-third said that bias does not exist. Only 3% of more than 900 female attorneys thought no bias was present (Wall Street Journal, August 20, 1992).

One issue becomes clear from these task force findings: what you see depends on where you stand. As the dominant group, men have not had to take account of women's experiences or be concerned about the impact of their behaviors on women. Women who "complain" about unfair treatment face being blamed and criticized, as exemplified by this male lawyer's response to a questionnaire about bias: "I haven't observed a problem. Those women complaining about discrimination that I have observed have been those that are least competent" (Norwood & Molina, 1992, p. 50).

Although medicine has no such official reports documenting bias against women state by state, the patterns are clearly present. A number of influential medical journals, as well as popular journals, now carry articles on sexism in medicine. For example, in the January 1992 issue of *The Nation*, Dr. Adriane Fugh-Berman highlighted issues of harassment, hostility, and threats throughout her training at Georgetown Medical School in the late 80's. In response to widespread concern about sexism in the medical profession, the American Medical Women's Association has prepared a Gender Equity Packet for medical schools, hospitals and general physician education.

In law or medicine, a woman faces the dilemma of what to do when she perceives sexism and harassment and the perpetrator does not. We have been trained to swallow the discomfort caused by inappropriate, devaluing behavior, ignore the undercurrent of stereotyping, and to excuse the person: "He just doesn't know any better," "He was only joking." If a woman refuses to remain silent, she is often criticized as aggressive or humorless. Many doctors and lawyers silence themselves at tremendous costs: lower self-esteem, increased levels of stress, and collegial relationships strained by the inequality that such practices reinforce.

Women also struggle against a social backdrop that sexualizes and trivializes their work and aspirations. The March, 1993 issue of Mirabella, a magazine aimed at young professional women, included photographs that portrayed models at the "Board Meeting," or at the "TV Appearance," with accompanying text touting how women are "winning elections, making headlines..." Under their blazers was bare skin and half- revealed breasts: Even the professional becomes a sex object. Difficulties women face at work are reduced to "what to wear," while the realities of working women's lives are excluded from the picture.

In addition to the overt bias against their gender that women encounter in medicine and law, the structures of these professions do not support women's realities, particularly the fact that women bear children and want to provide quality care for them. Parental leave policies affecting doctors and lawyers most frequently consist of a leave of absence without pay, and women in these professions most often work up until delivery and then return within six weeks after childbirth (Levinson et. al., 1989). Despite such minimal disruption at work from childbearing, women often experience stalled careers once they embark upon maternity (Swiss & Walker, 1993). With experts recommending that a parent be the primary caregiver for at least the first four months of a child's life (Gamble and Zigler, 1986; White, 1987), women carry burdens of guilt and conflict around parenting and their professional careers. Ironically, though pediatricians are the ones who regularly recommend four months with one's newborn (Brazelton, 1985, 1986), doctors are not supported in making a decision to stay home the first four months of their own infants' lives.

Female physicians and lawyers who are partnered depend heavily on the man's emotional and instrumental help in parenting. Even when a partner supports her career, a woman still does more of the household chores and parenting than the man (Myers, 1988; Sells & Sells, 1989). It is not surprising that career/family conflict was cited as a stressor by many more female (46.3%) than male (6.1%) physicians in a study of perceived stressors in medical practice (Gross, 1992).

For women, adopting the solution of part-time work after having children is difficult because it contradicts the ethos or the economic practices of law or medicine. Historically, both of these professions were designed by men, for men, and long working hours are still viewed as a sign of a practitioner's loyalty and commitment. "Work addiction" is a permanent way of life for most physicians studied by Gerber (1983), while the either/or policies of major law firms - work 2,000 billable hours or don't make partner - reflect work centered around a masculine ethic, an ethic that presumes someone else will take care of family concerns. The choice put to women by most law firms is, "Play the game (our way) or have a family. We will make it very hard for you to do both."

Until the influx of women into law and medicine, the assumption was that a man had a "wife" who would take care of family and home, so that, in essence, two people supported one career. Men were never expected to perform the balancing act between family responsibilities and work demands. Only recently have women entered these professions in large enough numbers to create the critical mass necessary to change such structures and the values that support them. Work/family conflicts are not simply women's issues but are cultural dilemmas that demand change.

What are the psychological consequences of such lack of support on the women who work in these professions? One would expect that lawyers and doctors would have low rates of depression, given their participation in the "American Dream" of autonomy, power, and money, and the absence of known risk factors for depression such as poverty and social marginality. Yet the American Psychological Association Task Force on Women and Depression (1990) states: "professional women have a higher incidence of depression and suicide than women in the general population" (p. 86). In a 1990 survey, the American Bar Association's Young Lawyers Division found that women were unhappier than men among the 2,200 lawyers questioned. 41 percent of women in private practice (compared to 28 percent of men) said they were dissatisfied with their jobs. Studies of medical students find that women experience more work-related stress and negative emotional reactions than do men (Coombs & Hovanessain, 1988; Janus et al., 1983), and that women in residency training report significantly greater levels of stress and depression than men (Whitley et al., 1989). The lifetime risk for depression in women doctors is 25 to 40 per cent (Carlson & Miller, 1981), while the suicide rate in women doctors is four times that of the general population (Rucinski & Cybulska, 1985).

Why is it that women are at such higher risk for emotional distress than males in these professions? Obviously, the factors already detailed - discriminatory practices, structural inequities, and historical legacies - go far to create dissatisfaction and depression in female practitioners. I will now turn from consideration of these outer factors to focus on women's psychology within medicine and law. In this second half of analysis, I examine how women resist and/or adapt to structures that devalue them, and what psychological consequences result from such resistance or adaptation. I draw from prior research investigating female and male lawyers' ethical orientations as they conflict with the values of the legal profession and the attorney role (Jack & Jack, 1989) and from studies of the dynamics and causes of depression among women in the general population (Jack, 1991; Jack & Dill, 1992).

A Clash of Values

A number of psychological studies indicate that women are more focused on intimacy and making connections with other people, while men are more centered on autonomy, power, and asserting independence. Carol Gilligan (1982) first identified women's ethical focus on avoiding harm and preserving relationships, which she labelled an "ethic of care". She describes a perspective that stands in contrast with what society has valued as the morally mature, ethical stance associated with men - an emphasis on rights and obligations, rules and principles and questions of justice, fairness reciprocity, and equality - all concepts basic to the American legal system.

Two Visions of Self, the Social World, and Morality[2]

	Morality of rights	Morality of care
Social world	Autonomous, separate individuals	Interdependent web of community members
Driving social force	Competition, winning	Cooperation, compromise
Moral problem	Conflict of rights and duties between seperate individuals	Conflict of responsibilities in network of relationships
Moral goal	Fair resolution - maintenance of rules	Avoid harm - maintenance of realtionships
Responsibility	Restrain from interference	Active responce to others
Values	Rights, duties, fairness, due process, equal protection	Harmony, empathy, community, caring responsiveness, integration
Reasoning	Formal, abstract, hierarchical, objective	Personal, contextual, holistic, engaged
Symbol	Balanced scales of justice	Ecosystem in harmonious equilibrium

The chart summarizes two ways of seeing the world and conceiving of the self and relationships with others. The categories of "morality of rights" and "morality of care" do not describe clear dichotomies but orientations found to be associated with gender (Jack & Jack, 1989). Each individual reflects a special blend of seeing the world and social conflicts that is affected by culture, ethnicity, social and economic class, and historical experience.[3] The problem in discussing and documenting gender differences within a culture of inequality is that those sex differences can be used to justify the relegation of women to secondary status.

As is obvious from the chart, the American legal system is rights-oriented, viewing individuals as separate and autonomous, and employing an adversarial structure which pits winners against losers. In our research with practicing attorneys, we found that women bring a care orientation into law more than twice as often as men, and they more often experience a moral distance between their values and the obligations of the attorney role (Jack & Jack, 1989).

Silencing the Self

From interviews with clinically depressed women in the general population, I have identified a dynamic called silencing the self. In this dynamic, cognitive schemas learned from the culture about how women "should" create and maintain safe, intimate relationships lead women to silence certain thoughts, feelings, and actions. The fear that revealing certain aspects of the self will disrupt relationship or be unacceptable to the other leads a woman to hide vital parts of her self by keeping them out of relationship (not saying, not revealing, not acting, not being honest). This self-silencing contributes to a fall in self-esteem and feelings of a "loss of self" as a woman experiences, over time, the self-negation required to bring herself into line with cultural "shoulds" (which are experienced as inner shoulds) that direct female social behavior (Jack, 1991; Jack & Dill, 1992). This dynamic of self-silencing and loss of self seems directly related to psychological issues women face in the professions of law and medicine.

The Uses of Silence in Law and Medicine

Silence does not indicate an inability to speak; it reveals a choice to hide certain aspects of self. Silence protects, but it can also work against the person employing it, and be misinterpreted to mean acquiescence or passivity rather than active resistance. Looking at what aspects of self a professional woman chooses to silence alerts us to a number of issues: what interpersonal areas she perceives as dangerous, why she becomes alienated from self and others, and what psychological costs she incurs by her strategy for self-preservation.

In the following interview excerpt, a woman physician details the kind of silence and duplicity women feel they must engage in to succeed with males who are in authority. This family physician, in practice for thirteen years, recounted the following story as she was explaining how she "is just learning how important it is to tell the truth, even when it creates trouble."

> A resident, Susan, told me this fascinating situation where her daughter was doing something at school that she'd promised she would go and watch. It was some big performance and Susan really wanted to be there. She was on call at her residency and she had worked it out that another resident was going to cover for her, but she went in and made the rounds. ...Just about then one of her mentors, one of the faculty, wanted her to go watch while he got an ultrasound on this patient. And instead of saying 'I need to go to my daughter' - she felt that would be death - she said, 'I don't have the time,' and boy did she suffer. She then left and went to her daughter - she ran in, in her scrubs - her daughter was already performing - she sat down halfway through, waved to her daughter, left before the whole performance was over, feeling totally hassled and thrashed about. And I was talking to her saying, 'Why didn't you

tell him the truth? I think you would have been better telling him the truth because now you're trying to defend yourself as 'a lazy resident' and you're worse off.' And she said, 'No way! I've learned through medical school you never say anything about your family.' And that really stuck with me because -what does it do to us to feel that you can't really just say the truth, which is that you value your relationship with your daughter?

In medicine and law, women learn that they cannot tell the truth when their values conflict with those officially accepted within the profession. This physician details how a colleague presents a picture of acquiescence to values and structures of the profession while resisting in a way that remains hidden and indirect. The psychological costs of such inauthenticity are high, and are often called "burn out" or "stress." Such language implies an inability to cope, attributing shortcomings or difficulties to the individual, and leaving unexamined the practices that create the problems.

Presenting a false self to male authorities accomplishes an essential task for the female doctor or lawyer: it presents an outward appearance of compliance to the norms of the profession. Women learn that they cannot display their differing values and orientations, but that to succeed means they must *present the appearance that one's values accord with those of the profession, particularly those of commitment, objectivity, impersonal professionalism, and rationality*. This calls for a psychological strategy I call *splitting the self*. The division of self into professional and personal creates not only an ongoing tension, but a corrosive self-compromise that leads to feelings of inauthenticity and guilt. Problems of disunity, alienation and feeling torn in half arise continually, along with problems of feeling inadequate in both arenas.

A woman's belief that she still has to comply outwardly to professional norms by obscuring family commitments has become a cardinal "unwritten rule" for success. As one woman lawyer wrote in the AMERICAN BAR ASSOCIATION JOURNAL,

> "While most male lawyers are assumed to be serious and to be embarking on a life-long career, females still are viewed as question marks who may quit and stay home to raise children. Each woman, therefore, must establish herself as a committed and competent professional and convince each judge and opposing counsel that she means business and is in the profession to stay.
>
> Top quality, hard work will do this. Work longer and harder on tough assignments. Don't shirk late hours or weekend projects. Don't go home to cook dinner, or if you do, don't tell anyone." (Strachan, 1984)

In 1992, Ohio Supreme Court Justice Alice R. Resnick says of the same issue, "The male attorney doesn't have any of this stuff to deal with. As soon as he gets out of law school and passes the bar, he is accepted as a lawyer. A woman still has to prove she is a competent attorney every time she appears before a different judge" (Woo, 1992). Continuing stereotypes that women are less rational and more emotional undoubtedly contribute to the requirement that they have to work longer and harder to earn the right to compete on equal terms. Rather than looking at the structures within marriage, medicine, and law that keep women at a disadvantage, blaming the woman for being too career oriented if her marriage fails, or too family oriented if her career stalls or derails is the usual practice.

With attorneys, splitting the self is even more dramatic since the legal profession requires rationality, objectivity, and adversarial behavior while it devalues feeling, involvement, and cooperative behavior. One woman attorney described the problem of bringing her whole self, including her compassion and empathy, into the law. She splits her intuitive, personal self from her rational, objective lawyer self. "The legal system demands that you divorce emotion from reason in order to convince the reasoners, men, the judges, that you have a case....The vast majority - and I'm proud to be among them - choose to use analysis solely and leave emotion out, because you're unsure whether that will work or turn off the person listening to you" (Jack & Jack, 1989, p. 146-7). This lawyer recognizes who owns the game and in whose language she must speak. Uncertain of its effect on those who may negatively judge it, she pushes her own voice into the background.

In addition, the terms "successful professional" and "feminine woman" each carry specific expectations for interpersonal behaviors. How a woman lawyer or doctor, a "successful professional," should interact with clients carries one set of norms for behaviors; how a woman "should" interact in intimate relationship carries a different set. As one woman said, "Being a lawyer makes you real good at things like arguing and cross-examining, which are not especially positive elements to bring into a relationship" (Jack & Jack, 1989, 145-146). The requirements for success in each sphere - the romantic and the professional - are opposed: how can a woman be both lovable and an ambitious professional if norms for feminine behavior require being deferential to others while professional success necessitates competition and winning (Westkott, 1986)?

Further, unlike a man who is expected to be competent only in one realm, a woman is expected, and requires of herself, that she will be competent as a woman and a professional. Attached to "woman" are, most often, the roles of mother and wife and behaviors expected of those roles - sensitivity, nurturance, and putting others' needs first. Attached to "professional" are obligations of a role that radically differs. Most women have no models of what being competent in both spheres looks like. A physician, whose children are 9 and 11, says:

> You can't be supermom and can't do it all, and yet we all have this image that we can, and we measure ourselves by the standards of our mothers in terms of raising kids. You know, I feel guilty when I'm not there with the warm milk and cookies and when

I'm not putting every bandaid on and then I'm guilty because I'm not enough of a spouse for my husband, and I'm guilty because I'm not doing an adequate job professionally and never quite getting it all right. And there's not a role model of a successful woman doing all this except this illusion of a superwoman someplace. On the outside, people, residents tell me, 'You're such a wonderful role model.' And I think, "you don't know the half of it." So there is an illusion of role models, but there's not a real role model of what a good mother is who's working. *[Q: When the residents say that to you what do you say back?]* Actually, to be honest, I usually don't tell them the truth. I say, 'thank you,' or something.

Again, the theme of inauthenticity is apparent as this woman presents a persona that lives up to the role demands - all of them - while an observing self comments, "you don't know the half of it." She does not alert newcomers to medicine about her "private" struggles in managing to be mother, wife and doctor. Of course, not all women carry home and family as demands that oppose the profession's requirements. For those who do, the compromises of silence, inauthenticity, and splitting the self as attempted solutions to incompatible demands appear to be common.

In addition to living out these kinds of fundamental contradictions while attempting to reconcile them, women get a double dose of inequality at work and at home. At home, women are still called on to put others first, to silence their own needs and feelings in order to make and maintain relationships with men. And at work, most women professionals are unequal in terms of wages and power. To speak out means to challenge the status quo, for which women are often punished.

We must remember that each woman's private solution reflects not only her particular circumstances, but the legacy of centuries of thought about "women's place," "women's nature," "women's duties," and women's bodies. I am convinced that much of women's stress and depression in these professions comes from shaping their responses to fit what is perceived as desirable behavior and values by the dominant authorities - the men. The activity required to appear outwardly "passive," that is, to go along with practices and values that one may oppose, contributes to feelings of exhaustion, "burn out," and depression.

So what else are women doctors and lawyers doing to deal with the dilemma between work and family relationships? All people have the ability to adapt to unhealthy roles, and women are no exception. One solution to conflict is to *emulate the male model* in order to succeed and to avoid calling attention to one's femaleness. Another solution is to eliminate one side of the conflict - either work or family. Thus, some women forego marriage and children. Others choose to eliminate work - to leave law or medicine. Judge Patricia Wald, Chief Judge, U.S. Court of Appeals for D.C. notes that large numbers of women are leaving the law. She speculates that this results not just because of the difficulty in managing career and family simultaneously, but also for more profound reasons:

disenchantment with the law as it is practiced today, doubts as to whether it is worth making the superhuman effort, skepticism as to what values our profession today projects and perpetuates (1989, p. 43, 54).

Confirming Judge Wald's speculation, an associate in a large, prestigious law firm explained that after staying at home with her baby for four weeks, she had time to think and begin to question the practices, posturing, and winning at any cost that goes with litigation. Her decision to work part time had more to do with the rejection of the values and behaviors in the legal profession than the conflict between work and home.

Reshaping the Institutions and the Role

As women hold the tension between their ways of seeing the world and the values that dominate medicine and law, they bring a fuller vision into the professions, and this different vision is an essential, crucial factor for change. Some women refuse to let their identity be controlled by masculinist, capitalist structures by speaking out, engaging with difference, and by affirming their relational values within professions that devalue them. These women are *reshaping the institutions and the professional's role* and, in essence, changing the legal and medical landscape by challenging fundamental assumptions of the profession. A number of women attorneys and scholars are trying to replace the traditional value system of rights, rules and hierarchies with a more responsive system based on relationships, responsibilities, and caring. Feminist attorneys are also making progress in reconceptualizing legal issues, and in the litigation of violence against women, sexual harassment, and sentencing of pregnant drug abusers for treatment rather than jail. In medicine, not only are women changing the authoritarian classrooms of medical school and helping innovate a nurturing approach to the training of physicians, they are also exposing the one-sided emphasis of medical research and redressing neglected issues of women's health.

Gradually, a separate career track for women and men is emerging in both law and medicine, with women disproportionately represented in lower-paid public agencies with huge caseloads and men in high paying specialties. As feminists, we must notice this pattern. Does it occur because of discrimination, harassment, and the inflexible structures and biases that women encounter in law firms and medical specialties still reserved for men? Or is it by choice, with women redefining success not by the yardsticks of power and money, but by less measurable factors, such as human relatedness and quality of life? The sections of law and medicine to which women gravitate - domestic relations, family practice, public sector work - are the lowest paid and least prestigious. What shall we make of this? We can draw at least two conclusions: 1) Wherever women gather, their labor will be devalued and they must fight for economic parity; 2) Some women are attempting to redefine not only success within an institution, but to redefine the purposes and practices of the institutions, and choose to forgo high salaries to work for social change.

From history, we know that social institutions themselves will not change to accommodate women because they "should," but only because they are forced to. Thus it becomes crucial that women come together to force this change, through sharing experiences with each other, mentoring each other, and fighting inequalities together. All too often, as I am documenting in my research, isolation occurs instead, when women in these professions silence themselves and retreat to a painful place, thinking their difficulties derive from their personal inadequacies or shortcomings. Researchers can help awaken women from their sense of solitary struggle by making information available about how other women are faring - what strategies of resistance they are using, how they can adapt in ways that allow for maintenance of a positive sense of self and valued commitments. Women need to learn which coping strategies serve short term goals yet place them at risk for depression, self-alienation and low self-esteem. Strength is born from shared knowledge and shared visions; let us help create that knowledge, let us help build that strength.

References

American Bar Association Section of Legal Education and Admissions to the Bar, A Review of Legal Education in the United States: Fall, 1990, Law Schools and Bar Admission Requirements 66 (1990).

Bickel, J. and Quinnie, R. Women in Medicine: Statistics. Washington, DC: Association of American Medical Colleges, 1991.

Carlson, G. A. and Miller, D. C. "Suicide, Affective Disorder and Women Physicians." American Journal of Psychiatry, 138, no. 10, 1981, pp. 1330 - 1335.

Conley, F. K. "...And, Ladies of the Club." Journal of the American Medical Association, 267, no. 5, p. 740, 1992.

Coombs, R. H., Hovanessian, H. C. "Stress in the role constellation of female resident physicians." Journal of the American Medical Women's Association, 43, 1988, pp. 21 - 27.

Fugh-Berman, Adriane. "Man to Man at Georgetown: Tales Out of Medical School." The Nation. January 20, 1992, p. 37, 54-56.

Gamble, T.J. and Zigler, E.G. "Effects of Infant Day Care: Another Look at the Evidence." In E. F. Zigler and M. Frand, Eds., The Parental Leave Crisis: Toward a National Policy. New Haven: Yale University Press.

Gerber, L. A. Married to Their Careers: Career and Family Dilemmas in Doctors' Lives.. New York: Tavistock Publications, 1983.

Gilligan, C. In a Different Voice. Cambridge: Harvard University Press, 1982.

Gross, E. B. "Gender Differences in Physician Stress." Journal of the American Medical Women's Association, 47, 1992, pp. 107-114.

Jack, Rand and Jack, Dana Crowley. Moral Vision and Professional Decisions: The Changing Values of Women and Men Lawyers. New York: Cambridge University Press, 1989.

Jack, Dana Crowley. Silencing the Self: Women and Depression. Cambridge: Harvard University Press, 1991.

Jack, D. C. and Diana Dill. "The Silencing the Self Scale: Schemas of Intimacy Associated with Depression in Women." Psychology of Women Quarterly, 16, 97-102.

Janus, C. L., Janus, S. S., Price S., et al. "Residents: The Pressure's on the Women." Journal of the American Medical Women's Association., 38, 1983, 18-21.

Levinson, W., Toll, S.W., & Lewis, C. "Women in Academic Medicine: Combining Career and Family," New England Journal of Medicine, 321, 1989, 115-17.

McGrath, Ellen, Keita, G.P., Strickland, B.R., & Russo, N.P. (Eds). Women and Depression: Risk Factors and Treatment Issues. Washington, D.C.: American Psychological Association, 1990.

Myers, M.F. Doctor's Marriages: A Look at the Problems and their Solutions. New York: Plenum Medical Book, Co.,1988, pp. 55- 100.

Ninth Circuit Gender Bias Task Force Preliminary Report: Discussion Draft. United States District Court, United States Courthouse, Seattle, WA 98104. July, 1992.

Norwood, Diane F. and Molina, Arlette. "Sex Discrimination in the Profession: 1990 Survey Results Reported." Texas Bar Journal, 55, 1992.

Rucinski, J. and Cybulska, E. "Mentally Ill Doctors." British Journal of Hospital Medicine, 1985, 33, no. 2, pp. 90-94.

Sells, J.M. and Sells, C. J. "Pediatrician and parent: A Challenge for Female Physicians." Pediatrics, 84, 1989, 355-61.

Schrafrin, Lyn. Personal Communication. National Organization of Women, Legal Defense Fund. May, 1993.

Strachan, Nell. "A Map for Women on the Road to Success." American Bar Association Journal, 70, 94-96, 1984.

Swiss, Deborah and Walker. Women and the Work/Family Dilemma. New York: John Wiley and Sons, 1993.

Wald, Patricia M. "Breaking the Glass Ceiling." Human Rights: Journal of the Section of Individual Rights and Responsibilities, 16, 1989, pp. 40 - 43, 54.

Westkott, Marcia. The Feminist Legacy of Karen Horney. New Haven: Yale University Press, 1986.

White, B. "Yes: Should You Stay Home with Your Baby?" In M.R. Walsh, Ed., The Psychology of Women: Ongoing Debates. New Haven: Yale University Press, 1987.

Whitley, T. W., Gallery M. E., Allison, E. J., Revicki, D.A. "Factors Associated with Stress Among Emergency Medicine Residents." Annals of Emergency Medicine, 18, 1989, 1157-1161.

Woo, Junda. "Widespread Sexual Bias Found in Courts." The Wall Street Journal. August 20, 1992.

Notes

1 Selected findings from Gender Bias in the Courts Reports (Wall Street Journal, August 20, 1992)
 All of the studies on sexual bias in the courts, including four issued in 1992, reveal significant differences in how women and men perceive gender discrimination:
 - One-third of more than 2,500 male attorneys in Colorado's 1990 report said no bias exists. Only 3% of more than 900 female attorneys agreed: women attorneys think bias is common, though subtle.
 - One-third of women in New Jersey's study of 1,100 lawyers said male attorneys "often" disparaged females and made sexist jokes. Only 7% of male lawyers said they frequently heard such comments.
 - When survey results from the 1992 Ninth Circuit report (includes 9 states) divided respondents into under 40 and over 40, responses were almost identical: *YOUNGER ATTORNEYS ARE NOT LESS GENDER BIASED.*
 - 60% of female lawyers practicing before the federal appeals court serving Western states received unwanted sexual advances and felt other sexual harassment in the last five years. (1992, Ninth U.S. Circuit Court of Appeals)
 - 64% of 105 female judges said sexual bias was widespread in California state courts.
2 From R.F. Jack & D.C. Jack, 1989, p. 11.
3 This chart is reprinted from Rand Jack and Dana Crowley Jack, Moral Vision and Professional Decisions: The Changing Values of Women and Men Lawyers. New York: Cambridge University Press, 1989. - The book reports the results of a study of practicing attorneys examining the conflicts between personal moral orientation and the demands of the lawyer role. We were interested in understanding what happens to lawyers and the legal system if the ethical orientation of many new lawyers, mostly female, no longer fits the mold of professional morality? How do the attorneys fare, and what changes might occur in our legal system? Findings are presented in detail in the book, but in general, women attorneys reasoned more often from a care perspective and experienced more tension between personal moral orientation and the demands of the attorney role.

Ellen Offers

Frauenarbeit in den Niederlanden

Die Erwerbsquote von Frauen in den Niederlanden ist eine der niedrigsten in ganz Europa. Tabelle 1 zeigt Vergleichszahlen aus anderen europäischen Ländern:

Tabelle 1: *Erwerbsquote von Frauen nach Anzahl der Erwerbspersonen und nach Arbeitsvolumen, gemessen an Vollzeitbeschäftigung (in Prozent)**

	Erwerbsquote (Anteil erwerbstätiger Frauen an allen Frauen im Alter von 15 - 64)	Erwerbsquote von Frauen, umgerechnet auf Vollbeschäftigung
	(1989)	(1987)
Dänemark	77,3	49
Großbritannien	66,8	37
Frankreich	56,2	38
West-Deutschland	54,5	41
Niederlande	52,0	26
Belgien	51,6	36
Italien	44,3	30
Irland	37,5	27

Quelle: Organization for Economic Cooperation and Development (OECD), Employment Outlook, Paris 1991; nach: Wetenschappelijke Raad voor het Regiringsbeleid (WRR), Een werkend perspectief; arbeidsparticipatie in de jaren '90. Den Haag: SDU-uitgeverij, 1990, nr. 38, Sociale Atlas van de Vrouw II, p. 25

Die Tabelle zeigt die Niederlande an fünfter Position. Knapp über 50 % aller Frauen zwischen 15 und 64 sind erwerbstätig. Ein Blick auf die nach dem Gesamtumfang der wöchentlichen Arbeitszeit bereinigte Erwerbsquote[1] zeigt, daß Frauen einen wesentlich geringeren Anteil am Gesamtumfang an bezahlter Arbeit haben, als die absolute Erwerbsquote von 52 % andeutet. Die meisten erwebstätigen Frauen in den Niederlanden, nämlich 62 %, haben Teilzeitarbeitsplätze.[2] Aufgrund dieses relativ hohen Anteils von Teilzeitarbeit stehen holländische Frauen tatsächlich am Ende der Erwerbsbeteiligung von Frauen in Europa, gemessen am Gesamtvolumen an bezahlter Arbeit. In diesem Beitrag werde ich eingehen auf die Ursachen für diese geringe Erwerbsquote, auf die derzeitige Ideologie und die sozioökonomischen Rahmenbedingungen in Bezug auf die Erwerbstätigstätigkeit von Frauen, auf die Zukunftsperspektiven für die Situation in Holland und auf den Stellenwert dieses Themas im Rahmen von Frauenstudien.

Ursachen der niedrigen Erwerbsquote holländischer Frauen

Bis zu den 60er Jahren dieses Jahrhunderts waren die meisten berufstätigen holländischen Frauen unverheiratet. Die niedrige Erwerbsquote war darauf zurückzuführen, daß die meisten Frauen nach der Heirat nicht mehr weiterarbeiteten. Gewöhnlich werden drei Charakteristika der holländischen Geschichte als historischer Hintergrund für dieses Phänomen betrachtet.[3] Erstens ist die vorherrschende Ideologie über Mutterschaft und Teilung der häuslichen Arbeit zwischen Männern und Frauen zu nennen. Nach dieser Vorstellung sollen die Frauen die Kinder großziehen, während die Männer die Familie ernähren sollten. Diese Ideologie wurde stark unterstützt durch die Kirche und wird auch heute noch von der größten politischen Partei Hollands, den Christlichen Demokraten (CDA), vertreten. Eine solche Vorstellung ist jedoch keine ausschließliche holländische Angelegenheit.

An zweiter Stelle wird der späte Beginn der Industriellen Revolution in den Niederlanden als Erklärung für die niedrige Erwerbsquote der Frauen angesehen. Wegen des hinreichenden Angebots auf dem Arbeitsmarkt zu dieser Zeit wurden Frauen in der Produktion nicht gebraucht. Sie wurden auch ausgeschlossen, weil sie als Bedrohung für die Position der Männer angesehen wurden, die mit großer Arbeitslosigkeit fertig werden mußten.

Schließlich wird die Situation der Niederlande im Krieg 1870/1871 und im Ersten Weltkrieg als eine Erklärung benannt: Weil keine holländischen Männer als Soldaten das Land verließen, war es nicht notwendig, Frauen in den Produktionsprozess einzubeziehen.

In einer kürzlich verfaßten Studie argumentiert Platenga, daß diese drei Gründe das Phänomen nicht vollständig erklären können.[4] Sie weist daraufhin, daß zwei weitere Charakteristika der holländischen Gesellschaft von größerer Bedeutung seien. Das ist zum einen die segmentierte Struktur (compartmentalised structure) der holländischen Gesellschaft und zum anderen die hohe Arbeitsproduktivität. Die Aufteilung der Gesellschaft in Segmente war dabei stark verbunden mit religiösen Ideologien. Weger dieser Institutionalisierung entlang der religiösen Trennungslinien konnten Ideologien in alle Schichten der Gesellschaft weitervermittelt und ihnen auferlegt werden. In den Niederlanden gab es sozusagen bessere Voraussetzungen für die Verbreitung der Hausfrauenideologie als in vielen anderen Ländern. Platenga ist sich weniger sicher über die Auswirkungen der Wechselbeziehung zwischen hoher Arbeitsproduktivität und niedriger Erwerbsquote von

Frauen. Auf der einen Seite kann man sagen, daß aufgrund dieser hohen Produktivität ein Einkommen ausreicht, um einen relativ hohen Lebensstandard zu erreichen. Auf der anderen Seite kann die Abwesenheit der Frauen auf dem Arbeitsmarkt auch als eine Voraussetzung für diese hohe Arbeitsproduktivität angesehen werden.

Als Ergebnis all dieser Charakteristika der holländischen Geschichte hat sich keine Tradition der Erwerbsarbeit von Frauen in den Niederlanden entwickelt. Bis zu den 60er Jahren betrug die Erwerbsquote nur etwa 25 %. Seit dieser Zeit ist jedoch ein enormes Anwachsen der Erwerbsbeteiligung zu verzeichnen. In 30 Jahren hat sich die Anzahl berufstätiger Frauen verdoppelt (siehe Tabelle 1).

Eine der wichtigsten Ursachen für diese zunehmende Erwerbsbeteiligung von Frauen war der Wandel gesellschaftlicher Vorstellungen. Die als natürlich angesehenen Unterschiede zwischen Männern und Frauen wurden nun zur Diskussion gestellt. Die Vorstellungen der Frauen änderten sich, und die Bedeutung bezahlter Arbeit nahm zu. Frauen wollen ihren Anteil am Arbeitsmarkt, und sie sehen es nicht mehr als selbstverständlich an, nach der Geburt von Kindern aufzuhören zu arbeiten. Gleichzeitig hat das Qualifikationsniveau von Frauen enorm zugenommen. Gegenwärtig ist das durchschnittliche Ausbildungsniveau von männlichen und weiblichen Schulabgängern in den Niederlanden gleich.[5] Frauen sind qualifizierte Arbeitskräfte geworden.

Trotz dieser veränderten Ambitionen und Qualifikationen von Frauen unterscheidet sich ihre Position auf dem Arbeitsmarkt immer noch sehr von der der Männer. Frauen sind überrepräsentiert in sogenannten Frauenberufen wie Sekretariatstätigkeit und Gesundheitswesen, und sie sind unterrepräsentiert in höherwertigen beruflichen Positionen am oberen Ende der Hierarchie. Schließlich arbeiten sie öfter Teilzeit als Männer. Eine Segregation nach Geschlecht verursacht systematische Ungleichheiten in den Organisationseinheiten der Berufswelt, die sich normalerweise zum Nachteil von Frauen auswirken.

Erklärungen für die Segregation des Arbeitsmarktes nach Geschlecht

Derzeit werden verschiedene Erklärungen für die Segregation des Arbeitsmarktes nach Geschlecht vertreten. Zunächst gibt es Ansätze, die sich auf das Angebot an Arbeitskraft, d. h. auf die Beschäftigten, konzentrieren. Nach diesem Ansatz bringen Frauen andere Einstellungen zur Berufsarbeit mit als Männer; sie wählen deshalb typisch weibliche Studien- und Berufsfelder und bevorzugen Teilzeitarbeit. Zweitens gibt es Ansätze, die die Funktionsweise des Arbeitsmarktes betonen. Danach werden Frauen wegen der angenommenen typischen Eigenschaften von weiblichen und männlichen Arbeitskräften für andere Tätigkeiten ausgewählt als Männer; dieser Prozeß wird als "statistische Diskriminierung" bezeichnet. Schließlich gibt es Erklärungsansätze, die sich auf den Arbeitsprozeß selbst beziehen, und auf die Umstände, unter denen Menschen arbeiten. Diese zuletzt genannten Erklärungen sind meiner Meinung nach am nützlichsten. Einerseits konzentrieren sie sich auf das ideologische Klima, welches eine Grundlage für die Strukturierung von Arbeitsprozessen darstellt, auf der anderen Seite beachten sie die sozial-ökonomische "Infrastruktur".[6]

In der in den meisten Arbeitsstätten vorherrschenden Ideologie dominieren immer noch traditionelle Vorstellungen von Frauen und Männern und der ihnen zukommenden Aufgaben. Von einem durchschnittlichen Beschäftigten wird angenommen, daß er im Privatbereich versorgt wird und für seine bezahlte Arbeitstätigkeit voll zur Verfügung steht.[7] In der Organisation der Berufswelt wird die Tatsache nicht berücksichtigt, daß es Beschäftigte gibt, für die keiner zuhause sorgt, sondern die im Gegenteil selber für Kinder oder andere Menschen sorgen müssen. Ebenfalls nicht berücksichtigt werden jene Frauen, die nicht dem vorherrschenden Rollenbild von Frauen als Mütter und Hausfrauen entsprechen. Im Ergebnis berücksichtigen die Arbeitgeber die Qualifikationen und Ambitionen von Frauen nicht angemessen; auf der anderen Seite sind Frauen (und andere Menschen mit Betreuungsaufgaben) nicht in der Lage, den Anforderungen der Arbeitsorganisationen in der Berufswelt zu entsprechen.

Natürlich gibt es Ausnahmen. Es gibt Frauen mit herausragender Karriere, z. B. solche, die Unternehmen leiten, Frauen in der Politik und Professorinnen. Abgesehen von ihrer Qualifikation waren die meisten dieser Frauen deshalb erfolgreich, weil sie einem männlichen Karrieremuster folgten: Vollzeitbeschäftigung, männliches Verhalten, dunkelblaues Kostüm etc. Ebenso wie Männer scheinen sie kein Privatleben zu haben. Oft haben sie keine Kinder, und wenn sie welche haben, dann haben sie die Kinderbetreuung so gut organisiert, daß dies ihre Berufstätigkeit nicht beeinträchtigt, gerade so wie bei vielen Vätern. Es scheint so, daß der einzige Weg, die Geschlechtergrenzen zu überschreiten, darin besteht, wie ein Mann zu handeln. Für viele Frauen ist dies keine attraktive Perspektive, und mehr und mehr Männer haben ebenfalls inzwischen Zweifel an diesem männlichen Karrieremuster. Aufgrund der Veränderungen des gesellschaftlichen Klimas und des wachsenden Bewußtseins für die Notwendigkeit, das gesamte Potential in der Arbeitswelt voll zu nutzen, entstand "Emanzipationspolitik" bzw. Gleichstellungspolitik im öffentlichen Dienst und in der Privatwirtschaft.[8] Einerseits konzentrierte sich Gleichstellungspolitik auf Möglichkeiten zur Erleichterung der Kombination von Berufsarbeit und Familie. Verschiedene Typen von Einrichtungen zur Kinderbetreuung wurden eingerichtet: betriebliche und kommunale Kinderkrippen, ein System von Tagesmüttern, Betreuung von Schulkindern vor und nach der Schulzeit und zur Mittagszeit. Ein wichtiger Teilaspekt ist in diesem Zusammenhang auch die Möglichkeit zur Teilzeitarbeit.

Auf der anderen Seite bezieht sich Gleichstellungspolitik auf die Entwicklung und Anerkennung der Qualifikationen von Frauen. In diesem Zusammenhang wurden Spezialkurse für Frauen organisiert, und es wurden Richtlinien für die Rekrutierung und Auswahl von Personal etabliert.
Obwohl die Gleichgstellungspolitik von seiten der Regierung bereits vor etwa zwanzig Jahren begonnen wurde und in manchen Unternehmen inzwischen seit mehr als zehn Jahren existiert, sind die Ergebnisse dieser Politik enttäuschend. Ein wichtiger Grund dafür ist die Tatsache, daß die sozio-ökonomische Maßnahmen oft nicht den Bedürfnissen der Frauen genügen. Es gibt z. B. viel zu wenig Plätze in den Kinderkrippen. Gegenwärtig können weniger als 10 % aller Kinder unter vier Jahren in kommunalen oder betrieblichen Kinderkrippen untergebracht werden.[9] Außerdem ist die holländische Einkommens- und Steuerpolitik immer noch vorwiegend auf das Familienernährermodell ausgerichtet. Dies impliziert für Frauen, daß es in finanzieller Hinsicht durchaus von Vorteil erscheint, zu Hause zu bleiben. Zusammen mit den zusätzlichen Kosten für Kinderbetreuung und andere häusliche Dienstleistungen hat dies einen demoralisierenden Effekt auf Frauen. Teilzeitjobs sind schließlich überwiegend auf den unteren Ebenen der Hierarchie angesiedelt und bieten kaum Karriereperspektiven.
Neben diesen eher praktischen Unzulänglichkeiten leidet die Gleichstellungspolitik unter einem grundsätzlicherem Problem, nämlich daran, daß sie nicht in der Lage ist, die traditionellen Rollenbilder von Männern und Frauen zurückzuweisen, sondern sie im Gegenteil noch bestätigen. Solche Maßnahmen wie Einrichtungen zur Kinderbetreuung und Spezialkurse für Frauen vermitteln z. B. die Botschaft, daß Frauen verantwortlich sind für Kinderbetreuung (und Männer nicht) und daß Frauen noch nicht qualifiziert genug sind für höherwertige und spezialisierte Funktionen (während Männer dies sind). In anderen Worten, die holländische Gleichstellungspolitik verändert nicht die ideologischen Prozesse, auf denen die Geschlechter-Segregation basiert.

Zukunftsperspektiven

Wie bereits erwähnt, wollen immer mehr Frauen und Männer sowohl ihr berufliches Leben gestalten wie auch Aktivitäten in der privaten Sphäre entfalten. Die Organisation der Arbeitswelt scheint Menschen zu zwingen, sich dafür zu "entscheiden", nur einen der beiden Bereiche intensiver zu entwickeln. Wenn sie die Priorität auf ihr Privatleben legen, dann müssen sie sich mit einer untergeordneten Position in der Arbeitswelt abfinden. Wenn sie sich für eine berufliche Karriere entscheiden, dann müssen sie ihre Aktivitäten im privaten Bereich minimieren. Diese Dichotomie ist jedoch heutzutage zunehmend veraltet.

Die Gleichstellungspolitik hat die Bedeutung der Frau im Arbeitsprozeß bisher nicht grundsätzlich verändert. Um dies zu erreichen, wären Veränderungen im ideologischen Bereich notwendig. Eine Ideologie, nach der Männer und Frauen verschiedene 'Bestimmungen' haben, sollte ersetzt werden durch ein Konzept, nach dem sowohl Männer wie Frauen berufliche Ambitionen und Qualifikationen haben können, Vorstellungen, die denen einer wachsenden Zahl von Männern und Frauen entsprechen. Konsequenterweise werden sich Strukturen und Spielregeln von Betrieben und Unternehmen ändern, und der Faktor Geschlecht wird in Selektionsprozessen an Bedeutung verlieren.[10] Nur derartige Veränderungen in der Arbeitswelt (in der Welt bezahlter Arbeit) werden es ermöglichen, eine berufliche Karriere mit einem erfüllten Privatleben in Einklang zu bringen .

Schlußbemerkung

In den Niederlanden ist 'Arbeit' ein wichtiges Thema in den Frauenstudien. Dies hat zum Teil historische Gründe. Am Anfang wurden Frauenstudien von einer marxistischen Sichtweise aus betrieben (vgl. hierzu die Artikel zur Geschichte von Women's Studies in diesem Band). Arbeitsteilung ist ein zentrales Thema in der Marxistischen Theorie; feministische Theoretikerinnen erweiterten dieses Thema um die Aufgabenverteilung zwischen Männern und Frauen.
Obwohl marxistische Theorien inzwischen ihren zentralen Stellenwert verloren haben, hat das Thema 'Arbeit' seine Bedeutung für die Frauenstudien nicht verloren. In den Frauenstudien werden Themen oft wegen ihres Stellenwerts für die Emanzipation der Frauen gewählt. Die Bedeutung der Arbeit für die Emanzipation der Frau ergibt sich aus der Tatsache, daß die Stellung der Frau in der Gesellschaft insgesamt und in persönlichen Beziehungen mit ihrer Stellung auf dem Arbeitsmarkt eng verbunden ist, u. a. wegen des höherwertigen Status der Erwerbsarbeit und der ökomomischen Unabhängigkeit, die sie bietet.
Obwohl das Thema 'Arbeit' immer präsent war, hat es doch Akzentverschiebungen gegeben. Die Arbeit von Frauen ist beispielsweise mit der von Männern verglichen worden, die gegensätzlichen Strukturen von Berufsarbeit und Privatleben wurden untersucht, und die Bedeutung unbezahlter Arbeit wurde hervorgehoben. Derzeit wird der Schwerpunkt auf den Arbeitsprozess selbst verlagert, manchmal unter der Perspektive, diesen als einen Teil des gesamten Lebens von Frauen zu sehen. Ein deutlicher Vorteil dieser Herangehensweise liegt darin, daß die Welt der Erwerbsarbeit nicht länger als unveränderlich betrachtet wird. Es sind deshalb nicht nur Frauen, die sich um angemessene Lösungen für den privaten Bereich bemühen sollen, damit dieser ihre Verfügbarkeit für den Arbeitsmarkt nicht beeinträchtigt. Es wird auch deutlich, daß diesbezüglich im Bereich der Erwerbsarbeit viel verändert werden kann - z.B. damit zu beginnen, die Ideologien, auf denen dieser be-

gründet ist, aufzudecken. In diesem Zusammenhang ist es wichtig, über die Frauenstudien hinaus Bezüge herzustellen. Was dies betrifft, so kombinieren wir in Groningen Erkenntnisse aus den Frauenstudien mit Ergebnissen aus der Arbeits- und Organisationssoziologie.

Anmerkungen

1   Die um das Arbeitsvolumen bereinigte relative Erwerbsquote bezieht sich auf den Anteil des von Frauen erbrachten Volumens an bezahlter Arbeit, gemessen am potentiellen Gesamt-Arbeitsvolumen der gesamten Frauenbevölkerung im erwerbsfähigen Alter, definiert als Altersgruppe von 15 - 64.
2   16 % der männlichen Beschäftigten arbeiten teilzeit.
3   Vgl. z. B.: Jeanne de Bruijn (1989). Haar werk. Vrouwenwerk en arbeidssociologie in historisch en emancipatorisch perspectief. Amsterdam: SUA;B.J.T. Hooghiemstra & Niphuis-Nell (1993). Sociale atlas van de vrouw. Deel 2: Arbeid, inkomen en faciliteiten om werken en zorg voor kinderen te combineren. Rijswijk: Sociaal Cultureel Planbureau.
4   Janneke Plantenga (1993). Een afwijkend patroon. Honderd jaar vrouwenarbeid in Nederland en (West-) Duitsland. Amsterdam: SUA. In this study the Dutch situation is compared with the German.
5   Hooghiemstra & Niphuis-Nell (1993) o.c.
6   Annelies Jorna & Ellen Offers (1994). Jonge vrouwen werken aan hun toekomst. De invloed van de kwaliteit van de arbeid op de loopbaanontwikkeling van laaggeschoolde jonge vrouwen. Amsterdam: SUA.
7   Wir nennen dies ein männliches Karriereprofil. Daneben existieren Vorstellungen über spezifische Fähigkeiten von Männern und Frauen. In diesem Artikel beschränke ich mich auf solche Rollenvorstellungen zu Karriereprofilen. (Jorna & Offers, 1994, o.c.)
8   Ellen Offers hat in der englischen Fassung des Texts durchgehend den Terminus "Emanzipationspolitik" verwendet. In der deutschen Diskussion würde dem heutzutage eher der Begriff "Gleichstellungspolitik" entsprechen. In niederländischen Unternehmen wird hierfür oft der Begriff 'affirmative action' oder auch 'positive Diskriminierung' verwendet.
9   Diese Zahlenangabe ist eine zusammenfassende Schätzung meinerseits auf der Grundlage verschiedener Quellen.
10   Das Frauenstudienprogramm in Groningen hat vor kurzen mit Forschungen zu dem Thema begonnen, wie Ideologien bzw. Kulturen in Unternehmen und Betrieben verändert werden können.

Zusammenfassung

Gleichstellungspolitik (affirmative action) begann für Frauen im Hochschulwesen in den USA in den frühen 70er Jahren. Grundlage war der Präsidial-Erlaß (executive order) Nr. 11246 und Artikel IX der Novellierung zum Erziehungsgesetz (Title IX of the Education Amendments) von 1972. In den Anfangsjahren konzentrierte sich Gleichstellungspolitik 1. auf Verbesserungen in Bezug auf Gleichheit der Ausbildungsbedingungen für Studentinnen und 2. auf Verbesserungen in Bezug auf Status und Bezahlung weiblicher Lehrender im Vergleich zu Status und Bezahlung männlicher Lehrender. Ein drittes Anliegen kam Mitte der 70er Jahre hinzu: die Frage des Karriereverlaufs und der "Glasdecke" (glass ceiling) für Frauen in administrativen Leitungsfunktionen im Hochschulwesen.

Eine wichtige Antwort auf das Anliegen der Förderung weiblicher Karriereverläufe in administrativen Leitungsfunktionen war die Entwicklung formeller und informeller Netzwerke. In diesen Netzwerken können Frauen sich gegenseitig in ihrer Karriereplanung ermutigen, nützliche Informationen austauschen, in einer konkurrenz-freien Umgebung berufsbezogene Fähigkeiten entwickeln und Freundschaften mit anderen Frauen in ähnlicher Position entwickeln.

Beispiele solcher professioneller Netzwerke für Frauen in administrativen Leitungspositionen in den USA sind die HERs-Seminare und das ACE/NIP-Programm (American Council on Education/National Identification Program for the Advancement of Women). Die HERs-Seminare sind Kompaktveranstaltungen, die entwickelt wurden, um Frauen zu helfen, die praktischen Fähigkeiten zu entwickeln, die in administrativen Leitungsfunktionen besonders wichtig sind, und um "Verbindungen" zu Kolleginnen auf nationaler Ebene zu bekommen. Das ACE/NIP-Programm basiert auf Planungsgruppen auf der Ebene der Einzelstaaten, die Aktivitäten entwickeln, um Frauen im Hochschulwesen innerhalb dieser Staaten zu fördern und zu befördern.

Während Frauenförderpläne (affirmative action plans) in den einzelnen Institutionen sich darauf konzentrieren, systematische oder strukturelle Hindernisse für den beruflichen Aufstieg von Frauen abzubauen, zielen Netzwerke darauf ab, sowohl Institutionen wie Individuen voranzubringen, damit es auf allen Ebenen administrativer (Leitungs)funktionen im Hochschulwesen der USA mehr Frauen gibt.

Annette Chappel
Gleichstellungspolitik und administrative Netzwerke für Frauen

Annette Chappell

Affirmative Action and Administrative Networks for Women

Terminology and Limitations

I would like to begin by clarifying the terminology which may not be familiar to a European audience:

In contradistinction to "equal opportunity," which implies treating women and minorities as much like men as possible, "affirmative action" has come to imply special efforts to advance members of previously disadvantaged groups. While most universities address affirmative action efforts toward three groups -- women, racial minorities, and the handicapped -- I will confine my remarks to discussion of affirmative action for women.

Affirmative Action in the Higher Education Context

Affirmative Action for women in higher education in the U.S. began in the early 1970's and was based on Executive Order 11246 (a federal policy statement which applies only to institutions which hold government contracts - a small proportion of the schools, colleges, and universities in this country), on Title VII of the Civil Rights Act of 1964 (a federal law which applies to all employers -- and which Anni Weiler analyzed very thoroughly in a session earlier today) and especially on Title IX of the Education Amendments of 1972 (a federal law which applies to all schools, colleges, and universities which receive any government money, including federal grant and loan funds for students - i.e., it applies to almost all the colleges and universities in the U.S.). As a response to Title IX and the push toward affirmative action for women, universities in the '70's undertook careful and serious self examination to improve

- admission of women students,

- women students' access to and treatment in both academic and extracurricular programs and activities,

- women students' treatment under university regulations and policies in such areas as benefits, conduct, and services,

- women's access to employment, and

- the terms and conditions of employment.

In the early days, Affirmative Action for women focused on (1) improving educational equity for women students and (2) improving the status and pay of women faculty members in relation to the status and pay of men faculty members.

As other papers at this conference illuminate, improving educational equity for women students was a major force in creating women's studies programs around the U.S. Involvement in women's studies, in turn, was often part of the impetus to women faculty members to become involved in examining and seeking to improve their own status and pay within the university.

In universities with an affirmative action plan, the plan will include rules for the conduct of faculty searches, to insure that the institution seeks highly qualified women for its teaching positions and makes special efforts to attract women to its faculty. The plan will also, typically, address such issues as salary equity and the operation of the promotion/tenure/merit system of the institution. Typically, institutional practices in these areas now are quite different than they were 20 to 25 years ago. For instance, before Title IX and affirmative action, many if not most university teaching positions were not routinely advertised in the academic press, but were made known through word of mouth by what we now refer to, unflatteringly, as "the old boys' network." Similarly, most universities had only the vaguest of written policies (if they had any at all) explaining the processes and standards for promotion and tenure; such things were decided behind closed doors and tended to partake of that same male clubbiness.

Nowadays, at least in universities such as my own which have written affirmative action policies, the search process is spelled out in great detail, including the wide circulation of a detailed advertisement for the position, and including the necessity for diversity of gender and race on the committee which screens and interviews candidates. Similarly, the documents governing promotion, tenure, and merit make explicit both the processes and timetable and the standards by which faculty members are judged.

Certainly the use of affirmative action plans has had a positive effect on other institutional policies; certainly it has made faculty and administrative positions more available to women; certainly it has also benefitted many men by insisting on performance-based standards in academic decision making. However, no one could argue that 20 years of affirmative action have solved all problems. Women constitute 33% of faculty members nationwide (up from 23% in 1972 and 27% in 1977), their representation on faculties is still very much affected by the hierarchy of institutions (the proportion of women faculty members is smallest at research universities and largest at community colleges) as well as the hierarchy of academic ranks (in any institution, it is likely that the proportion of women faculty members is smallest at the rank of full professor and largest at the rank of assistant professor), and it is still a struggle to remind departments of the importance of a continuing commitment to affirmative action goals. In salaries, too, gains have been slow and incomplete: in 1977, women faculty members earned 80% of the salary of men faculty members of the same rank in the same type of institution; by 1992, the figure was 88%.

While it is certainly true that the number and status of women faculty members nationwide has made progress in the last 20 years, unfortunately a 1987 American Council on Education Special Report entitled *The New Agenda of Women for Higher Education* contained recommendations which could have been made any time in the last two decades: that universities should understand and address the concerns of women students, faculty, staff and administrators; that universities should correct inequities in hiring, promotion, tenure, and salary of women faculty, administrators, and staff; that universities should provide a more supportive campus climate for women, . . . and the list goes on.

The reality is that progress for women still depends upon the energies and commitments of individuals on each campus, and within each department and center on a campus. Affirmative action plans work only if individuals are constantly vigilant to see that the rules are followed, that the contacts are made, that extra efforts are made to attract women and to make them welcome and provide them with a nurturing collegial situation in which to work.

Campuses on which affirmative action -- and women's studies -- are most successful seem to be those which have developed strong internal networks, whether formal or informal, of women and sympathetic men. Campus networks often come to the aid of women who are experiencing difficulty in the promotion and tenure process. They open doors for women colleagues, cheer them on, give them a sense of institutional history, and provide inspiration. They frequently help the whole institution take a new look at issues that have been overlooked on that campus, issues such as child care, harassment, and campus safety. Such networks encourage individuals and create a climate of support; they contribute to a campus climate in which women's talents and efforts are valued and rewarded.

In addition to concerns for women students and faculty, a third concern developed in the mid-1970's: the question of career development and the "glass ceiling" for women in higher education administration, both those moving from teaching and research positions into academic administration and those in the non-academic administrative services of colleges and universities. Although lower to mid-level administrative positions were becoming more accessible to women, the higher level positions, especially deanships, vice-presidencies, provostships, and presidencies were still almost exclusively male.

Barriers to women's advancement included a widespread belief that not enough "qualified" women existed, a strong propensity in male leaders to promote and nurture other men, and the isolation of women leaders, since there were so few women in higher-level positions on any one campus. From these perceived barriers came the impetus to develop networks to assist women administrators both to succeed and to develop the kinds of contacts across institutional barriers that men have traditionally been able to develop.

Administrative Women's Networks

For faculty women, in addition to networks on their own campuses, one of the responses to concern for women's careers had been the formation of "women's caucuses" in many of the professional organizations of the academic disciplines (Modern Language Association, American Psychological Association, American Political Science Association, etc.). These professional groups permit women faculty members to develop significant relationships with women scholars on campuses other than their own, and also provide a focus within the disciplinary organization for promoting feminist scholarship.

Similarly, a significant response to concern for women's administrative careers has been the development of formal and informal regional and national networks of women administrators. In these networks, women can encourage one another's career development, exchange useful information, develop job-related skills in a non-competitive setting, and build friendships with professional colleagues.

I will talk about two particular examples of professional networks for administrative women in the U.S. with which I am most familiar. The first is the ACE/NIP program. The American Council on Education, or ACE, is a national organization of universities and colleges. In the early 1970's, ACE established an Office of Women in Higher Education, and in 1977, that office began the National Identification Program for women, or NIP.

The ACE/NIP program takes a broad approach. It assumes that there are indeed qualified women, who have the skills they need to assume a higher level job, but who need encouragement, visibility and contacts in order to move to that next level. ACE/NIP has as its goals "to identify talented women, to work to enhance their visibility as leaders, and to increase their opportunities for advancement; to create, sustain, and enrich networks of women and men, minority and majority, who [are] committed to women's leadership and who [can] identify, recommend, and sponsor women; to improve higher education by increasing the pool of potential exemplary leaders; to target barriers to women's advancement and develop programs and other strategies with which to address them; and to work for the advancement of all women."[1] This broad and ambitious aim is carried out in a very decentralized fashion.

Structurally, ACE/NIP is based on state-level planning groups which develop activities to nurture and advance women in the higher education institutions within that state. Activities may be very different in different states, depending on the needs and energies of the women involved with each planning group. The ACE/NIP program in Maryland, with which I have worked for many years, draws women from all segments of higher education in the state -- the large universities, the smaller colleges, and the community colleges. It focuses on two events each year: a conference in June (this weekend, in fact) for the broad spectrum of women employed in higher education, and a seminar each January for upper level women (deans, provosts, vice-presidents and presidents), followed by a dinner for those seminar participants and the women members of our state legislature. In addition to these two events, Maryland ACE/NIP sponsors a "shadowing" program, in which women who are considering administrative careers can work with an experienced senior woman administrator for a day to a week in order to get a sense of what that senior job entails. This kind of "mentoring" or sponsorship by a more experienced administrator can be of great assistance to a woman exploring career options.

The ACE/NIP goal remains "increasing the number of women in higher education administration, with special emphasis on presidencies, vice presidencies, and deanships, and to enhance the visibility of women leaders."[2] The overlapping state, regional, and national networks which have resulted from ACE/NIP activities have to date involved over six thousand men and women on campuses nationwide.

In its earlier years, ACE/NIP focused on establishing the state planning groups which would carry on its primary work, and on encouraging women administrators, especially by developing a National Forum for women vice-presidents who aspired to a presidency. As the ACE/NIP state programs have developed, the national office has focused more of its attention on working with women college/university presidents as a group and on gathering and disseminating data about women's advancement in administrative careers. From the beginning, ACE/NIP has taken the issue of women's *visibility* as its special concern, and has consciously sought to design programs to "increase the ability of educators to visualize and to place women in leadership roles."[3]

You may be interested to know that in 1977, when ACE/NIP began, a little less than 5% of all the college and university presidents in the U.S. were women. By 1984, that figure was 9%, and now, in 1993, it is 12%. Of course, the presidency remains the most difficult level of administration for women to attain. Although the number of women presidents has more than doubled, it is still very small, and the issue of hierarchy remains -- it is far less likely for a woman to be president of a research university than of a community college or small college.

For many women in higher education administration, their ACE/NIP experience is an important part of what has sustained them in their careers and has assisted them to move to the next level of position. The development of mentoring or sponsorship relationships with other women and with men has been an essential element in many women administrators' career development.

Other administrative networks for women have been formed in the professional organizations associated with particular positions. One with which I happen to be particularly familiar is the network of women deans within CCAS (the Council of Colleges of Arts and Sciences), which is the professional organization of deans of arts and sciences. This network began at the CCAS annual meeting sometime back in the late 1970's, when there were only five women deans at the meeting among 150 or so men deans in attendance. Four of the five women happened to be in the women's restroom at the same time and decided to have breakfast together the next morning; they sought out the fifth woman and invited her, too.

When I attended my first CCAS meeting, in 1982, there were about 20 women at the Women Deans' Breakfast -- there were more than 20 women attending the annual meeting, but not all those in attendance at the meeting were at the breakfast. At that time, and for the next two or three years, the breakfast was strictly an unofficial event: the annual meeting occurred from a Wednesday afternoon through Saturday morning, and although one or two of the women would always arrange in advance to schedule the breakfast, it was never in the printed program but was "announced" only by a sign on the bulletin board and by word of mouth. Men deans used to ask us, "What do you talk about at that breakfast?" and "Why can't we come?"

When we finally had three women on the 9-member CCAS board at the same time, and 50 or more attending the breakfast, we decided to make the Women Deans' Breakfast an official part of the conference, and also to open it up to men (though I have never seen more than three men there, and the men who come are usually conscientious board members -- I must say I think it's very healthy for them to have that opportunity to feel what it's like to be in the minority for a change). The annual breakfast now appears in the printed program of the meeting and has nearly 100 women (deans and associate and assistant deans) in attendance (total attendance at the conference nowadays is about 350); we usually bring in a woman president to speak during the event.

More important than what happens at the breakfast, however, is what happens *between* breakfasts. Because we get to know each other in that setting, we women deans feel we can rely upon one another. We call each other to talk over a problem, help each other with professional advice, organize conference sessions together. We use one another as references, and we keep one another informed of position openings on our campuses or at other campuses nearby.

Summary

Networks for women administrators tend to have two interlocking aims: to increase the number, visibility, and level of responsibility of women in higher education administration, and to assist individual women to rise in administrative ranks. By getting together, we learn to trust one another and to help one another's careers. We grow professionally, and we find ways that together we can make more of a difference in higher education.

Whereas Affirmative Action plans within each institution focus on removing systemic or structural barriers to women's advancement, and increasing the presence of women administrators and faculty on that campus, networks focus on moving both institutions and individuals forward so that there will be more women in administration at all levels in higher education in the U.S.

Notes

1   Donna Shavlik and Judy Touchton, "Toward a New Era of Leadership: The National Identification Program," in A. Tinsley, C. Secor, S. Kaplan, eds., *Women in Higher Education Administration* (Jossey-Bass, 1984), p. 49.
2   "Highlights of the National Identification Program, 1977-1987" (ACE/NIP flyer).
3   Emily Taylor and Donna Shavlik, "To Advance Women: A National Identification Program," *Educational Record* 58:1 (1977), 95.

Zusammenfassung

Als ich an der Towson State University an einem Leitfaden zur Revision des Curriculums mitarbeitete, wurde mir klar, daß die moderne Sprachtheorie und die feministische Sprachwissenschaft als interdisziplinäre Werkzeuge verstanden werden können, um Fragen wie 'Was unterrichten wir?' und 'Wie unterrichten wir?' zu beantworten.

TheoretikerInnen gehen davon aus, daß Sprache nicht Realität widerspiegelt, sondern Ideologie. In wissenschaftlichen Disziplinen und im Berufsleben dominiert die Ideologie des Patriarchats, die vor allem weiß, männlich und heterosexuell ist. Sprachtheorie kann Lehrenden helfen, zu erkennen, daß unsere Kategorien des Studiums, der historischen Periodisierung oder des künstlerischen Stils linguistische Konstruktionen sind, die Erfahrungen und Kultur einer weitgehend privilegierten, elitären Klasse widerspiegeln - einer Klasse, die im allgemeinen Frauen ausgeschlossen hat. Diese Kategorien haben nicht notwendigerweise eine autonome Existenz, sie sind erfunden worden.

In vergleichbarer Weise belegen feministische Studien über Sprachanwendung, daß sowohl syntaktisch als auch semantisch die englische Sprache das Männliche zur Norm erhebt, während sie das Weibliche abwertet und falsche, stereotype Vorstellungen von Geschlechterrollen fördert. Die Anwendung männlicher Pronomen, wenn die Bezugsperson weiblich sein könnte, "-man" als Suffix von Nomen zur Bezeichnung von Macht- oder Fachpositionen, "man" als Begriff für die menschliche Rasse, Pejorationen zur Bezeichnung von Frauen, nichtparallele Beschreibungen sowie die idiomatische Segregation der Geschlechter, all dies zielt in Kombination darauf ab, Frauen von der Menschheit auszuschließen und ihre Leistungen herabzusetzen oder zu ignorieren. Verbale Kommunikation reflektiert ähnliche Praktiken.

Die Veränderung von Sprache hat sich als schwierig erwiesen. Obwohl zahlreiche amerikanische Lehrbuchherausgeber inzwischen Leitfäden zur nicht-sexistischen Sprachanwendung benutzen, werden männliche Formen immer noch im gesamten Bildungssystem als korrekt vermittelt. Presse und Fernsehen waren nur sehr zögerlich bereit, die einfachsten Regeln nicht-sexistischen Sprachgebrauchs zu befolgen. Die subtilen, strukturellen Vorurteile und die durchgängige nicht-parallele Anwendung erschweren es all denen, die nicht speziell dafür ausgebildet sind, das Problem überhaupt zu erkennen.

K. Edgington
Sprachtheorie und curriculare Umgestaltung

K Edgington

Language Theory and Curriculum Revision

Although "modern language theory" is a shorthand way of referring to a complex, diverse, and sometimes contradictory body of thought, there is general agreement that language is not a mere reflection of reality, but a force in shaping what we know as reality. And it is the extent to which language constructs reality that precipitates much argument.

My own view, influenced by Nietzsche, Wittgenstein, Foucault, and Eco, is that language does indeed construct reality rather than imitate it; although language appears to reflect, for example, sex role stereotypes that exist in society, these stereotypes are themselves linguistically determined.

I think we err in confusing the referential *use* of language with its ideological nature. Granted, we do use language to refer to things, but our very perception of the "objective" world is a subjective one which is grammatically entailed. As Nietzsche points out in *Zur Genealogie der Moral*, the grammatical structure of language, requiring a subject/ object distinction underlies the perception of self and the external world as "distinct and dichotomous". Thus the statement "lightning flashes" separates a phenomenon into subject and action, and we come to regard lightning as a thing which acts. As Wittgenstein has noted, " a substantive makes us look for a thing that corresponds to it" (*The Blue Book*). The notion that language itself is referential leads us to believe in an objective, value free language capable indeed of accurately reflecting the world. But if language can be said to reflect anything, it is ideology, for meaning entails value, and the distinction between the two is as artificial as the distinction between content and style. Consequently, our sincerest efforts as writers to describe without evaluating are bound to fail, albeit often without our awareness.

We cannot convey meaning without assigning value, and given patriarchal hegemony, one finds that language promotes male interests at the expense of the female. Language is anthrocentric, presenting the male as the norm and the female as deviant.

Semantic Derogation

One of the ways in which ideology operates in English is through semantic derogation, a process whereby words associated with women evolve in a manner quite different from that of words associated with men. In her research in this field, Muriel Schulz, an English scholar, has noted that British titles which originally identified individual women undergo a sort of leveling so that they apply to all women. Thus *lady* refers to any woman, not just specific women who hold a noble title the equivalent of *lord*; meanwhile *lord* maintains its exclusive meaning without generalization. This leveling, while diminishing perhaps the noble status of upper class women, is not necessarily derogatory in itself; however, most terms associated with women pejorate; that is, they acquire negative meanings, and the reference is usually sexual. *Madame* indicates a woman who owns a brothel, *mistress*, a woman engaged in a sexual relationship outside of marriage. In contrast, *sir* and *master* denote respect. Nearly any expression associated with women can take on sexual or obscene meaning (e.g. *skirt* depersonalizes a woman, reducing her to a sexual object; even *mother* becomes an obscenity in certain contexts). Yet slang expressions referring to male anatomy ameliorate, acquire favourable meaning. *Balls*, slang for "testicles" also means "courage." Neutral terms also pejorate when used to describe women - Laurel Richardson notes that *easy* means "sexually loose" in the context " She is easy" but "soft-hearted" when the sentence begins with a masculine pronoun; i.e. "He is easy." The expression "a woman's position" invites innuendo, reference to physical position during heterosexual intercourse; "a man's position" may refer to his career, his social status, or his opinion.

The effect of semantic derogation is to depersonalize and sexualize, so that women are defined in terms of anatomy and commodity; language practices reduce the individual status of women, reclassifying them as sexual objects.

The Generic Masculine

In English, masculine pronouns are prescribed when the referent could be either male or female, as in "The average student finishes his undergraduate degree in five years." Similarly, the suffix *-man* is used with nouns denoting career or position, such as "policeman" or "Congressman." As a noun, *man* refers both to the male of the species and to the human race. However, research indicates that the *he/man* construction, as it is called, is a false generic. In fact, one need not conduct extensive "scientific" studies to see this: A popular anthropology text states "man's basic needs are food, shelter, and a mate to bear his offspring." Although the subject of this clause, *man*, may have been intended as generic, by the end of the sentence, *man* clearly refers to the male of the species. As my colleague Sara Coulter has noted, a popular television series in the eighties, The *Ascent of Man* purported to catalogue the evolution of humanity, yet consistently referred to human remains as "skeletons" and "female skeletons," effectively categorizing the female as a subspecies. And anyone who has been around young children knows that they interpret the word *man* as designating, specifically, the male; anecdotal evidence abounds. For youngsters, authority figures are male, and statements that refer to the child or student as *he* exclude girls. Thus, my officemate's daughter comes home in tears, feeling she cannot participate in a school field trip because the permission statement refers to the student as *he*; a child fails to recognize that her or his female pediatrician is a physician, not a nurse. And this is not simply a factor of immaturity; adults also interpret the so-called generic masculine literally.

An increasing body of "empirical" evidence substantiates that adults of both sexes respond to *he/man* constructions as designating males, and the harmful effects - establishing an inaccurate view of the male-as-norm, promoting negative stereotypes, even impeding reading comprehension among women - are well documented. However, change has proven difficult. Prescriptive grammarians reject the gender-inclusive plural pronoun *they* as a substitute for generic *he* with singular indefinite pronouns on the basis that this produces an error in agreement. E.g. "Everyone should bring *their* books" rather than "Everyone should bring *his* book." But as Ann Bodine notes, this explanation simply privileges one type of error - gender agreement - over another - number agreement. And the extent to which this indicates an underlying value system is evident when one considers that the generic *he* produces semantic confusion by excluding those it purports to include, whereas the plural inclusive *they* does not inhibit understanding since indefinite pronouns, while singular in form, are plural in referent. Nonetheless, prescriptive grammar insists on the correctness of the singular and rejects alternatives, such as *he/she* constructions, as stylistically awkward. One can note here that style, an evaluative concept, comes into play as reinforcement for a "logical" supposition, and the notion of evaluation; i.e, "style" becomes subsumed under the category of logic. Ironically, the gender-inclusive *they* doesn't solve the problem when it is used: The concept of male-as-norm is so ingrained in our thought that the plural-inclusive *they* is often mistaken as masculine as well.

Attempts to replace *man* with gender neutral or inclusive terms have also met resistance. For example, words like *personkind* as a substitute for *mankind* and *chairperson* for *chairman* have been criticized as unidiomatic and stylistically infelicitous. Such terms are often denounced as coinages reflecting a political agenda. Of course, this criticism rests on the assumption that there are "real" words, ones that haven't been coined and that this "real" language is apolitical. But the political investment of *he/ man* becomes obvious when one looks at how alternatives have been adopted. The first professional fields to incorporate gender-inclusive pronouns in their texts and documents were nursing and elementary education, traditionally female-dominated fields. As men began entering these fields in the early seventies, it was quickly determined that the pronoun *she*, commonly used to refer to the nurse or teacher, was inappropriate. This is not surprising since in English any application of a "female" term to a man is an insult. Further, it appears that many reject neutral terms that could apply to either sex. Hence, *person*, as a suffix, has come to indicate a woman; *Congressperson* will identify a female member of Congress while a *congressman* remains a "congressman." This nonparallel treatment suggests there are forces at work to preserve male status; opposition to equalizing language seems to increase when the terms define positions of power and authority. For example, *fire fighter*, *police officer*, and *mail carrier* in lieu of *fireman*, *policeman* and *mailman* are employed frequently by the media and in schoolbooks to refer to both men and women; but these are terms applied to service workers, the labouring class. When the position named is one of higher status, opposition to alternatives increases, even when the alternate is already an accepted part of the lexicon - the metonym *chair* for *chairman* is used informally, but still draws scorn from those who declare themselves "preservers of the integrity of the English language." *Representative* and *House Member* for *Congressman* are considered by many journalists "too long" to be used comfortably when referring to individuals, yet they are employed frequently in the plural. And, most recently, *first spouse* rather than the traditional *first lady* to identify Hillary Rodham Clinton often occurs in a context critical of the active role she has assumed under the new administration, i.e. she's not behaving like a lady.

The reluctance to employ neutral or inclusive language to identify males, particularly in professional roles, indicates, I think, a reluctance to accept women as equals within these roles.

Nonparallel Treatment

Even when men and women perform the same tasks or achieve comparable goals, there are distinct differences in the way these actions are described. Consider, for example, the sport of professional tennis. Although men's tennis is a faster game than women's tennis, the skills and strategies are identical. Serve-volleyers move up to the net following serve and attempt to return the volley before the ball bounces. Male serve-volleyers are typically described as "racing to the net", "charging the net", and "attacking at the net". Yet female serve-volleyers are described as "coming up to the net" or "approaching the net". Dynamic action verbs are much less likely to be used in reference to the female players. The same is true for baseline players, who attempt to control the volley from the far end of the court. Males "race along the baseline", "defend the baseline", and "dominate the court from the baseline". Females, however, "hug" or "cling to" the baseline. What is at work here is a pattern of language practices that ascribes power, speed, and aggression to men and denies the presence of these traits in the women. Not only are female tennis players portrayed as somewhat static athletes, but they are also less likely than their male counterparts to be presented in terms of their achievements. For example, two consecutive editions of *Tennisweek*, a major publication in the sport, featured on its covers Gabriella Sabatini and Goren Ivanisevic, respectively. The caption on the Sabatini cover reads "Too Soon for a Requiem?" and the accompanying article dwells on the difficulties Sabatini has been experiencing with her serve recently. The Ivanisevic cover asks "How Long a Maybe?" and the article predicts Ivanisevic is on the verge of becoming a major contender. Of course, one can reply that, indeed, Sabatini is in a slump and Ivanisevic is emerging from one. The point is that these articles are part of a much larger pattern that portrays women in a less favourable light, focusing on weaknesses rather than strengths. Thus, a woman who is playing well may find her achievements are subverted. As Martina Navratilova has stated: "Even when I win, it seems that I can't win. If the score is 6-2, 6-2, it's not because I've played well, but because my opponent was weak. But if the score is close, then it's because I haven't played well, not because I defeated a tough opponent." This from a woman whose career match record most likely will not be surpassed by any player, male or female.

Women's achievements and significance are sometimes diminished within the sentence structure itself. For example, sentences about male Olympic medalists follow a pattern of subject (name of athlete), transactional verb (defeated, won), object (opponent, medal). Sentences about female athletes are more often cast in passive voice and are more likely to place the player's name in a subordinate construction: "The U.S. scored another gold when the women's singles event was won by Jennifer Capriati," as opposed to "Marc Rosset thwarted Spain's quest for the gold when he defeated Jordi Arrese, winning his first medal." In the first case it is the United States, not the female athlete, receiving the credit, but in the second case, the male athlete is recognized for individual achievement (defeating an entire country), and it is suggested that he will continue to succeed (his *first* medal).

I have chosen examples of nonparallel treatment from sports because there is abundant material to analyze, and the emergent patterns indicate that the differences in language practices do not represent specific contexts or individual subjects, but are value-laden ways of writing about men and women in general, and this occurs in the academic disciplines as well, even when the subject is animal species. In "Androcentric Rhetoric in Sociobiology" Sarah Hoagland cites numerous examples that show how verb choices and voice maintain a concept of male dominance and aggression even when the male species assumes a less active role in hunting or mating.

Conclusion

Curriculum integration requires a rethinking and restructuring of the disciplines, and I think that to do this effectively, we must attune ourselves to how language conveys value as well as meaning. Current language practices construct a male-centred world in which women assume an inferior role; in order to reconstruct this world, we must become more sophisticated readers, and we must revise the ways in which we speak and write.

Zusammenfassung

Dieser Artikel wurde von einer Literaturexpertin verfaßt, richtet sich jedoch an Nicht-SpezialistInnen und stellt eine Reihe von Fragen, die sich auf die Konsequenzen von Women's Studies für die Literaturwissenschaft beziehen. Der Artikel besteht aus drei Teilen. Im ersten werden einige allgemeine Aspekte der Beziehung zwischen Women's Studies und dem Studium von literarischen Texten untersucht. Bedroht der Aufstieg von Women's Studies die Autonomie etablierter Fächer wie der klassischen oder modernen Literaturwissenschaft? Falls ja, sollte das als positives Zeichen interpretiert werden?

Bedeutet der multidisziplinäre Charakter von Women's Studies, daß ältere Einzeldisziplinen aus feministischer Sicht nicht mehr lebensfähig erscheinen oder kann innerhalb bestehender Fachgebiete konstruktiv gearbeitet werden? Wie kann die Spannung zwischen notwendiger Opposition und der Versuchung, sich zu integrieren, kreativ gestaltet werden?

Im zweiten und dritten Teil meines Vortrages geht es um spezifische Fragen der Vermittlung und Erforschung englischer Literatur aus der Perspektive von Women's Studies. Schwerpunkt ist hierbei die bekannteste Periode der englischen Literaturgeschichte: das Zeitalter Shakespeares.

Der zweite Teil beschäftigt sich mit der Bedeutung, die das Studium der frühen englischen Schriftstellerinnen, also "Shakespeares Schwestern" (ein Ausdruck, der von Virginia Woolf geprägt wurde) für Women's Studies hat. Worüber schrieben Frauen in England während der Renaissance und warum haben wir erst vor so kurzer Zeit von den Werken z.B. Aemelia Lanyers erfahren? Wie kann die Erforschung des Lebens dieser Frauen, ihrer Sprache, ihrer Werke, ihrer Leserschaft eine Rolle in den Women's Studies des 20. Jahrhunderts spielen?

Im dritten Teil wird dieses Thema aus der entgegengesetzten Perspektive beleuchtet: Welche Bedeutung können Women's Studies für das Studium der Werke Shakespeares und seiner Zeitgenossen haben? Wie haben die Inhalte von Women's Studies das traditionelle Bild der Literaturgeschichte und die Methoden der Literaturforschung verändert? Wie sollten Shakespeares Stücke selbst im Lichte von Women's Studies gelesen, vermittelt und aufgeführt werden?

Ziel dieses Artikels ist es nicht, klare oder detaillierte Antworten auf diese wichtigen Fragen zu liefern, sondern das Potential aufzuzeigen, das für beide Fächer aus der beginnenden Beziehung zwischen Women's Studies und englischer Literaturwissenschaft erwächst.

Helen Wilcox
Shakespeares Schwestern - Women's Studies und englische Literatur

Helen Wilcox

Shakespeare's Sisters: Women's Studies and English Literature

When Joanna Russ published her devastating account of the ways in which women writers have been ignored or marginalised across the centuries, she gave her work the witty title, *How to Suppress Women Writers*.[1] Such was the state of the relationship between traditional literary scholarship and women's studies at the time, that at least one reactionary male colleague claimed to miss the irony of the title and asked me for copies of this new handbook, as he saw it, to protect the discipline of English studies against the rise of feminist influence in the curriculum!

Ten years on, suspicion of women's studies (mainly through ignorance) has perhaps lessened a little, but tensions continue to exist between the older established arts disciplines -for example, my own field of English literature - and the challenging energies of women's studies. Which is the best way to proceed? If women's studies itself becomes established in an institution as an independent discipline with its own department, centre or institute (as in many universities), then there is a severe danger of limiting its influence upon the traditional subject areas such as classical or modern literatures, history, philosophy. Independent women's studies can be a wonderful thing: interdisciplinary in its nature, innovative, strong in its own rights and theoretical basis, making connections across disciplines which can undermine their over-safe autonomy. However, women's studies cut off from its sources in traditional academic enquiry can also find itself placed in an exile beyond the borders of other disciplines.

This is a problem on several counts. The original subjects and their patriarchal traditions are left untouched, while women are kept 'in their place', appeasing the consciences of the other departments but, by the very separateness of women's studies, containing gender questions in the old, imbalanced binaries. Thus women's studies, so appropriately associated with transgressing boundaries and stereotypes, might by its distinct identity be accused of upholding them.

If women's studies is not to have a place of its own, there are also problems, as the echo of Virginia Woolf implies; for her, the first pre-requisite for independent femininity was 'a room of one's own'.[2] Yet the integrative model is the one followed by women's studies in many academic institutions where interest in women's studies grew up within other disciplines and took root within existing structures. There are, of course, strengths to be found in a movement which integrates with older disciplines, thereby altering them and changing their perspectives. Subjects are transformed from within, slowly but fundamentally, and women's studies issues cannot be ignored or sidelined. But if the radical questioning initiated and undertaken by women's studies is absorbed into the work of, say, an English literature department, the drawback is that the feminist focus may cease to be visible as a distinctive ingredient in the scholarly recipe. The gender-based enquiry which characterises women's studies may become one, very useful, method among the many techniques and theories used in the contemporary analysis of literary texts. Women's studies would no longer be marginal, but might be so near to the centre as to become invisible.

My own experience has been in universities where the work of women's studies has been spread thinly but evenly across the range of arts departments, largely because it has developed organically from individuals within a variety of disciplines. Rather than splitting from its origins in order to set up a separate women's studies base, this feminist presence has been effective by remaining at work within the existing subject boundaries, improving the gendered research in each defined subject while at the same time destabilising the definition. The feminist project (or projects, pluralism being more appropiate in this context) has to remain sharp, unsettling, even oppositional, in order to continue to be visible. As I hope to show, this approach is far from destructive and can in fact be mutually productive for the existing discipline and for women's studies.

As a teacher and researcher of English literature from the early modern period, I am confident that the sort of work done by me and my feminist colleagues and students inside the confines of an English department can help to shape the future attitudes and achievements of the wider women's studies project of which we are indirectly a part. Take the richest period of English literary history, the Renaissance, the age of Shakespeare; what contribution can feminist research into this early modern English writing make, particularly towards the growth of women's studies?

Until recently, it was assumed that the era of Shakespeare and Ben Jonson, Philip Sidney and John Donne was a period of male achievement in the arts and especially in literature. The popular, and not totally inaccurate, modern image of this literary age was of male poets writing love sonnets, male actors playing Hamlet (and Ophelia too), and male writers debating and defining the new world order between them. It was asserted by modern literary historians that women were then only fit to be the created object of a writer - a character, a beloved, any passive beauty admired and constructed in the lines of a text. Women were not considered as creators themselves, but created objects.[3] Virginia Woolf most famously suggested the impossibility of finding a writer's imagination comfortably accommodated within a woman's body when she told the tragic story of the imagined sister of Shakespeare (in *A Room of One's Own*), a woman for whom writing and living were incompatible. Indeed, it certainly was thought to be unnatural, unfeminine, dangerous, blasphemous, or various combinations of these, for a Renaissance woman to put pen to paper creatively. Perhaps the apparent absence of writers among 'Shakespeare's sisters' was simply an understandable historical phenomenon.

But the impact of feminist criticism in the last two decades has been radically to alter this picture of the English literary Renaissance, thanks to the work of feminist literary archaeologists who 'dig' for hidden literary treasure and feminist interpreters who re-read what was already known but previously dismissed. We now know that Shakespeare did indeed have a considerable number of literary 'sisters', who wrote poetry and prose, secular as well as religious texts, public as well as private writings, and original as well as translated works. One particularly fascinating case is that of Aemilia Lanyer, author of a volume entitled *Salve Deus Rex Judaeorum* which was published in 1611. Her story is interesting not only because of the boldness of her decision to publish her poems at a time when so much work by women writers remained in the safer privacy of manuscript, but also because of the way she has been treated by modern literary history. Lanyer's work originally came to light in a 20th century edition because the popular historian A.L. Rowse had a theory that Lanyer was the original for the 'dark lady' of Shakespeare's sonnets. Thus, even when her work was made available to modern readers, it was not in its own right but almost accidentally, its interest apparently lying in the ostensible fact of its connection to the great male writer of the day. Such are the ironies of women's literary history.

Interest in Lanyer's work is now running very high, since *Salve Deus* is an intriguing work combining dedications to a galaxy of important Jacobean women, probably the first English 'country house' poem, and a long religious poem containing within it a defense of the activities of Eve in the Garden of Eden. At a stroke, this slim early 17th century volume by an otherwise unknown female writer has substantially altered our understanding of female literary patronage, the origins of an important poetic genre, and the state of the debate over original sin and sexual politics in the 17th century. Quite an achievement!

This new and exciting attention given to the work of an early 17th century English woman writer has evidently changed the English literary landscape in that period and affected those working in the discipline of English studies. But what does it have to do with women's studies? I would suggest that the discovery of the work of Lanyer and her 'sisters', who wrote autobiography, devotional verse, love poetry and many other genres, has a lot to offer to women's studies in the wider context. It tells us, of course, a great deal about women's lives in that historical period: their experiences of motherhood and loss, for example, poignantly recorded in the elegies written by mothers for their children who died in infancy.[4] But the evidence does not fall simply into the category of social history and understanding of family relations. These texts alert us to female creativity, to modes of expression available to women in this period, and to the interplay of language and silence which has always been central to the ideology of femininity. Lanyer's work also gives an early modern example of women fighting back: in addressing female rather than male patrons, she asserts a community of writing and reading women, and in defending Eve for eating that first apple, she contributes a contrary voice to an often one-sided debate over sexual roles, guilt and responsibility.

There is, unfortunately, insufficient scope here to examine Lanyer's work in detail.[5] But discoveries of this kind, specific to a localised area of a particular discipline, are vital for the larger picture of pioneering women's studies. Not only does feminist literary criticism retrieve important material from oblivion, and raise significant questions concerning women's lives and self-expression; it also contributes in a more intellectual than material way to the women's studies debate. In the case of Lanyer, for example, reading her work can make us aware of the need to challenge some prevailing assumptions in women's studies. The most important of these is the role of religion in women's lives. Women's studies has often tended to take a heavily secular approach to the liberation of women, regarding religion (understandably, perhaps, in the light of the Eve inheritance) as a negative factor in women's history and experience. This has led to a concentration on women's escape from religious influence, rather than the analysis of its effects. Reading the work of Aemilia Lanyer, which might be described as both feminist and spiritual in its outlook, enables us to consider the compatability of those two adjectives, particularly in the early modern period. The Bible may have been used to keep some women silent, but to others it gave language, a voice and a vision. An undervaluing of the spiritual dimension and the potential, as well as restriction, that it offers to women can seriously weaken current feminist research.

The work now being done on early modern English women writers such as Aemilia Lanyer clearly has a part to play in the arena of women's studies at practical, theoretical and methodological levels. But if we look at the relationship between the disciplines of English literary studies and women's studies from the opposite angle, we need to ask what women's studies can contribute to work on, for example, Shakespeare. The answer to the question is, a great deal, and this is not surprising when we consider the richness of the topic and the dynamism of women's studies. The challenge brought to Shakespearian criticism by feminist enquiry ranges from fundamental research into the historical circumstances of women in the age of Shakespeare, to psychoanalytical analysis of the role of the Other in his works. Although careful reinterpretation of the representation of women in the plays has always been an important aspect of Shakespearian women's studies, the newly gendered criticism has also generated an awareness of the plays' underlying metaphoric schemes based on gender difference. Thus from text to ideology, and playhouse to play structure, women's studies brings its influence to bear on the academic industry known as Shakespeare studies. Discussions of the intervening history of Shakespeare's drama, both in stage revivals and in editions of the texts, are also beginning to consider the impact of the shifting view of femininity in different periods, perceiving that the heroine for one generation could become the shrew for the next. Understanding why this might be is the task of Shakespeare criticism under the influence of women's studies.

The case of *Macbeth*, Shakespeare's famously violent Scottish tragedy, provides an interesting example of the range of questions which feminist criticism might raise about a familiar text. Although the world of the play is divided along English and Scottish lines, there is another, almost more significant, binary operating in the action, and that is male vesus female. At first the contrast is stark - battlefield and blood versus domesticity and milk - but as the play progresses the stereotypes of male and female are reversed and come to taunt (and haunt) Macbeth and his wife. He is accused of a womanly lack of ambition, and she of masculine determination, and more striking still is the verbal attack on her own femininity which Lady Macbeth unleashes, asking the powers of nature to 'unsex' her and take away all her maternal instincts to 'remorse'.[6] In the meantime, Macbeth is drawn into murder through the messages of the 'weird sisters', the three witches whose ambiguous sexuality reflects the equivocal nature of so much else in the play but who at the same time suggest the idea of a hero tempted into evil by female influence. The play's language is full of metaphors of choking or suffocating in the darkness, and of unnatural birth; it is dominated by images of new-born babies, often violently slaughtered. It ought to be impossible to read or see this play without being drawn into consideration of society's constructions of femininity, of power and sexuality - parenting the state and actual children - and the prevailing maleness of tragedy as a genre. We also need to ask ourselves why it was Lady Macbeth whose hands would not come clean after the murder of the king, and why her part, with its implications of the unnaturalness of female dominance, was so popular among the leading actresses of Victorian England. The questions - textual, psychological, dramatic, cultural - are endless.

The relationship between women's studies and English literature, or any other distinctive discipline in the arts, can thus constitute a fruitful two-way traffic of ideas and influences. As the case of *Macbeth* has shown, the intervention of feminist thinking can lead to reconsiderations of the major works, and critical premises, of the literary canon. The discovery of women writers such as Aemilia Lanyer, who was publishing her poetry at the same time as Shakespeare's plays were being performed, leads to a reconsideration of the larger contours of literary history.

Should women writers have a room of their own, or should the canon expand to include them? Does the feminist critical challenge mean that the idea of a fixed literary canon of great works is itself now outdated, discredited as a masculinist elitism? How far are our judgements of texts gendered, too? Can literary criticism adopt the deliberate academic self-consciousness which women's studies seeks to bring to the surface?

The interplay of Shakespeare and Shakespeare's sisters (so to speak), of the traditional disciplines and women's studies, is a continuing and evolving relationship. The tension between opposition and integration will continue to be controversial, but out of this uncertainty both the old and the newer studies are sure to benefit.

Notes

1. Joanna Russ, How to Suppress Women Writers, Austin: University of Texas Press, 1983.
2. Virginia Woolf, A Room of One's Own, London: Hogarth Press, 1929.
3. A fine examination of, and challenge to, this mode of thinking about women and writing is to be found in Susan Gubar, '"The Blank Page" and the Issues of Female Creativity', in Elaine Showalter, ed., The New Feminist Criticism, London: Virago, 1986, pp. 292-313.
4. See Germaine Greer, Jeslyn Medoff, Melinda Sansone and Susan Hastings, eds., Kissing the Rod: An Anthology of 17th Century Women's Verse, London: Virago, 1988.
5. For further reading, see, for example, Elaine V. Beilin, Redeeming Eve: Women Writers of the English Renaissance, Princeton: Princeton University Press, 1987, or Barbara K. Lewalski in Silent But For the Word, ed. Margaret P. Hannay, Kent State, 1985.
6. William Shakespeare, Macbeth, I.v.38,41, in Complete Works, ed. Peter Alexander, London: Collins, 1951.

Hannelore Scholz

Ost-West-Widersprüche als Problem kultureller Reflexion in Texten von Blaga Dimitrowa und Monika Maron

Der gegenwärtige Angleichungsprozeß Ostdeutschlands an westdeutsche kulturelle, politische und soziale Normen und Muster provoziert für Frauen in Ost- und Westdeutschland eine Reihe von Widersprüchlichkeiten. Diese deutsch - deutschen Prozesse sind im Zusammenhang mit europäischen Modernisierungstendenzen zu sehen. Im Zuge dieser Transformationen ist ein kompliziert verlaufender Individualisierungsprozeß in Gang gebracht, der die gelebte Frauenalltagskultur Ostdeutschlands und Osteuropas radikal verändert.

Mich interessiert, ob und wie sich diese Widersprüche in Texten schreibender Frauen niederschlagen. Um ein möglichst breites Spektrum erfassen zu können, habe ich Autorinnen ausgewählt, deren politische Standpunkte unterschiedlich sind.

Auf der ersten Demonstration des demokratischen Umbruchs im November 1989 in Bulgariens Hauptstadt Sofia wurden zwei Bücher wie Plakate getragen: das Buch "Der Faschismus" von Schelo Schelew und "Das Gesicht" von Blaga Dimitrowa. Schelo Schelew ist der heutige Präsident Bulgariens, und Blaga Dimitrowa war bis zum Sommer 1993 Vizepräsidentin.

Auch Christa Wolf war aktiv in die politischen Vorgänge des Herbstes 1989 in der DDR eingebunden. Sie schrieb die Präambel für die neue Verfassung und sprach am 4. November auf dem Alexanderplatz über die Schwierigkeiten der anstehenden Demokratisierungsprozesse in Deutschland und Europa. Beide Autorinnen waren in ihren Ländern Systemkritikerinnen[1]. Sie wußten um ihren Rang als moralische Instanzen.[2]

Während aber Christa Wolf von 1963 bis 1967 Kandidatin des ZK war und auch kurzzeitig für die Staatssicherheit arbeitete, war Blaga Dimitrowa als Parteilose vielen Anfeindungen ausgesetzt und galt als Dissidentin. (Ihre frühen Loblieder auf Stalin sind historisch einzuordnen.) Im Gegensatz dazu hat Monika Maron die DDR-Verhältnisse nicht nur kritisiert, sondern das Land verlassen. Ihre Position ist die eines "Flüchtlings" (Maaz).

Mein Interesse richtet sich auch darauf, ob sich ästhetische Konsequenzen durch diese politischen Differenzen als Zeichen von weiblicher Identitätssuche in ihren Texten ergeben. Im Mittelpunkt stehen die Texte "Elmaz", "Das Gesicht" und

Essays von Blaga Dimitrowa; "Was bleibt", "Das Leben der Schildkröten in Frankfurt / Main" und "Nagelprobe" von Christa Wolf; "Stille Zeile sechs" und "Nach Maßgabe meiner Begreifungskraft" von Monika Maron. Anhand einer exemplarischen Auswahl von Texten soll den Veränderungen in der ästhetischen Präsentation von weiblicher Subjektivität nachgegangen werden, d.h. die Hauptfiguren bzw. Erzählerinnen werden in bezug auf Subjektwerdung, Gesellschafts- und Geschlechtsbewußtsein in ihren Wahrnehmungen, Erinnerungen und Erfahrungen analysiert. Die Ost-West-Widersprüche sollen dabei inhaltlich, thematisch und strukturell charakterisiert werden.

Die feministische Diskussion um verschiedene Subjektmodelle sehe ich in einer Traditionsreihe philosophiegeschichtlicher und theoretischer Modelle, insbesondere in der deutschen Romantik und Klassik, und beziehe mich hier auf Jessica Benjamins Definition.[3] Für sie ist die weibliche Subjektwerdung ein Prozeß der Balance von Identität und Differenz, ohne daß das Andere, das Fremde bei der Identitätssuche nivelliert wird. Der breite Differenzierungsprozeß des Ich basiert bei ihr auf einer eher dialogischen bzw. polyphonen Struktur, die zwischen Eigenem und Fremdem solcherart vermittelt, daß die Existenz des Fremdartigen im Ich bestehen bleiben kann.

Damit hält die Kritik Benjamins am traditionellen Subjektmodell eine besondere Dimension offen: Die weibliche Subjektwerdung bietet die Möglichkeit, mit anderen Subjekten und der Welt in Austausch zu treten, ohne die Existenz des Fremden / Anderen als Teil des Ichs zu definieren und damit die Differenz zu neutralisieren.

Diese einführenden Bemerkungen sind für die Methode der Analyse von Subjektkonturen im Zusammenhang von Gesellschafts- und Geschlechtsbewußtsein in Texten der Autorinnen auch deshalb wichtig, weil durch das weltweite Scheitern des sozialistischen Systems eine Krise des Weltbildes eintrat. Als These vorausschicken möchte ich auch noch, daß Begriffe von weiblicher Subjektivität und Individualität bei allen drei Autorinnen mit einer gesamtgesellschaftlichen Verantwortung verbunden werden. So äußert sich Christa Wolf: "Rückhaltlose Subjektivität kann zum Maßstab werden für das, was wir (ungenau, glaube ich) 'objektive Wirklichkeit' nennen - allerdings nur dann, wenn das Subjekt nicht auf leere Selbstbespiegelung angewiesen ist, sondern aktiven Umgang mit gesellschaftlichen Prozessen hat."[4]

An diesem Punkt wäre aufzuzeigen, wie sich Ost-West-Widersprüche in einem Subjektmodell markieren lassen, das gesellschaftlich relevant sein soll und geschlechtsspezifisch gedacht ist. Dazu äußert sich Christa Wolf: "Ich glaube, es muß tatsächlich damit anfangen, daß man sich selber erfährt, sich zuläßt, sich anblickt und das aushält; das wäre eine sehr individuelle Antwort auf die Frage, was können wir machen."[5] Und Blaga Dimitrowa: "Wer bin ich eigentlich? Zeugin?

Mitbeteiligte? Opfer? Ans Kreuz genagelt zwischen dem, was ich war und dem, was ich bin, gespalten in zahlreiche Wesenheiten, bin ich ein Ganzes wie nie zuvor."[6]
Monika Maron artikuliert ihre Wahrnehmung dieser Zusammenhänge ironisch-polemisch: "In der DDR ist nichts weniger abwesend als die DDR...und trotzdem schliert und glibbert und wabert zwischen allem das, ja was eigentlich, eben das, was manche ihre Identität nennen, andere einfach früher unter Kaiser; früher unter Adolf, früher unter Erich... Ich dachte immer, eine besondere Art Kirschkuchen zu backen oder sich die Nase zu putzen, hätte mehr mit der Identität zu tun als die städtebaulichen Stümpereien verrückt gewordener Diktatoren, denen man unglücklicher Weise als Bevölkerung dient."[7]

Leben vom Anfang an am Ende oder die Suche nach dem Gesicht

Die künstlerische Biographie von Blaga Dimitrowa ist von frühen Anfängen markiert - ähnlich wie bei Christa Wolf.
Sie war als Tochter eines Anwaltes und einer Lehrerin in Veliko Tirnovo (Bulgarien) aufgewachsen und hatte schon in Schüler- und Studentenzeitungen erste poetische Versuche veröffentlicht. Ihre politische Haltung hat sie selbst im Interview mit mir als jahrelanges "Dissidententum" bezeichnet. Sie war nie Mitglied der kommunistischen Partei Bulgariens und hat sich allen politischen und gesellschaftlichen Funktionen bewußt entzogen. Ihre Offenheit und ihr Mut in Bezug auf das Leben unter totalitären bulgarischen Verhältnissen verblüfften mich. Allerdings gehörte sie einer Generation an, die den Krieg bewußt erlebt hat. Sie sprach von einer "antifaschistischen Lebensart", die sich neben dem politischen Widerstand auch als "Anti-Salon-Haltung", gegen eine traditionell weibliche Lebensform als "Mentalität des Damenhaften" richtete.[8] So versteckten sich bei ihr Juden und Antifaschisten, und sie kämpfte mit anderen bulgarischen Intellektuellen gegen den Abtransport der Juden in Lager.[9]
Diese Erfahrungen ergänzten nach ihren eigenen Aussagen die Suche nach einem "neuen Frauenbild". Als sie 1946 als Aspirantin nach Moskau delegiert wurde, empörte sie das dort vorherrschende Weiblichkeitsmuster, so daß sie in den ästhetisch - kulturpolitischen Widerstand ging. Ihr Mittel wurde die Sprache, das vorherrschende Genre die Lyrik. Die Desillusionierung über das wahre Gesicht des Stalinismus setzte später ein.
In ihrer Lyrik ist eine poetische Methode dominant, die das lyrische Ich ins Spannungsfeld zur Wirklichkeit setzt. So konnte sie die neuen moralisch-ethischen Aspekte an das Ich binden. Das weibliche lyrische Ich kann die eigene Distanz zum Ideal durch das Aufhellen seiner inneren geistig-emotionalen Welt gewinnen und die Reibungen mit der Außenwelt thematisieren.

Die Sichtweise nur an ein Ich zu binden, schien ihr Ende der fünfziger Jahre als zu eng, um die neuen Widersprüche gesellschaftlicher Art ästhetisch zu reflektieren. Die Prosa hielt ein breiteres Probierfeld bereit. Schon der erste Roman "Patuvane kam sebe si" ("Reise zu sich selbst") 1965, der stark autobiografische Züge trägt, erkundet eine neue Schreibweise. Ihr zweiter Roman "Liebe auf Umwegen" weist dann auf eine Weiterentwicklung neuer epischer Strukturen hin.

Bemerkenswert ist, daß dies zeitgleich mit Christa Wolfs Entwicklung einer "subjektiven Authentizität" als Schreibweise im Roman "Nachdenken über Christa T." liegt und folglich m.E. etwas über den Stand gesellschaftlich-individueller Entwicklungsprobleme in beiden Ländern aussagt.

Sowohl im ersten Roman als auch in der "Lawine" werden die Männer- und Frauenfiguren in ihrem widersprüchlichen Gesellschafts- und Geschlechtsbewußtsein aufgezeigt. Die Autorinnenperspektive bleibt wie bei Christa Wolf an die weiblichen Hauptpersonen gebunden, aber sie sind im Sprech- und Reflexionsakt polyphon. Es gibt keine eindeutig subjektiven Identitäten, folglich auch keine diesbezüglichen Zuschreibungen. Die Ich-Du-Wir-Positionen wechseln ständig. Dadurch entsteht eine Ironie und Satire spezifischer Art mit einer Tiefendimension, die ich "subjektive weiblich - moralische Analyse" nennen möchte.

In seinem Aufsatz "Was ist ein Autor?" hat Michel Foucault mit den zwei Fragen "Wer spricht" und "Wen kümmerts, wer spricht?" zwei verschiedene Fragenreihen verbunden.

Die Zwei- und Mehrdeutigkeit vieler Stellen in Blaga Dimitrowas Lyrik und Prosa verschiebt die Antworten auf diese Fragen. Wenn ein Satz, eine Aussage von mehreren Stimmen stammen könnte, dann entwickelt sich eine neue Art Tiefe, anders als die "Tiefe seiner selbst". Es wird dann das Problem von Identität - Authentizität und Originalität als schwebend bemerkbar. Hinzukommt, daß Blaga Dimitrowa der zweiten Fragenreihe Foucaults nicht folgt; sie stellt vielmehr eine eigene Fragenreihe auf. Die Frage an sich aber wird fragwürdig, weil man nicht immer *eine* Antwort finden kann. Damit ist in Blaga Dimitrowas Texten das Aufzeigen und Charakterisieren von Identitäten ambivalent, Stimmenübergänge sind Grenzüberschreitungen.

An dieser Stelle können die Romanfiguren nicht ausführlich analysiert werden. Zusammenfassend läßt sich folgendes feststellen:

In den Romanen "Liebe auf Umwegen" und "Lawine" werden die Männer- und Frauenfiguren dualistisch aufgebaut. Bojan ist Repräsentant des totalitären Staats- und Parteiapparates Bulgariens. Er schien sich nur einseitig-rational zu orientieren. So gerieten Bojan und Neda bereits in ihrer Jugend in Konflikte, die sich bei ihrem Treffen in der Mitte des Lebens in verstärktem Maße bemerkbar machen. Diese Unterschiede gehen bis in die Berufswahl (Wirtschaftswissenschaftler und

Archäologin) hinein und sind auch in der "Lawine" bei Dara und Assen zu finden. Ein Bruch ist in ihrem Roman "Das Gesicht" bemerkbar.

Ihren Essay "Die neue Alienation im Spiegel der posttotalitären Sprache" beginnt Blaga Dimitrowa wie folgt: "Meine Generation in Bulgarien hat ihr Leben in Unfreiheit gelebt. Aber jedes Wort, die Andeutung der Wahrheit fand ein Echo in unserem geschlossenen Raum. Die heutige Wende zur völligen Freiheit des Wortes irritiert uns wie der Sprung von einem Planeten auf einen anderen. Die Worte verlieren an Gewicht, ihre Beständigkeit schmilzt wie der Schnee im Frühling."[10]
Es beginnt das mühevolle Suchen nach einem neuen "Gesicht"[11]. Dieses ist markiert von unerledigten alten Widersprüchen und neuen gesamteuropäischen.

Eine Reihe von Ost-West-Problemen und Widersprüchen hat sie in ihrem Essay-Band "Herausforderungen" (Predizvikatelstwa) thematisiert. Er dokumentiert ihr Ringen um eine Demokratisierung in Bulgarien und umfaßt viele Bereiche des gesellschaftlichen Lebens. Für sie persönlich brachte diese Zeit einen Biographiebruch von enormem Ausmaß mit sich: Von der anerkannten Dichterin zur Politikerin und Vizepräsidentin.

Am deutlichsten zeigen sich Ost-West-Widersprüche an der Umfunktionierung des "Sisyphus-Mythos"[12]. Im Sisyphusbild erschafft sie ein Gleichnis ihrer eigenen Situation. Sein Stein ist "erstarrte Geschichte". "'Dabei ist das gar kein Stein, sondern ein Bruchstück erstarrter Geschichte, ein Konglomerat aus Demütigungen, Kämpfen und Leid, zu Marmor gewordener Tränen, Blut und Schweiß, das versteinerte Schicksal des Volkes."

Der Aufbruch des Volkes zum Abstreifen seines versteinerten Schicksals orientiert sich am westeuropäischen Europakonzept. In ihrem Essay "An der Schwelle des gemeinsamen europäischen Hauses" beschreibt sie angesichts des Fallens der Berliner Mauer auch die Ängste, die damit einhergehen: "Die Berliner Mauer stürzt. Aber nicht ganz. Es steht uns bevor, in uns selbst Stein für Stein niederzureißen. Sie ist immer noch quergestellt, taub und monströs, in unseren Seelen, in unserem Bewußtsein und in unserem Unterbewußtsein. Sie trennt uns weiter mit ihren Vorurteilen und mit ihrem Mangel an Vertrauen. Das Erbe der Spionagemanie ist ungeheuer. Es wird uns noch viel Mühe, Willen und Zeit kosten, bis wir es überwinden..."[13]

Blaga Dimitrowa erkannte die Schwierigkeiten, die sich bei der europäischen Ausgleichung von Ost und West ergeben sollten. Sie setzte alle Hoffnung auf die KulturträgerInnen der neuen Nationen; auf Toleranz im Umgang mit fremder Kultur, auf Humanität, die Eigenes im Fremden und Fremdes im Eigenen zuläßt. Ihr Haus Europa basiert auf einer Akzeptanz von Nationalität und Internationalität. Die Literatur hat in diesen Demokratisierungsprozessen neben einer identitätsstiftenden Funktion eine wichtige aufklärerische Arbeit zu leisten. Sie soll Vergangenes ästhetisch durchdringen, das Gewordensein charakterisieren und gleichzeitig eine Basis für Zukünftiges sein, teilhaben am Projekt eines gemeinsamen, freien Europas.

Die Veränderung des Funktionsverständnisses von Literatur reflektierte auch Christa Wolf in ihrer Erzählung "Was bleibt". Wie die bulgarische Autorin problematisierte sie den Umgang mit Sprache. Beide setzten auf eine neue Sprache, denn "jede gesellschaftliche und politische Wende bringt eine für sie typische Sprache und einen eigenen Stil mit sich"[14]. Während die Sprachkritik bei Christa Wolf im Suchen nach der neuen wirklichen Sprache endet, kritisiert Blaga Dimitrowa die neuen Regeln posttotalitären Neusprechens wie bei Orwell: "Die Pathetik der Rednerbühne. Wahrheiten aus letzter Instanz. Aggressivität. Das Nichtgeltenlassen anderer Meinungen. Urteile in Schwarz und Weiß, ohne Nuancen, ohne Schaftierungen. Demagogie. Wiederholungen. Klischees. Nur der Humor, oft ziemlich ungehobelt und doch erfrischend, wirkt ein wenig belebend. Wir befinden uns in einem sprachlichen Teufelskreis."[15]

Diese Bestandsaufnahme bezeichnet einen Differenzpunkt zu Christa Wolfs Äußerungen. Die "Verwestlichung" der ostdeutschen Alltagskultur trägt nach ihrer Meinung konservative Züge, und die Verwandlung der Sprache als Mittel der Verständigung, als Werkzeug des Hasses nimmt sie nicht wahr.

Blaga Dimitrowa sieht im Gebrauch der alten und neuen Superlative die sprachliche Rechtfertigungsstrategie bulgarischer Kommunisten, die ihrer Meinung nach erneut Feindbilder brauchen und diese sprachlich konturieren (Extremisten, Neofaschisten, Neostalinisten, Terroristen). Sie beschreibt Selbstentfremdungstendenzen auch im Sprachraum. (Gedicht vom 1. November 1990 "Superlativ")

Ein weiteres Problem osteuropäischen Angleichens an Westeuropa bezeichnet sie in ihrem Essay "Frauen an der Macht". Sie fordert Machtformen für Frauen, die allerdings eine gewandelte Einstellung der Frau zur Macht voraussetzt. Die Frauenfrage wird bei Blaga Dimitrowa gemäß der kommunistischen und sozialdemokratischen Tradition als soziale Frage behandelt und folglich dem Gesamtgesellschaftlichen des Patriarchats untergeordnet. Aus diesem Grunde beschäftigte sie sich kaum mit geschlechtsspezifischen Fragen.

Ihren eigenen Wandel von der Dichterin zur Politikerin problematisiert sie in "Der Dichter als Dissident - Mythos und Endmythologisierung" und in dem Text "Wenn - Die Fragezeichen". So wird ihr zwangsläufig zum Problem, wie die Erneuerung Bulgariens aussehen soll. In ihrem Text "Europa, wo sind wir uns begegnet" formuliert sie Ängste in bezug auf mögliche neu entflammte und entflammende ethnische Auseinandersetzungen. Ihre Geburtsstadt Veliko Tirnovo, mit den Malern, die aus aller Welt kamen, wird als interkulturelles europäisches Zentrum der 20 / 30er Jahre beschrieben, wo das Fremde auch das Eigene ist und das Eigene das Fremde sein kann.

Anders-Sein-Können, Fremdes anerkennen können wird der höchste, wichtigste Wert. Damit entwickelt sie ihre Befürchtung, daß die Freiheit eine ist, die nicht zwangsläufig auch zur Selbstbestimmung der bulgarischen Nation führen muß, denn "Das neueste 'Image' unseres Landes - es hat kein Gesicht, kein Antlitz, es braucht ein importiertes 'Image'."[16]
So setzt sie auf Entwicklung von nationalen Besonderheiten Bulgariens, die Fremdes, Anderes, nicht auf dem Balkan Gewachsenes einschließt. Ihre subjektive Erfahrnng mit der Bulgarisierung bulgarischer Türken gehört in diesen Erfahrungskreis. In der Erzählung "Elmaz" beschreibt sie die Progrome: "Panzerwagen ratterten durch friedliche Dörfer. Bewaffnete Horden drangen in die Häuser unserer türkischen Landsleute und zwangen sie, ihre Namen unter dem Segen vorgehaltener Gewehre zu ändern. Wer Widerstand leistete, wurde bis zur Bewußtlosigkeit geschlagen und - ins Gefängnis geworfen. Schließlich trieb man 300.000 Personen wie eine Horde 'zu einem Ausflug' in die Türkei."[17]
Der poetische Einfall in Blaga Dimitrowas Erzählung "Elmaz" ist für unseren Gegenstand aufschlußreich. Die Ich-Erzählerin erhält einen Brief einer jungen türkischen Frau, die Elmaz hieß und sich nun Blaga nennt, weil sie hoffte, dieser Name werde ihr helfen, durchzuhalten. Daraufhin entschließt sich die Erzählerin ihren Namen in Elmaz zu verändern. "Ich nannte mich Elmaz." Und es war eine heimliche Taufe "in einer einsamen Kapelle am Kreuzweg der Angst und des Gewissens. Als Taufbecken diente mir ein Taschenspiegel. Mein Antlitz suchend, versenkte ich mich in seine kühle, glänzende Tiefe"[18]. Der Hintergrund für die notwendige Namensänderung bilden die politischen Repressalien im Zusammenhang mit der Änderung der Namen für die Türken. "Der stärkste Protest der unterdrückten Menschenwürde waren einige unwahrscheinliche Tatsachen: Mütter töteten ihr Neugeborenes, damit es keinen fremden Namen trüge."[19]
Im Prozeß der Suche nach dem unverwechselbaren Profil ist dieser erste Teil eine Art Einführung in das Geschehen. In vierzehn Teilen wird nach den "Zeichen der Identität" (so der Titel des letzten Abschnittes) gesucht.
Im Unterschied zur jugendlichen Elmaz ist Blaga über siebzig Jahre alt. Die Namensänderung ist außerdem eine von Blaga selbst gewählte. An ihrem ersten Geburtstag muß sie es erfahren; ohne Feindbilder hat sie ihre Identität verloren, sie hat keine Biographie, folglich keine Vergangenheit. Sie muß, um diese zu gewinnen, sich selbst denunzieren. "Elmaz ist ein falscher Name, hinter dem sich eine ältere bekannte Schriftstellerin verbirgt, die sich aus ihren Sünden herauswinden will. Was für Sünden? Kaum eine andere Zeit kennt wohl dieses Phänomen: daß ein Dichter sich seiner Gedichte schämt, danach dürstet, sie zu vernichten. Anstelle von Unsterblichkeit, behaften sie ihn mit einem lebenslänglichen Schandmal. Warum? Weil er so naiv war, in feurigem, jugendlichen Glauben eine Utopie zu besingen. So wurde er zum moralischen Mitbeteiligten an den Verbrechen."[20]

Um sich von dieser Schande zu reinigen, ändert sie ihren Namen. Erst als Elmaz in der Position der Anderen kann sie ihre eigene Schreibposition in den Rhodopen analysieren und sich selbst als unschuldig-Schuldige mit all den Folgeerscheinungen begreifen. Auch ihre erste Liebesbeziehung, die nicht wirklich werden konnte und ihre ständige Liebessehnsucht werden im fiktiven Dialog mit Elmaz einer Kritik unterzogen. Die Stimme der Liebessehnsucht - verkörpert durch Elmaz - als das Andere der sozialistischen Gesellschaft wird erfahrbar als das "Unerklärliche". Im Prozeß der "schmerzhaften Subjektwerdung" (C. Wolf: "Kassandra") von Elmaz muß sie im weiteren Pathos und Sentimentalität abstreifen. Der neue Entwurf von sich als der Anderen war zunächst eine im Effekt politische Arbeit an weiblichen Erfahrnngs- und Wahrnehmungsperspektiven in der Literatur. Der Text beschreibt die Befreiung aus gewohnter Lebenssituation vor allem als Befreiung von sich selbst: "Ich befreie mich von mir selbst, wie der Wolf in der Falle sich die Pfote durchbeißt, um sich vom Eisen zu befreien. Um dann in die größere Falle des Waldes, der Weite, der Welt zu geraten."[21]
Der Prozeß der Individualisierung wird hier in seiner Widersprüchlichkeit bezeichnet. Selbstbefreiung ist sinnlos, wenn der äußere Rahmen zu starr bleibt. Erst im Traum - wo die Selbstkontrolle und die Kontrolle der Geheimdienste aufhört - kann sie Vertrauen gewinnen. "Ich komme, Mutter!" wird als Gewißheit formuliert; allerdings im letzten Teil "Zeichen der Identität" als Traum gedeutet. Der Text verhält sich zum Teil skeptischer gegenüber den Authentizitätsmomenten, da eines seiner wichtigen Momente die Auseinandersetzung mit der bestehenden Sprache ist. Einerseits versucht sie durch Verfremdung dem alltäglichen Sprachgebrauch der Superlative zu entgehen. Problematisch ist dabei vor allem der Glaube an die befreiende Bedeutung neuer Wörter, ein Sprachoptimismus, der durch sich keine neuen Inhalte andeutet. (Bereits I. Bachmann kritisierte in den "Frankfurter Vorlesungen" und im Erzählungsband "Das dreißigste Jahr" gründlich diese Annahme.)
In dieser Erzählung, geschrieben 1989, zieht Blaga Dimitrowa eine Bilanz ihres Lebens: "Je fanatischer die Herabwürdigung meiner Person ist, umso mehr wächst mein Selbstgefühl, meine Hartnäckigkeit. Ich halte durch, man wird mich nicht zerbrechen. Ich bin - das ist das Zeichen meiner Identität."[22]
Das "Gesicht" wurde aus diesem Grunde bei Blaga Dimitrowa zum Symbol für ein Zeichensystem von unverwechselbaren individuellen Zügen.[23]

Das neue Elend weiblicher "Zonophobie" oder Leben lernen in der Fremde

Monika Maron hat sich sehr polemisch zum Verhalten der Ostdeutschen geäußert. Sie bestreitet einerseits in ihrer jüngsten Äußerung der "Zeit"-Umfrage: "Sehnsucht

nach der DDR?"[24] eine kulturelle Identität der DDR-Bürgerinnen; entdeckt dann aber paradoxerweise, daß die DDR-Kultur immer noch existiert.
Die DDR ist ökonomisch und politisch gescheitert; aber m.E. kann eine Kultur des Volkes nicht scheitern; sie kann durch politische, ökonomische, soziale Spannungen Veränderungen unterliegen. Wenn diese Prozesse dann besonders rasant und undurchschaubar sind, wie es in den neuen Bundesländern der Fall ist, dann führt das zu schmerzlichen neuen Erfahrungen, aber auch zu Entdeckungen und Erkenntnissen, die die Stagnation, die Unmündigkeit, die Mangelwirtschaft unter DDR-Bedingungen als Symptome des Verfalls differenziert erkennen lassen. "Die Geschichte mag Brüche kennen, der Alltag kennt sie nicht. Er schleppt die Vergangenheit wie Lehm an den Schuhsohlen mit sich."[25]
Für Monika Maron sind die Probleme, die die Ostdeutschen mit der Vereinigung Deutschlands haben, selbst verschuldete. Die gegenwärtigen Irritationen wehrt sie denn auch vehement ab: "Die Einheit ist mir zum Alptraum geworden, weil der Osten, wo er sich als solcher artikuliert, mir unüberwindlichen Ekel verursacht. Alles hat sich in Ekel verwandelt; mein Mitleid, meine Anteilnahme, mein Interesse. Ich weiß, daß ich ungerecht bin, und kann es nicht ändern.
Ich halte es für eine Krankheit und weiß nicht, wie man sie heilt. Die Krankheit nenne ich Zonophobie."[26]
Zu dem Zeitpunkt, als dieser Vorwurf von ihr artikuliert wurde ("Spiegel" vom 24. August 1992), war noch nicht so deutlich erkennbar, daß die sozialen Spannungen und die damit verbundenen Ost-West Konflikte in dem Maße anwachsen.
Monika Marons Bücher konnten in der DDR nicht erscheinen. Schon ihr erstes Buch "Flugasche"[27] thematisiert Umwelt- und Menschenzerstörung als Folge absoluten Primats ökonomischen Denkens. Die Verlogenheit der Medien, die geschönten Bilder einer ideologischen Scheinwelt im Sozialismus werden unter die Lupe genommen. Der Roman leistet damit (er erschien Ende der siebziger Jahre) einen wichtigen Vorgriff auf die literarische Entwicklung des folgenden Jahrzehnts.
Ihre Hauptfigur Josefa allerdings steht eindeutig in der Tradition von Frauenfiguren, wie sie auch Ch. Wolf, B. Reimann, G. Tetzner und I. Morgner entworfen hatten.
Josefa Nadler, die Hauptfigur in "Flugasche", ist Journalistin und versucht, ihre Ansprüche in ihrer Berufsarbeit und in ihren Liebesbeziehungen durchzusetzen. Sie will die absolute Wahrheit sagen und schreiben, muß aber immer wieder erfahren, daß die Menschen ihrer Umgebung ihr nur Unverständnis entgegenbringen. Als sie sich entscheidet, die Wahrheit über die Folgen, die die 180 Tonnen Flugasche, die jährlich auf die Stadt niederregnen, verursachen, zu beschreiben, gerät sie in Schwierigkeiten.

Im Laufe der Romanhandlung wird das Scheitern der jungen Frau gezeigt: Der Freund verläßt sie, die Kollegen unterstützen sie nicht mehr, Drohung mit Ausschluß aus der Partei. Die Angst der Beteiligten zerstört die Kommunikationsverhältnisse. Josefa weiß das. Als sie rückblickend ihre Suche nach dem eigenen Leben beginnt ("Das Eigentliche, nach dem sie suchte, war die ihr gemäße Biographie"[28]), erkennt sie, daß die Angst, die nicht zu überwinden war, ihr Leben vergiftete. Sie schreibt gewissermaßen in ihre Erinnerungsbilder hinein eine Biographie der Angst.

Die errichtete Diktatur und ihre Machtstrukturen waren der politische Ausdruck der psychischen Störung der neuen Machthaber. Ihre Herrschaftsform ergoß sich als ein System von Nötigungen über den Alltag. Jeder Widerstand wurde systematisch gebrochen. War man noch Kind, dann durch Belehrung, Beschämung, Ausgrenzen und Distanzieren. War man erwachsen, dann durch Behinderung, Bedrohung, Bestrafung.

Josefa muß es erfahren. Ihre Rechte auf unverstelltes Dasein, auf eine ihr gemäße Wahrheit auf eigene Meinung, auf Subjektivität waren nicht gesichert, denn: "Die Angst wächst, wird größer als ich selbst, will aus mir hinaus. Sie bäumt sich und reckt sich, bis sie Wut ist und ich platze."[29] Dann entlädt sich Aggressivität, die ebenfalls zerstörerisch wirkt. Josefa zieht sich zurück, statt zu kämpfen, kündigt sie ihre Stelle. Ihr Rückzug ist begleitet von Angstträumen und Glücksphantasien.

In der "Überläuferin"[30] erprobt Maron mit satirischen Mitteln die Grenzüberschreitungen. Rosalind Polkowski, die Hauptfigur, wählt eine Außenseiterposition, weil nur so eine Entlassung aus der "lebenslangen Dienstverpflichtung" möglich ist. Sie will mit sich "eins werden".

Sie gewinnt ihre Identität und verliert sie zugleich. Rosalind und Martha begegnen sich in New York. Rosalind erkennt, daß sie auch Martha ist, eine widersprüchliche Vielfalt, mit angepaßten und aufrührerischen, mit normalen und geheimnisvollen Zügen.

Maron zeichnet diese Subjekt-Struktur auch sprachlich nach. Passagenweise erzählt sie in der Ich-Form, läßt aber offen, ob dieses Ich Rosalind oder Martha ist. Dann erfolgt ein Wechsel der Erzählperspektive. Die Erzählhaltung ermöglicht eine Distanz zur jeweils beschriebenen Person.

Am Ende ist damit angedeutet, daß Identitätsgewinnung ein Prozeß ist. Die Bewegung der Subjekte ist gekennzeichnet von Gewinn und Verlust an Individualität, die immer wieder neu in dieser Spannung entsteht.

In ihrem Roman "Stille Zeile Sechs"[31] wird das Problem Angst akzentuiert behandelt. Es geht um Opfer und Täter, um die Suche nach den Schuldigen eines "verlorenen Lebens" der 24jänrigen Historikerin Rosalind Polkowski. Die Auseinandersetzungen mit dem ehemals mächtigen Funktionär Beerenbaum lassen ein breites Deutungsschema zu für die Fähigkeiten zur Mittäterschaft. "Wir leben alle

im Zustand der Schande."[32] Die sich das eingestehen, sind Opfer und Täter zugleich, und die Seiten sind schnell zu wechseln.
Die Rechtfertigung für eine Tat wird mit Ernst Tollers Worten begründet: "Der Handelnde muß schuldig werden, immer und immer, oder, wenn er nicht schuldig werden will, untergehn."[33] Herbert Beerenbaum handelt als Vertreter einer Funktionärskaste, die immer die richtige Biographie hatte (Opfer des Faschismus, als Kommunist im Exil). Diese Biographie war Legitimation. Um ihre Macht zu sichern, mußten sie Angstformen initiieren. Andererseits waren ihre Herrschaftsgebaren diktiert von Angst (vor dem Machtverlust). Einer von den Betroffenen ist Karl Heinz Baron, der als wissenschaftlicher Oberassistent ein Manuskript seines republikflüchtigen Kollegen an diesen abschickt. Professor Beerenbaum, der dumm und beschränkt war und gerade deshalb ("weil er das kleine Einmaleins aufsagen konnte"[34]) die richtigen Voraussetzungen für den wissenschaftspolitischen Machtbereich besitzt, liefert ihn ins Gefängnis. Baron aber wird nach seinem dreijährigen Eingesperrtsein so von Angst geprägt sein, daß er für die Objekte seiner Angst nur Verachtung empfindet. Er bleibt der passive Außenseiter, der dadurch unbewußt mitschuldig wird am Funktionieren des menschenverachtenden Systems.
Rosalind Polkowski weigert sich, weiterhin in ihrem Institut die Legitimationsstrategien für ein System in der Geschichtsschreibung mitauszudenken und wird durch die zufällige Bekanntschaft mit Beerenbaum Schreibgehilfin für seine Memoiren. Sie erkennt seine Probleme im Umgang mit der Angst: "Ihr hattet so viel Angst vor der Bildung, daß ihr sie einsperren und verjagen mußtet, nur aus Angst."[35] Angst wird ein hintergründiges Motiv für den egoistischen Machtrausch "hochgekommener Proletarierkinder, ihre Angst vor allem, was sie nicht verstehen konnten und darum verboten".[36] Diese Erfahrung machte die Ich-Erzählerin bereits als Kind mit ihrem Stiefvater.
Die "Neulateiner", die sich in einer Kneipe treffen, sind Aussteiger besonderer Art. Sie sind aus unterschiedlichen Gründen nicht in Beerenbaums System integrierbar. In der Kneipe hatte er keine Macht. Herrschaft und Macht fallen auseinander. Die Herrschenden werden in ihrer Ohnmacht gezeigt, die das Scheitern vorprogrammiert.
Rosalind Polkowski erkennt das und wünscht Beerenbaums Tod, wird als Opfer Täterin, und Beerenbaum wird Opfer (Frage Hotel Lux): "In dieser Minute begriff ich, daß alles von Beerenbaums Tod abhing, von seinem und dem seiner Generation. Erst wenn ihr Werk niemandem mehr heilig war, wenn nur noch seine Brauchbarkeit entscheiden würde über seinen Bestand oder Untergang, würde ich herausfinden, was ich im Leben gern getan hätte. Und dann wird es zu spät sein."[37]
Sie klagt ihr nicht gelebtes, fremdbestimmtes Leben bei ihm ein. Seine Ideale sind für sie keine. Sie fühlt sich als Opfer, und im Bild der Katze sieht sie ihr Ideal: "Ich fragte, ob er wirklich glaube, daß Generationen von Menschen geboren werden,

205

damit Kommunisten ihre Ideale an ihnen erproben dürfen. Mein Ideal sei, eine Katze zu sein, weil die weder den Kommunisten noch sonstwem unterstehe"[38]. Ihre Radikalität läßt durch die Abwesenheit von Angst Handlungs- und Entscheidungsfreiheit relativ breit zu. Gleichzeitig wird sie dadurch unschuldig schuldig.

Monika Maron beschreibt eine Alltagskultur der DDR, die noch nachwirkt und kann die "Opferhaltung" früherer und jetziger Prägung nicht akzeptieren. Dieses neue Opfergefühl bezeichnet sie als peinlich, blamabel, lächerlich. Sie differenziert kaum und ihr "Ekel" wird auch nicht geschlechtsspezifisch modifiziert. Die ostdeutschen Konflikte von Frauen sind in ihrer deutsch-deutschen Dimension von ihr nicht ausreichend charakterisiert. Von den aktuellen sozialen Spannungen sind Frauen in dreifacher Hinsicht betroffen, erstens als Angehörige des weiblichen Geschlechts, zweitens als Bewohnerinnen der neuen Bundesländer, als sogenannte "Ossis" (gleiches gilt für die Männer) und drittens als "Ost"-Frauen. Die Frauenfrage galt in der DDR als gelöst, wenn auch eine volle Gleichstellung mit dem Mann bei weitem nicht erreicht war, fühlten sich doch viele nicht diskriminiert.

Erst nach dem Zusammenbruch der DDR 1989 und im Zusammenhang mit dem Entstehen einer politischen Frauenbewegung in der DDR wurde zum öffentlichen Problem, daß die vermeintlichen gleichen sozialen, juristischen, ökonomischen und individuellen Rechte für Frauen Ideologie geblieben waren, wenn auch bestimmte Grundbedingungen dadurch geschaffen wurden.

Mit dem raschen Umbruch bisher für selbstverständlich gehaltener Voraussetzungen, Orientierungsmuster, Lebenspläne, theoretischer Konzepte ist ein Prozeß in Gang gebracht, der das bisherige Selbstverständnis der Frauen, ihre Alltagskultur und Lebensansprüche radikal in Frage stellt. Maron spricht von "verlernter Alltagskultur". Der Wandel von verordneter Lebensqualität der Frau zur Individualisierung aller Lebensbereiche und deren privatisierter Risiken wird von einer Reihe von Prozessen begleitet, die zu Irritation, Aggressivität, Ohnmacht und Gewalt führen:

- Deindustrialisierung der DDR,

- Zerstörung der kollektiven Struktur der Landwirtschaft,

- Veränderung der Einkommensverhältnisse,

- Massenarbeitslosigkeit,

- Schließung von Kinderbetreuungseinrichtungen,

- Wegfall von Subventionen in medizinischen und kulturellen Bereichen,

- Mieterhöhungen u.a.m.

Von all diesen Prozessen sind Frauen härter betroffen als Männer. Aber geradezu symptomatisch ist, daß die Männer dennoch zuerst ihre Identitätsverluste politisch einfordern, indem die "Komitees tür Gerechtigkeit" gegründet wurden. Zwar sind Frauen bei den Unterzeichnern / Unterzeichnerinnen zu finden, aber in der Öffentlichkeit sind sie kaum wahrnehmbar. Damit wird die Politik fortgeführt, die auch die Frauenpolitik der DDR charakterisierte: sowohl die Nichtwahrnehmung geschlechtshierarchischer Arbeitsteilung im öffentlichen und privaten Bereich als auch der sozialen und individuellen Differenzen von Frauen. Diese Widersprüche werden erneut als gesamtgesellschaftliche definiert und nicht unter geschlechtsspezifischen Aspekten diskutiert. Die Folge ist, die Mauer zwischen Ost und West, auch zwischen Frauen, ist im letzten Jahr gewachsen. Die Spannungen und Ängste nehmen zu. Sie sind gerade für Frauen (und Jugendliche) erfahrbar als potenzierte Fremdheit - ein Gefühl von Geschichtslosigkeit und Entwurzeltsein - eine individuelle Fremdheit also, die verbunden ist mit dem Gefühl von Handlungsohnmacht wegen der Undurchschaubarkeit neuer Macht- und Herrschaftsstrukturen. Vielleicht liegt für Frauen in dieser doppelten Fremdheit auch eine Chance, die eigene Mitte zu finden, Fremdes im Eigenen zuzulassen.

Anmerkungen

1 Die Enthüllungen über die frühere Stasi-Mitarbeit von Christa Wolf ändern daran m.E. nichts, wie in der Dokumentation "Akteneinsicht Christa Wolf" nachzulesen. Auch die Kampagne gegen Blaga Dimitrowa durch die illegale Veröffentlichung ihrer frühen Gedichte "Cmuxohe" im Agenzia "Cofia prec" macht m.E. keine andere Wertung nötig.
2 Vgl. dazu Bogdal, Klaus Michael, Wer darf sprechen? Schriftsteller als moralische Instanz. Überlegungen zu einem Ende und einem Anfang. In: Der deutsch - deutsche Literaturstreit oder "Freunde, es spricht sich schlecht mit gebundener Zunge", hrsg. von Karl Deiritz und Hannes Krauss, Hamburg / Zürich 1991, S. 40-53
3 Benjamin, Jessica: A Desire of one's Own: Psychoanalytic Feminism and intersubjektiv Space, Feminist Studies / Critical Studies, hrsg. von Teresa de Lauretis, Bloomington: Indiana University Press, 1987, p. 78-101
4 Christa Wolf, Lesen und Schreiben, Darmstadt, Neuwied 1985, S. 212
5 Christa Wolf, German Quarterly 57 (1984), S. 109f.
6 Blaga Dimitrowa, Elmaz, in: Das Buch der Ränder, hrsg. von Karl-Markus Gauß, Klagenfurt, Salzburg 1992, S. 276
7 Umfrage, "Sehnsucht nach der DDR?" in: Die Zeit, Nr. 23 / 93 vom 04. Juni, Literatur-Beilage, S. 1
8 Hannelore Scholz, unveröffentlichtes Interview mit Blaga Dimitrowa am 05.06.1985
9 In Bulgarien wurden die Juden nicht in Massenvernichtungslager gebracht.
10 Ich danke Frau Emilia Staitschewa fur die Übergabe der übersetzten Essays von Barbara Müller. Die Essays sind enthalten in dem Band "Herausforderungen" (Predizikatelstva), Sofia 1991. Ich zitiere nach deutscher Manuskriptfassung von B. Müller. vgl. Blaga Dimitrowa, Die neue Alienation, S. 1
11 Das "Gesicht" bedeutet Individualität, Originalität, Unverwechselbares.
12 Vgl. Emilia Staitschewa: Herausforderung an Sisyphus oder: Die bulgarische Dichterin Blaga Dimitrowa an der Wende zur Demokratie, in: "Ich kann meine Trauer nicht leugnen und nicht

meine Hoffnung", Veränderungen kultureller Selbstwahrnehmungen von ostdeutschen und osteuropäischen Frauen nach 1989, Dr. Winkler Verlag, Bochum 1994, S. 153f.

13 Zitiert nach E. Staitschewa, a.a.O., S. 158
14 Blaga Dimitrowa, Die neue Alienation im Spiegel der posttotalitären Sprache., in: "Herausforderungen", übersetzt von Barbara Müller, S. 6
15 Ebenda.
16 Blaga Dimitrowa, Europa, wo sind wir uns begegnet, S. 8
17 Blaga Dimitrowa, Elmaz, a.a.O., S. 265
18 Blaga Dimitrowa, Elmaz, a.a.O., S. 264
19 A.a.O., S. 265
20 A.a.O., S. 269
21 A.a.O., S. 278
22 A.a.O., S. 283
23 So schrieb sie auch einen Roman mit dem bezeichnenden Titel "Das Gesicht".
24 Die Zeit, Nr. 23, 4. Juni 1993
25 Heinz Szechowski, Die Zeit, Nr. 23, 4. Juni 1993, S. 8
26 Monika Maron, Zonophobie, in: Nach Maßgabe meiner Begreifungskraft, Frankfurt / Main 1993, S. 112f.
27 Monika Maron, Flugasche, Frankfurt / Main 1981
28 Maron 1981
29 Maron 1981, S. 12
30 Monika Maron, Die Überläuferin, Frankfurt / Main 1986
31 Monika Maron, Stille Zeile Sechs, Frankfurt / Main 1991
32 Maron 1991, S. 182
33 Maron 1991, S. 210
34 Maron 1991, S. 178
35 Maron 1991, S. 194
36 Maron 1991, S. 34
37 Maron 1991, S. 154f.
38 Maron 1991, S. 162

Zusammenfassung

Sexuelle Belästigung am Arbeitsplatz wurde in den USA juristisch im Jahre 1984 definiert als unerwünschte sexuelle Annäherungen, Bitten um sexuelle Gefälligkeiten und anderes verbales oder physisches Verhalten sexueller Natur ... wobei (1) die Unterwerfung unter solches Verhalten explizit oder implizit zur Bedingung oder zum Bestandteil der Beschäftigung oder akademischen Beförderung einer Person wird, oder (2) die Unterwerfung unter oder der Widerstand gegen ein solches Verhalten benutzt wird, um berufliche oder akademische Entscheidungen über diese Person zu treffen, oder (3) solches Verhalten den Zweck verfolgt oder die Wirkung hat, daß die Arbeits- oder akademische Leistung der Person beeinträchtigt wird oder ein beängstigendes, feindliches oder verletzendes Betriebsklima bzw. akademische Umgebung entsteht."
Der Begriff "sexuelle Belästigung" wurde erst Mitte der 70er Jahre geprägt und der Oberste Gerichtshof der USA erkennt sexuelle Belästigung seit 1986 an.
Die Hälfte aller Frauen hat zumindest an einem Punkt in ihrer akademischen Laufbahn oder ihrer Berufstätigkeit sexuelle Belästigung erfahren.
Es gibt viele Parallelen zwischen sexueller Belästigung und anderen Formen sexueller Viktimisierung, insbesondere die gesellschaftliche Tendenz, das Opfer für den sexuellen Mißbrauch verantwortlich zu machen. Weniger als 10 % der belästigten Frauen erstatten Anzeige, initiieren Untersuchungen oder melden die Vorkommnisse. Sie fürchten Vergeltung und den Verlust der Privatsphäre sowie vielleicht auch die möglichen Konsequenzen für den Täter.
Viele Frauen erfahren die Folgen der sexuellen Belästigung als Streßzustände. Diejenigen, die die Vorkommnisse tatsächlich melden, werden aufgrund der institutionellen Reaktionen häufig erneut zum Opfer.
Der folgende Aufsatz umreißt die Geschichte des Themas "sexuelle Belästigung" in den USA, d.h. die Entwicklung von einem "Problem ohne Namen" über Sichtweisen, die davon ausgehen, daß sexuelle Verfolgung von Frauen durch Männer im Klassenzimmer oder am Arbeitsplatz biologisch begründet ist, bis hin zu der Position, daß es sich bei sexueller Belästigung um einen Ausdruck von Macht und Dominanz handelt. Diskutiert wird ferner die wachsende rechtliche Anerkennung von sexueller Belästigung als Form geschlechtsspezifischer Diskriminierung sowie die neue, jedoch sehr breite Anerkennung von sexueller Belästigung als sozialem Problem.

Beth E. Vanfossen
Die Entwicklung des Themas "sexuelle Belästigung am Arbeitsplatz" in den USA

Beth E. Vanfossen

The Evolution of the Issue of Sexual Harassment in the United States[1]

Let me give some examples of sexual harassment, culled from cases which have gone through a court hearing in the United States.[2]

- In North Carolina, female office workers at AT&T Technologies were "rated" by male employees as they passed the men's desks, followed by lascivious comments about their appearance.

- An employee of a county sheriff's office was taken for a country drive by the newly elected sheriff and told that she and her mother could only keep their jobs if she started "seeing him."

- The supervisor of a waitress repeatedly exposed himself to female employees, passed around child pornography and gave choice working assignments to waitresses who cooperated with his sexual advances.

- Male colleagues of two female workers for a construction firm in Iowa flashed obscene photos, urinated in their water bottles, cornered them between trucks and reached out the windows of their trucks to rub the women's breasts and thighs.

The casual observer asks several basic questions about sexual harassment, and it is these that are addressed by this review of the social issue as it has evolved over the last two decades in the United States. The first is *"Just what IS sexual harassment?"* Because "sexual harassment" has only recently been recognized as an unethical and damaging pattern of behavior in the workplace and on the campus, there still is some confusion on the range of behavior that could be considered as sexually harassing.

The next question has to do with characteristics of sexually harassing behavior: *How much sexual harassment is there, what are its consequences, and how do people respond to it?* Here I look at the prevalence of sexual harassment, its typical circumstances, the characteristics of offenders and victims, probable alternative responses of offenders and victims, and consequences of different actions and responses.

The third question is one of the most intriguing. *How did it come about that a behavior pattern which was common but unrecognized became defined as discrim-*

inatory and therefore illegal? To address this question, I trace the history of the legal recognition of sexual harassment as a form of sex discrimination, and the political and social forces in the United States which changed the phenomenon we call "sexual harassment" from one that was unrecognized to one in which laws and rulings by the highest court in the country have defined it as discriminatory and therefore illegal.

Finally, we consider what policies have been created to deal with sexual harassment in the workplace and in the university, outlining what we know at this time about what is effective in reducing and redressing sexual harassment.

What is Sexual Harassment?

Because of the recency of sexual harassment as a social issue, and because people are confused about what sexual harassment really is, a definition of sexual harassment becomes particularly important. Before 1970, there was no widely-recognized concept in the United States for what came to be termed "sexual harassment." Such behavior was invisible because it had no name. The behaviors existed, but when they occurred, people considered them to be natural and personal concerns, resulting from the inevitable attractions that develop between men and women.

By 1980, it was clear that more precise definitions of sexual harassment were needed. What has evolved are two definitions, one a behavioral or common-sense definition, and the other a legal definition. See Table 1.

Behavioral Definitions

The most common *behavioral definition* is "deliberate and/or repeated sexual or sex-based behavior that is not welcome, not asked for, and not returned" (Webb, 1991:26). Sexual harassment as covered by this definition can range from light to severe. The kinds of behavior which could be termed sexual harassment were identified by The Project on the Status and Education of Women (1978) as: verbal harassment or abuse; subtle pressure for sexual activity; sexist remarks about a woman's clothing, body, or sexual activities; unnecessary touching, patting, or pinching; leering or ogling at a woman's body; constant brushing against a woman's body; demanding sexual favors accompanied by implied or overt threats concerning one's grades or letters of recommendation; and physical assault.

A similar empirically-based definition was devised by Till (1980), who analyzed the content of responses given by a sample of college women when they were asked to describe any incidents of sexual harassment that they knew about. His

Table 1. Definitions of Sexual Harassment

Three kinds of harassment	Till's Definition	Project on Status and Education of Women	EEOC Definition of Sexual Harassment
Gender harassment	(1) Gender harassment	Verbal harassment or abuse Sexist remarks about a woman's clothing, body, or sexual activities	Harassment on the basis of sex is a violation (of the law). Unwelcome sexual advances, requests for sexual favors and other verbal or physical conduct of a sexual nature consitute sexual harassment when:
"Conditions of work" harassment (offensive, but no requirement of sexual exchange)	(2) Seductive behavior (offensive but no penalties attached)	Unnecessary touching, patting, or pinching Leering or ogling at a woman's body Constant brushing against a woman's body	Such conduct interferes with an individual's work performance or educational experience, or creates an intimidating, hostile, or offensive work or educational environment;
Quid Pro Quo harassment (promises of rewards or threats of punishment)	(3) Sexual bribery (promise of reward) (4) Threat (threats of punishment)	Demanding sexual favors accompanied by implied or overt threats concerning grades or letters of recommendation	Submission is made a term or condition of an individual's employment; or
	(5) Sexual imposition (imposition or assault)	Physical assault	Submission to or rejection of such conduct is used as the basis for employment decisions affecting the individual.

content analysis suggested five categories of behavior: (1) *Gender harassment* -- generalized sexist remarks and behavior, not necessarily designed to elicit sexual cooperation, which convey insulting, degrading, or sexist attitudes about women. (2) *Seductive behavior* -- inappropriate and offensive, but with no penalties attached to the woman's negative response. (3) *Sexual bribery* -- the solicitation of sexual activity or other sex-related behavior by promise of reward. (4) *Threat* -- the coercion of sexual activity by threats of punishment. (5) *Sexual imposition* -- sexual imposition and assault.

Notice that these categories cover three kinds of harassment that are commonly recognized today: (a) gender harassment, (b) harassment which exists as *conditions of work*, i.e., sexist and sexually offensive behavior that is present in the work or academic environment without a requirement of sexual exchange;[3] and (c) what has come to be known as *quid pro quo* behaviors, i.e., coercion by promises of rewards or threats of punishment.

Till's categories were subjected to empirical analysis by Fitzgerald and Hesson-McInnis (1989), who applied cluster analysis to ratings of 20 situations by 28 students. The criteria by which the students were to make their rankings were seriousness of the situation, psychological vs physical coercion, and quid pro quo harassment vs. conditions of work. Fitzgerald and Hesson-McInnis found that the clusters of items which emerged corresponded to Till's categories. They also found that gender harassment is conceptually distinct from the other types of harassment. Similar findings were produced in research by Padgitt and Padgitt (1986).

Legal Definitions

The most significant *legal definition* of sexual harassment is that offered by the Equal Employment Opportunity Commission (EEOC) in 1980:
Sexual harassment of employees and students is defined as unwelcome sexual advances, requests for sexual favors, or other verbal or physical conduct of a sexual nature, when:

(a) Submission to such conduct is made either explicitly or implicitly a term or condition of an individual's employment;

(b) submission to or rejection of such conduct is used as the basis for employment decisions affecting that individual; and

(c) such conduct has the purpose or effect of unreasonably interfering with an individual's work performance or educational experience, or creates an intimidating, hostile, or offensive work or educational environment.

How Much Sexual Harassment is There, What Are Its Consequences, and How Do People Respond to It?

What is the incidence of sexual harassment?

Precise figures on the frequency with which sexual harassment occurs depends upon how much of the continuum of behavior ranging from gender harassment to physical coercion is included in the definition of harassment. Numerous studies of harassment in American places of work and universities state that the rates of sexual harassment are relatively high.

A study of workers in the federal government found that at least 41 percent of women reported experiencing some form of sexual harassment during a two-year period (U. S. Merit Systems Protection Board, 1987). This report indicated that many incidents occurred repeatedly, were of long duration, and had a sizable practical impact, costing the government an estimated minimum of $189 million over the two-year period. With reference to explicit behaviors, 33 percent of the women reported receiving unwanted sexual remarks, 28 percent reported suggestive looks, and 26 percent reported being deliberately touched. Fifteen percent received pressure for dates, nine percent reported pressure for sexual favors, and nine percent had received unwanted letters and telephone calls. One percent had experienced actual or attempted rape or assault.

Another study by the federal government surveyed 20,000 military personnel, and found that 64 percent of the women and 17 percent of the men indicated they had been sexually harassed (Pentagon, 1990). In a separate study by the Navy in 1991, using a sample of 6,700, 75 percent of the women and 50 percent of the men said that sexual harassment occurs within their commands.

Estimates of the incidence of harassment in business range from 15 to 40 percent of women have experienced harassment and 14-15 percent of men. Estimates of the incidence of harassment in the university range from 40 to 70 percent of women students having experienced harassment, which is most likely to come from other students.

In an extensive study of the civilian workplace, Gutek (1985) reported that 53 percent of her women subjects had experienced at least one harassing incident in their working lives, including insulting comments (20 percent), insulting looks and gestures (15 percent), sexual touching (24 percent) and expected sexual activity (8 percent).

Fitzgerald and Ormerod (1991a), leading researchers of sexual harassment behavior, estimate that at least one out of every two women will experience sexual harassment at some point during her academic or working life. Two out of three women surveyed in a study of women in the military indicated that they had been sexually harassed (Women's Legal Defense Fund, 1991).

In the earliest study of sexual harassment of *students*, nearly one in three reported some degree of harassment from professors over the course of their college careers. The harassment they experienced was more likely to be unwanted seductive behavior than sexual bribery and coercion (Benson and Thomson, 1982). Similar findings were reported by Wilson and Kraus (1983), Maihoff and Forest (1983), and Cammaert, (1985).

Fitzgerald, Shullman, et al., (1988), using a 28-item inventory with multiple questions, asked 2000 students in two major universities about the behaviors identified by Till. They found that between 50 and 75 percent of the women indicated experiencing some form of harassing behavior, primarily those involving gender harassment. About 9 percent had been directly propositioned by a professor or instructor, and five percent had been subtly bribed for sexual cooperation. Nine percent had experienced unwanted attempts to touch or fondle them, and many of these experiences were described as forceful in nature. There were no differences due to graduate or undergraduate status.

Among *faculty and administrators*, Fitzgerald et al. (1988) found that over half the women faculty and 75 percent of the female administrators in the sample had experienced some form of gender harassment, including the telling of suggestive stories and offensive jokes, crudely sexual remarks, seductive comments, non-verbal harassment such as staring, leering, or ogling, the use of sexist material or pornography. In addition, over 20 percent of the women professors and nearly one third of the administrators reported being the object of unwanted sexual advances, including persistent requests for dates, repeated attempts to establish a sexual relationship, unwanted discussion of personal or sexual matters, and unwanted sexual attention. Over 25 percent of the administrators reported receiving outright sexual propositions, and 13 percent reported being subtly or directly bribed to be sexually cooperative. Other studies have reported similar results (Bandy, 1989; Goodwin, Roscoe, Rose, and Repp, 1989).

Under what circumstances does it occur? Sexual harassment is more likely to occur when women are working in nontraditional occupations ranging from construction workers, soldiers, to neurosurgeons, than when they are working in traditionally female jobs or in jobs with a gender-integrated work force (Gutek and Morasch, 1982). Some have suggested that sexual harassment of women employed in traditionally-male occupations is a way of objecting to women's presence on the job, and of keeping them "in their place." In this case, sexual harassment is a technique of social control being used to assert traditional gender inequality and to shore up gender boundaries in the workplace.

What are the characteristics of victims?

The 1981 survey conducted by the U. S. Merit Systems Protection Board, based on a sample of over 20,000, is particularly illuminating regarding the characteristics of victims and harassers in the workplace.

It found that women have a greater probability of being harassed if they are: young; single or divorced; well-educated (college degree or higher);[4] very dependent on their jobs; in any occupation, but particularly when employed as a trainee or in a professional/technical position; in a nontraditional position[5] (though most victims hold traditional positions); working for an immediate supervisor who is male; and working in a predominantly male work group.[6]

What are the characteristics of harassers?

According to the U. S. Merit Systems Protection Board, harassers of women tend to: be men (95 percent of the cases); act alone (81 percent); be older than the victim; be married (67 percent); be a coworker (65 percent), but immediate supervisors (37%) are harassers out of proportion to their numbers.

The majority of men who have been accused of sexual harassment felt that they had been unjustly accused by their victim. They said that the accuser had misunderstood their motives, and wanted to create trouble.

What are the alternative ways in which people respond to being sexually harassed, and what are the consequences of different actions and responses?

The U. S. Merit Systems Protection Board report (1981) asked a number of questions about responses to sexual harassment. They found that most victims responded to sexual harassment by ignoring it, a response which does little to improve the situation; assertive responses are the most effective;[7] few victims talked about their experiences with others; of those who did talk to others, talking to someone with independent authority or organizational responsibility was more helpful than talking with coworkers, family, or friends; few victims took formal actions, but many who did found them helpful; those who were sexually harassed by supervisors and those who experienced the more several forms of sexual harassment were more likely than other victims to anticipate penalties being applied against them if they would object to the harassment.

What is the psychological impact of harassment on victims?

Mary Koss (1987) has conducted a review of the research on the impact of harassment on victims. She concludes that between 21 and 82 percent of women reported that their emotional or physical condition became worse as a result of the harassment. The emotional reactions reported by victims of sexual harassment included anger, fear, depression, anxiety, irritability, loss of self-esteem, feelings of humiliation and alienation, and a sense of helplessness and vulnerability. Physical symptoms reported by victims included gastrointestinal disturbances, jaw tightness and teeth grinding, anxiety attacks, binge-eating, headaches, inability to sleep, tiredness, nausea, loss of appetite, weight loss, and crying spells.

History: The Emergence of Sexual Harassment as an Issue[8]

As I mentioned earlier, sexual harassment was not viewed as a social problem until the 1970s. How can we account for the emergence at this time? Both structural and cultural conditions existed in the period from 1960 and 1990 which can be identified as playing a role. (See Table 2 for a listing of significant historical events.)

(a) *Structural changes in society which came before the issue was recognized.* A most important structural change that occurred during that period was the stunning increase in the percentage of women who work outside the home. Not only did this create more opportunities for sexual harassment, it also posed a challenge to masculine sex-role identities, which revolve around providing for a family. Particularly in occupations traditionally identified as exclusively the province of males, the infusion of women workers was sometimes followed by resentment and hostility from male coworkers. As Susan Faludi expressed it in her book, *Backlash: The Undeclared War Against American Women* (1991:65):

> For twenty years [pollsters] have asked subjects to define masculinity. And for twenty years, the leading definition, ahead by a huge margin, has never changed. It isn't being a leader, athlete, lothario, decision maker, or even just being "born male." It is simply this: being a "good provider for his family."
>
> If establishing masculinity depends most of all on succeeding as the prime breadwinner, then it is hard to imagine a force more directly threatening to fragile American manhood than the feminist drive for economic equality.

(b) *Cultural changes preceding evolution of the issue* include the climate of change in the United States brought about in the 1960s and 1970s by the Civil Rights Movement, the anti-War movement, and the reemergence of the women's liberation movement. As a result, protest of women against patriarchal practices

Table 2. History of the Emergence of Sexual Harassment as an Issue

DATE	EVENT
Prior to 1970	Sexual harassment is unnamed and unrecognized.
	Influx of women into the formal labor force.
	Civil rights movement, anti-war movement, women's liberation movement.
1971	Debate over sexual ethics in therapist-patient relations.
1972	Publication of two books about sex in the workplace.
	First cases involving charges of sexual harassment filed, using Title VII of the Civil Rights Act of 1964.
1975	Working Women United formed to protest sexual harassment of Carmita Wood. Term "Sexual harassment" is coined. More books using term "sexual harassment" are published.
1976	Formation of Alliance Against Sexual Coercion in Boston.
	Decision in *Williams v. Saxbe* that conditions of employment that are not applied the same for women as for men constitute sex discrimination.
1977	First charge of sexual harassment of students brought under Title IX of the 1972 Education Act (*Alexander v. Yale University*).
1980	EEOC issues guidelines stating that sexual harassment in the workplace is a violation of Title VII of the Civil Rights Act of 1964.
1982-1983	Courts differentiate between "Quid pro quo" harassment and "hostile environment" harassment.
1986	U. S. Supreme Court rules that sexual harassment on the job is illegal discrimination even if the victim suffers no economic loss. *Meritor Savings Bank, FSB v. Vinson et al.* decision that a complainant's failure to invoke a grievance procedure does not insulate an employer from liability.
1991	The decision in *Ellison v. Brady* establishes the "reasonable woman" standard for determining when a workplace is sufficiently hostile to constitute sexual harassment.

became more legitimate. Behaviors which formerly were not defined as gender-based, were viewed in a new light. The counter-cultural movement offered challenges to traditional monogamous relationships, and the public briefly flirted with the concept of open marriages and group sex.

(c) *The rise of public consciousness and legitimation of the issue.* For a social problem to be publicly recognized as serious and worthy of public policy action, it must be seen as legitimate (Weeks et al., 1986; Spector and Kitsuse, 1977; Wiener, 1981). The transformation of public consciousness about sexual harassment resulted only after there was a convergence of protest by women's groups, legal litigation, and media attention.

In the late 1970s, a number of major studies and books were published regarding sexual harassment. Surveys documented the incidence, severity and deleterious consequences of sexual harassment, as discussed earlier. Research also exposed the costs of sexual harassment to business (the U. S. Merit Systems Protection Board, for example, estimated a loss of $189 million in a two-year period due to job turnover, medical insurance claims, absenteeism and reduced productivity, resulting from the sexual harassment of its employees).

Books also were written during the 1970s which called the public's attention to sexual harassment, and legitimated it as an important social problem. One of the most influential was written by an attorney, Catharine MacKinnon. Entitled *Sexual Harassment of Working Women* (1979), it argued that sexual harassment is sex discrimination. Lin Farley's book, *Sexual Shakedown: The Sexual Harassment of Women on the Job* (1978), defined the problem and gave numerous examples of sexual harassment. Two popular books focussed on sexual relationships in business. Michael Korda in *Male Chauvinism: How It Works* (1971) suggested that if women have sexual relations with their employers, it will have a negative impact on their careers. The other book by Jack Olsen, *The Girls in the Office*, analyzed the experiences of women researchers and secretaries who were sexually involved with male executives. Backhouse and Cohen (1978) argued that sexual harassment, like rape, is not so much an expression of sex as of power.

The Emergence of Organized Feminist Groups. Before a concern can be transformed into a political and social issue, people must organize to alter social policy (McCarthy and Zald, 1977; Spector and Kitsuse, 1977). Dissatisfaction may exist, but change is unlikely to take place unless people organize and take action by using the resources at their command. Resources may include contacts with the media, access to a duplicating machine, and even the opportunity to tap millions of dollars of support from favorable constituencies. Organized interest groups convince people, both victims and those who are non-affected, that the issue is real and important, legitimize the problem, and eventually persuade policy makers to take action to alleviate the problem (Weeks et al., 1986; Wiener, 1981; Gelb and Paley, 1982; Spector and Kitsuse, 1977).

The first group which developed around the issue of sexual harassment was Working Women United, which formed in 1975 at Cornell University. It probably is this group that created the term, "sexual harassment." Working Women United emerged out of a protest over the resignation of an administrator, Carmita Wood, who left her job because of sexual advances of her superior, a well-known faculty member. It held community meetings about the case, and created a research group, Working Women's Institute (WWI), which not only conducted a survey to document the existence of the problem, but which also eventually became a national information and referral service (Weeks, 1986). A second key group was formed in Boston in 1976, and was called the Alliance Against Sexual Coercion (AASC). It offered comprehensive services to individuals and provided education and training to work organizations (Weeks et al., 1986).

Other multi-issue feminist groups, such as the National Organization for Women, and the National Women's Political Caucus, were not directly involved because they were concerned with general economic and political issues. However, they provided support to the two front-line groups by publishing pamphlets, testifying in government hearings, and filing legal briefs. Because of their ideological solidarity with the front-line groups, an image was presented to policymakers of a broad constituency expecting action. Two groups that were not involved in the issue in the early days were labor unions, (which still are not actively involved), and academic women, who did not address the subject in any substantial way until the 1980s (Weeks et al., 1986).

The Evolution of Legal Rulings. At first the federal government and the courts considered cases of sexual harassment to merely be personal matters. In Corne and DeVane v. Bausch & Lomb, (1975), for example, the court stated that harassment is a result of "personal proclivity, peculiarity or mannerism" which is "satisfying a personal urge." In a series of cases spanning from the 1970s to the current time, however, legal opinion gradually shifted, first defining sexual harassment, making it illegal, and finally placing responsibility upon employers for taking steps to prevent it.

The precedents for this evolution lay in the concern of the government and the courts over discrimination, first with reference to racial discrimination as exemplified by the Civil Rights Act of 1964, and later and more reluctantly, with reference to gender discrimination. Title VII of the Civil Rights Act of 1964 prohibits employers from discriminating on the basis of race, color, religion, sex or national origin. In 1972 Congress passed the Equal Employment Opportunity Act, giving the Equal Employment Opportunity Commission (EEOC) the authority to sue in federal court those employers guilty of workplace discrimination. An individual who believes she or he has been discriminated against may file a charge with the EEOC. Also in 1972, Congress passed the Education Act Amendments which prohibited sex discrimination at schools and universities that receive any federal funding.

About the same time, the first cases involving charges of sexual harassment were filed, using Title VII of the Civil Rights Act of 1964.[9] In these cases, the courts interpreted sexual harassment as a "personal matter" between the two individuals, and not as actions directed at or affecting groups of people. In the very first case, (Corne v. Bausch & Lomb, Inc.), two female employees resigned because of repeated advances from their supervisor. The district court refused to hold the company liable because the supervisor's conduct served no employer policy and did not benefit the employer. The courts called the supervisor's conduct "a personal proclivity, peculiarity of mannerism." While none of the earliest cases resulted in findings of guilt, they were significant because they received some media coverage which began to alert the public to the problem (Weeks et al., 1986). Finally, in 1976, a landmark decision was made in the case of Williams v. Saxbe, and did establish a cause of action for sexual harassment. The ruling was that the behavior has only to create an "artificial barrier to employment that was placed before one gender and not the other, even though both genders were similarly situated." Thus, it saw that conditions of employment that are not applied the same for women as for men constitute sex discrimination, forbidden under Title VII.

In 1977 the first charge of sexual harassment of students was brought under Title IX of the 1972 Education Act Amendments (Alexander v. Yale University). A woman student at Yale University said that her professor offered her an A in his course if she would accept his sexual proposition, and when she refused she received a grade of C for the course. Her suit was dismissed in 1980 because she had graduated from Yale and the university had established a sexual harassment grievance procedure for dealing with complaints. Nevertheless, this case was important because it focussed attention on teacher-student types of harassment (Webb, 1992).

In 1980 during the final days of the Carter Administration, the EEOC issued final guidelines stating that sexual harassment in the workplace is a violation of title VII of the Civil Rights Act of 1964. These guidelines held employers liable for sexual harassment by supervisors, yet they emphasized prevention as the key to elimination of the problem. They suggested that employers undertake education of their employees, initiate a policy saying that harassment will not be tolerated, and establish a system for processing complaints (Weeks et al., 1986). The issuance of these guidelines gave legitimacy to the norm that employers should take responsibility for sexual harassment in the workplace, and made many employers aware of the problem.

In 1982 and 1983, two federal circuit courts of appeal further extended the definition of sexual harassment, postulating that there are two types of sexual harassment: (a) "Quid pro quo," by which they mean "harassment in which a supervisor demands sexual consideration in exchange for job benefits; and (b) "hostile environment" harassment, which is harassment that creates an offensive environment in the workplace.

In 1986, the U. S. Supreme Court ruled that sexual harassment on the job is illegal discrimination even if the victim suffers no economic loss. The Court said: "Sexual harassment which creates a hostile or offensive environment for members of one sex is every bit the arbitrary barrier to sexual equality at the workplace that racial harassment is to racial equality. Surely, a requirement that a man or woman run a gauntlet of sexual abuse in return for the privilege of being allowed to work and make a living can be as demeaning and disconcerting as the harshest of racial epithets."

In 1986, in the case of *Meritor Savings Bank, FSB v. Vinson, et al.*, Vinson alleged that over a four-year period of her employment with the bank, she had been subjected to constant sexual harassment by her supervisor. She ultimately relented to her supervisor's sexual advances out of fear that her continued refusal would jeopardize her employment. The supervisor contended that the liaison was consensual, and that Vinson brought charges in retaliation for a business-related dispute. The bank contended that is should not be held liable because the alleged sexual harassment by its supervisor had not been brought to its attention. The U.S. Supreme Court ruled that Vinson's grievance was a case of hostile environment sexual harassment, and therefore her *voluntariness* was not relevant to the issue of whether she was a victim of sexual harassment. It also rejected the employer's argument that the existence of a grievance procedure and a policy against discrimination, coupled with the complainant's failure to invoke that procedure, insulated an employer from liability. The Court observed that under the bank's grievance procedure, Vinson would have been required to complain to her supervisor, the alleged perpetrator of the sexual harassment. The Court concluded that the bank's argument would have been stronger if its procedures were better calculated to encourage victims of harassment to come forward.

The court's definition of sexual harassment and continuing setting of responsibility upon employers has continued in very recent decisions. In 1991 (in *Robinson v. Jacksonville Shipyards*), a female shipyard welder accused her employer of sexual harassment, and The Sixth U. S. Circuit Court of Appeals in Florida ruled that nude pinups in the workplace can constitute sexual harassment. The judge in the case stated that the shipyard maintained a boys' club atmosphere with a constant "visual assault on the sensibilities of female workers." The opinion stated that "A pre-existing atmosphere that deters women from entering or continuing in a profession or job is no less destructive to and offensive to workplace equality than a sign declaring 'men only'." The judge ordered the shipyard to institute a sexual harassment policy written by the National Organization for Women's Legal Defense and Education Fund, which had brought the case to trial.

The decision described thirty pornographic pictures displayed at the shipyard, including one showing a frontal view of a female torso with the words "U.S.D.A. Choice" (a designation for the quality of meat sold in grocery stores) written on it, another of a woman's pubic area with a spatula pressed against it. When the woman had told her co-workers that their behavior was sexual harassment, they ridiculed her. When she complained to the supervisor, he said that the company had no policy against the pictures, and that the men had "constitutional rights" to post them. The shipyard also had no system for recording sexual harassment complaints (Webb, 1992).

Another important court decision was made in 1991 in *Ellison v. Brady*, in which the U. S. Court of Appeals took two steps toward easing the burden on plaintiffs seeking to establish "hostile environment" sexual harassment. First, the court rejected the traditional "reasonable person" standard for determining when a workplace is sufficiently hostile to constitute sexual harassment. Finding that the traditional model tends to be male-biased and to systematically ignore the experiences of women, the court opted instead for "a reasonable woman" standard, which evaluates the alleged harassment from the perspective of the victim. Second, the court suggested that employers will have to take substantial remedial measures, such as permanently separating the alleged harasser from the victim or even terminating the alleged harasser, in order to avoid liability in a hostile environment case.

The last decision creates a strong economic motivation for companies to develop policies to prevent and counteract sexual harassment. Harassment victims now have the right to a jury trial and compensatory and punitive damages for financial and emotional harm, with awards based on company size. Companies fear that even with limits, sexual harassment suits will become the "next asbestos" (Sandroff, 1992). That companies are concerned about the economic consequences of sexual harassment suits is suggested by the attention currently being given to how to avoid litigation. A search through the *ABI Inform* database of articles printed in 1992 in business and trade journals indicated: 49 of 101 articles on sexual harassment issues directly dealt with how to avoid litigation. (Specific figures: articles on liability - 13; litigation - 32; lawsuits - 3; avoidance - 1.)

Institutional Policies and Procedures. Encouraged by the recent court rulings, many institutions are now attempting to develop effective policies to prevent sexual harassment, and to deal with its occurrence. Webb (1992), Fitzgerald (1992), and Livingston (1982) succinctly summarize the current thinking on appropriate steps for businesses and institutions of higher education to take to prevent sexual harassment:

(1) Develop a policy statement which defines unacceptable employee behavior, demonstrates management's disapproval of sexual harassment, communicates the procedures for handling instances of sexual harassment, educates employees about the problem of sexual harassment, and encourages employees to come forward with their complaints.

(2) Develop procedures for receiving and handling complaints. The procedures should be flexible, offer more than one route for employees to complain or get information, and provide both formal and informal.

(3) Develop a timetable for processing complaints quickly and fairly, responding to everyone involved, including the alleged harasser, the alleged victim, and the rest of the work group.

(4) Develop on-going training programs for senior executives, supervisors, and general employees to improve the understanding of what constitutes harassment.

Summary

Sexual harassment is a widespread social phenomenon which affects mainly women as victims, and which is often used in attempts to persuade women to leave occupations which are predominantly male, or to take advantage of the hierarchical superiority of the occupational position of the harasser. Its effects on the victims are often devastating. Its costs to employers and businesses can be quite high.

In the United States, the issue of sexual harassment emerged in the 1970s, following the civil rights movement, the anti-war movement, the women's liberation movement, and the influx of women into the formal work force. Based upon the Civil Rights Act of 1964, court decisions were made over time which offered legal recourse to victims of sexual harassment, and which persuade employers to take more responsibility for creating work conditions free of sexual harassment. While rates of harassment remain high in the 1990s, now there are more mechanisms in place which may in some cases allow redress.

References

Alliance Against Sexual Coercion. 1976. Fighting Against Sexual Harassment: An Advocacy Handbook. Cambridge, MA: Alliance Against Sexual Coercion.

Backhouse, C., and Cohen, L. 1978. The Secret Oppression: Sexual Harassment of Working Women. Toronto: Macmillan of Canada.

Bandy, N. 1989. Relationships Between Male and Female Employees at Southern Illinois University. Unpublished doctoral dissertation. Carbondale, IL.: Southern Illinois University.

Benson, D. J., and Thomson, G. E. 1982. "Sexual Harassment on a University Campus: The Confluence of Authority Relations, Sexual Interest, and Gender Stratification." Social Problems, 29:236-251.

Cammaert, L. P. 1985. "How Widespread is Sexual Harassment on Campus?" International Journal of Women's Studies. 8:388-397.

Susan Faludi. 1991. Backlash: The Undeclared War Against American Women. Crown.

Fitzgerald, L. F. 1992. Sexual Harassment in Higher Education: Concepts and Issues. Washington, D. C.: National Education Association.

Fitzgerald, L F. and A. J. Ormerod. 1991a. "Breaking Silence: The Sexual Harassment of Women in Academia and the Workplace." Chapter to appear in F. Denmark and M. Paludi, Ed., Handbook of the Psychology of Women. New York: Greenwood Press (in press).

Fitzgerald, L. F. and A. J. Ormerod. 1991b. "Perceptions of Sexual Harassment: The Influence of Gender and Context," Psychology of Women Quarterly, 15:281-294.

Fitzgerald, L. F., Shullman, S. L., Bailey, N., Richards, M., Swecker, J., Gold, Y., Ormerod, A. J., and Weitzman, L. 1988. "The Incidence and Dimensions of Sexual Harassment in Academic and the Workplace. Journal of Vocational Behavior. 32:152-175.

Goodwin, M. P., Roscoe, B., Rose, M., and Repp, S. E. 1989. "Sexual Harassment: Experiences of University Employees." Initiatives. 52:25-33.

Gutek, B. A. 1985. Sex and the Workplace. San Francisco: Jossey-Bass.

Gutek, B. A., and Morasch, B. 1982. "Sex-Ratios, Sex-Role Spillover, and Sexual Harassment of Women at Work." Journal of Social Issues. 38:55-74.

Koss, M. P. 1987. "Changed Lives: The Psychological Impact of Sexual Harassment." Pp. 73-92 in Michele A. Paludi, Ivory Power: Sexual Harassment on Campus. Albany, New York: State University of New York Press.

Livingston, J. A. 1982. "Responses to Sexual Harassment on the Job: Legal, Organizational, and Individual Actions." Journal of Social Issues, 38:5-22.

MacKinnon, Catherine. 1979. Sexual Harassment of Working Women. New Haven: Yale University Press.

Maijoff, N., and Forrest, L. 1983. "Sexual Harassment in Higher Education: An Assessment Study." Journal of the NAWDAC. 46:3-8.

McCarthy, J. D., and M. N. Zald. 1977. "Resource Mobilization and Social Movements: A Partial Theory." American Journal of Sociology 82-6, 1212-1241.

Padgitt, S. C., and Padgitt, J. S. 1986. "Cognitive Structure of Sexual Harassment: Implications for University Policy." Journal of College Student Personnel. 28:34-39.

Project on the Status and Education of Women. 1978. Sexual harassment: A hidden issue. Washington, D. C.: Association of American Colleges.

Sandroff, R. 1992. "Sexual Harassment: The Inside Story." Working Woman. June.

U. S. Merit Systems Protection Board. 1981. Sexual Harassment in the Federal Workplace: Is it a Problem?. Washington, D. C.: U. S. Government Printing Office.

Till, F. 1980. Sexual Harassment: A Report on the Sexual Harassment of Students. Washington, DC: National Advisory Council on Women's Educational Programs.

Webb, S. L. 1991. Step Forward: Sexual Harassment in the Workplace: What You Need to Know! New York: MasterMedia.

Wilson, K. R., and Kraus, L. A. 1983. "Sexual Harassment in the University." Journal of College Student Personnel. 24:119-214.

Women's Legal Defense Fund. 1991. Sexual Harassment in the Workplace. Washington, D. C.: Women's Legal Defense Fund.

Notes

1 I wish to acknowledge the contributions of Sarah Jones and Leah Schofield, whose ideas and efforts have been most helpful.
2 These examples were assembled by Petrocelli and Reba, 1992.
3 This distinction was first made by MacKinnon (1979) in her book entitled *Sexual harassment of working women: A case of sex discrimination.* New Haven, CT: Yale Univ. Press.
4 Which the report explains by suggesting that women who have more education also are more likely to be in nontraditional jobs.
5 For example, female law enforcement officers, construction workers. The report suggests that this finding means that men see women entering their "territory" as a threat, and respond by using sexual harassment to try to limit the women's success or to get them to leave. (P. 51)
6 About half of women who worked in all-male workgroups reported sexual harassment, compared to one-fifth of women in all-female groups. The report suggests this finding occurs because victims have fewer same-sex coworkers who might serve as a support system, and because women in primarily male work groups might be especially vulnerable because they could be seen as outsiders who threaten the "old boy network" in the workgroup.
7 These responses include reporting the behavior to a supervisor; asking or telling the person(s) to stop; and avoiding the person.
8 For parts of this history, I am particularly indebted to two excellent articles by Livingston (1982) and Weeks et al. (1986).
9 Miller v. Bank of America, Corne v. Bausch & Lomb, Inc., Barnes v. Train.

Christine Färber

Sexuelle Diskriminierung und Gewalt gegen Frauen an der Freien Universität Berlin

In meinem Beitrag werde ich zunächst kurz die Geschichte darstellen, die die Auseinandersetzung zu dem Thema sexuelle Diskriminierung und Gewalt gegen Frauen an der Freien Universität hat und in der Folge näher auf die Konzeption und die wichtigsten Ergebnisse einer Fragebogenaktion der Frauenbeauftragten eingehen.[1]

Auseinandersetzungen mit dem Thema "Sexuelle Belästigung" haben an der FU eine lange Geschichte. In der achtziger Jahren wurden mehrere gravierende Fälle in der Öffentlichkeit diskutiert, und auch 1993 ging die Belästigung einer Studentin durch den Betreuer ihrer Diplomarbeit durch die Berliner Presse.

Seit Mitte der achtziger Jahre besteht an der FU ein Frauennetzwerk, die "AG Sexuelle Belästigung", in der Frauen aller universitären Statusgruppen zusammenarbeiten. Die AG bietet fachkompetente Beratung für betroffene Frauen und gleichzeitig Foren für politische Diskussionen und Aktionen.

Mit dem Landesgleichstellungsgesetz von Berlin wurde 1990 erstmalig der Begriff sexueller Belästigung gesetzlich verankert mit einer Definition, die das Empfinden der betroffen Frau zum Maßstab macht und Sanktionen gegen die Täter vorsieht.

Dieser recht breiten Frauenöffentlichkeit und der beispielhaften gesetzlichen Verankerung standen und steht in weiten Teilen der Universität eine völlige Tabuisierung des Themas gegenüber. So untersagte der Vorgänger des jetzigen FU-Präsidenten der AG Sexuelle Belästigung, in der offiziellen FU-Zeitung über ihre Arbeit zu informieren.[2]

Mein Anliegen als Frauenbeauftragte war es, in der öffentlichen Diskussion wegzukommen von spektakulären Einzelfällen und hin zu einer sachlichen Auseinandersetzung mit dem Problem, daß sehr viele Männer an der Universität wie überall im Arbeitsleben die Grenzen ihrer Kolleginnen und Kommilitoninnen bewußt überschreiten, ihre Würde verletzen und sexuelle Diskriminierung als Waffe im Macht- und Hierarchiegerangel einsetzen. Es sollte sowohl Frauen als auch Männern deutlich werden, daß wir etwas gegen die Täter und gegen die Duldung der Taten unternehmen müssen und daß sexuelle Diskriminierung im unmittelbaren Arbeits- und Studienumfeld eines jeden Mitglieds der Freien Universität täglich stattfindet.

Um dies zu erreichen, organisierten wir gemeinsam mit der AG Sexuelle Belästigung zunächst ein Vortragsreihe, in der verschiedene Aspekte sexueller Diskriminierung angesprochen wurden.

Als nächsten Schritt nahmen wir uns eine Befragung der Studentinnen und Mitarbeiterinnen der FU vor, denn zur Situation der Studentinnen gab es bis dahin keinerlei Untersuchungen. Dank einer Psychologin, Käthe Schmid, die langjährige Erfahrungen in der Arbeit mit sexuellem Mißbrauch einbrachte, konnten wir einen angemessenen Fragebogen entwickeln. Die Auswertung übernahm die wissenschaftliche Mitarbeiterin im Büro der Frauenbeauftragten, Marita Ripke.

Inzwischen ist es uns belungen, eine qualitative Untersuchung anzuschließen, in der Studentinnen über ihre Erfahrungen mit der Belästigung durch Dozenten befragt werden. Wir werden das Ergebnis im Februar 1994 vorliegen haben.

An der Konzeption des Fragebogens zur quantitativen Erhebung ist mir besonders wichtig, daß wir herausfinden wollten, ob an der Universität ein anderer Umgang mit sexueller Belästigung erkennbar ist als in anderen Einrichtungen des Öffentlichen Dienstes, die inzwischen hinreichend erforscht ist - besonders im Hinblick auf die Studentinnen. Wir wollten vor allem wissen, ob die sexuelle Diskriminierung von Frauen ein Problem darstellt, das auch Auswirkungen auf die Studiensituation und Arbeitsmotivation hat. Die Ergebnisse legen diesen Schluß nahe.

Den Einstieg bildeten Fragen zur abstrakten Wertung von einzelnen Handlungen auf einer Skala von "nicht belästigend" bis hin zu "stark belästigend". Damit war die Möglichkeit gegeben, das Empfinden über das Ausmaß der Belästigung nicht an unseren eigenen Wertvorstellungen zu messen, sondern an den Einschätzungen der Befragten selbst.

Fast alle der 21 Formen sexueller Belästigung, die wir abfragten, wurden von einer überwiegenden Mehrzahl der Frauen als eindeutig bis sehr stark belästigend eingestuft, z. B. das Benutzen von Lehrmaterialien, die sexuelle Anspielungen enthalten. Die schwächste Bewertung entfiel auf "bewußt kumpelhaftes und väterliches Verhalten von Männern" sowie "Witze über Frauen allgemein". Hier überwog jeweils die Einschätzung "z. T. belästigend".

Die 21 Formen sexueller Belästigung lassen sich in vier Kategorien unterteilen:

1. Von der Mehrheit als "z. T. belästigend" eingestuft:

Hierunter fiel "bewußt kumpelhaftes oder väterliches Verhalten von Männern" sowie "Witze über Frauen allgemein".

2. Eine Mehrheit bewertet das Verhalten als "eindeutig belästigend":

"Anstarren, taxierende Blicke, Hinterherpfeifen", "Sprüche, Comics, Datensex", "anzügliche Bemerkungen über Aussehen, Figur oder Kleidung", "Versuche, mit Frauen zu flirten, wenn bei ihren Wortbeiträgen Sachlichkeit angebracht wäre", "Witze oder Aufziehen mit sexuellen Anspielungen", "kleinmachender, nicht ernstnehmender, entmündigender Umgang mit Frauen".

3. Die meisten Nennungen liegen im Bereich "sehr stark" und "stark", danach erst "eindeutig belästigend":

"Anzügliche Bemerkungen über sexuelles Verhalten im Privatleben", "anscheinend rein zufällige Körperberührungen, die nicht in Verbindung mit der Arbeits-/Studiensituation stehen", "Benutzung von Lehrmaterialien oder Fallbeispielen, die sexuelle Anspielungen enthalten", "Telefongespräche oder Briefe mit sexuellen Anspielungen", "Private Einladungen mit offensichtlich sexuellen Absichten", "Ansetzen von Arbeitsbesprechungen, die mehr dem persönlichen Anbändeln als anderen Belangen dienen".

4. Die Kategorie "sehr stark" lag weit über den anderen Nennungen:

"Andeutungen, daß sexuelles Entgegenkommen die Arbeits-/Studiensituation und das berufliche Weiterkommen günstig beeinflussen könnte", "Annäherungsversuche verbunden mit dem erkennbaren Wunsch nach sexuellen Handlungen", "Fordern privater Verabredungen mit der Andeutung, daß eine Ablehnung negative Auswirkungen für den beruflichen Erfolg oder Studienerfolg haben könnte", "körperliche Annäherungsversuche", "beharrliche Annäherungsversuche, obwohl signalisiert wurde, daß kein Interesse an einem näheren Kontakt besteht", "Erzwingen von sexuellen Handlungen, tätliche Bedrohungen".

Aus den oben gebildeten Gruppen geht hervor, daß die meisten der von uns abgefragten Items von den befragten Frauen situationsunabhängig als eindeutig belästigend und stark belästigend eingestuft wurden und nur wenige Items situationsabhängig als "z. T. belästigend" bewertet wurden. Vor diesem Hintergrund sind die Angaben über die Häufigkeit der sexuellen Diskriminierung an der Freien Universität selbst zu sehen. In den vorliegenden Antworten geben 34,8% der Frauen an, schon einmal oder mehrmals an der FU sexuell belästigt worden zu sein, 12,1% bekunden, daß sie es nicht genau wissen. Bei genauerer Prüfung der letztgenannten Gruppe wird jedoch deutlich, daß sie sich im Verlauf der Beantwortung des Fragebogens an konkrete Ereignisse sexueller Belästigung erinnern und ebenso konkrete

Verhaltensweisen benennen, die ihnen selbst widerfahren sind. Deshalb können wir davon ausgehen, daß beide Gruppen addiert werden können. Damit geben 46,9% der befragten Frauen an, schon einmal oder mehrmals während ihrer Zeit an der Freien Universität sexuell belästigt worden zu sein oder sich in Situationen befunden zu haben, in denen der Eindruck sexueller Belästigung sehr nahe lag.

Ich gehe davon aus, daß es eine sehr viel höhere Dunkelziffer gibt, denn zum einen haben wir es bei den meisten befragten Frauen mit Personen zu tun, die noch nicht lange an der Freien Universität sind, so daß sie in ihrem beruflichen oder schulischen Leben davor durchaus Erfahrungen mit sexueller Belästigung gemacht haben können, die nicht in diesem Fragebogen auftauchen, weil sie uns für diese Untersuchung nicht interessierten. Auch können wir selbstverständlich diejenigen nicht erfassen, die wegen einer sexuellen Belästigung die Hochschule verlassen haben, was im studentischen Bereich im Vergleich zum Wechsel eines Arbeitsplatzes viel leichter ist.

Interessant sind die Angaben der Frauen über die Gruppen von Männern, durch die sie sexuell belästigt werden. Von den beschäftigten Frauen wird der Vorgesetzte als die Person genannt, die am häufigsten sexuell belästigt (39%). Sehr nahe folgend wird die Gruppe der gleichgestellten Kollegen angegeben (36,5%). Dagegen erfolgen kaum Belästigungen durch unterstellte Mitarbeiter. Von den Studentinnen wird die Gruppe der Lehrenden am häufigsten genannt. Professoren und Dozenten addieren sich hier zusammen auf 39,8% der Belästiger, gefolgt von Studenten (34%).

Dieses Ergebnis legt zwei Vermutungen nahe. Da von statusgleichen Männern sehr häufig Belästigungen ausgehen, wird die in der gängigen Literatur aufgestellte These, daß sexuelle Diskriminierung bzw. Belästigung nichts mit Erotik, Flirten oder Anbändeln zu tun hat, sondern allein der Machtdemonstration der Männer im Karriere- und Hierarchiekampf dient, bestätigt. Dies gilt auch dafür, daß Vorgesetzte bzw. lehrende Personen sexuelle Diskriminierung als Mittel der Machterhaltung zu nutzen scheinen.

Es ist auch zu vermuten, daß ähnliche Verhaltensformen verschiedener Männergruppen von Frauen unterschiedlich wahrgenommen werden. So sind anzügliche Blicke durch eine zufällig auf dem Campus auftauchende männliche Person, die eindeutig nicht zur Universität gehört, deutlich in eine andere Kategorie einzuordnen als anzügliche Blicke von einem Vorgesetzten oder Hochschullehrer.

Nur bei einer einzigen Tätergruppe zeigt sich deutlich, daß sie sich gegenüber den belästigten Frauen in ihren Verhaltensweisen mehr herausnimmt als andere Tätergruppen. Diese Gruppe ist die der männlichen Vorgesetzten. Bei ihnen kommt die Diskriminierungsform "körperliche Annäherungsversuche, z. B. Küssen, Anfassen" deutlich öfter vor als bei den anderen Gruppen. Die Hierarchiestellung scheint es den Vorgesetzten leichter zu machen, körperliche Übergriffe zu begehen, weil die belästigten Frauen sich in einer Abhängigkeitssituation befinden.

Wir sind in unserer Untersuchung davon ausgegangen, daß nicht nur selbsterlebte sexuelle Belästigungen für Frauen massive Auswirkungen haben, sondern auch das Wissen um die sexuelle Belästigung anderer Frauen. Bei einem Vergleich der Angaben fällt auf, daß die Häufigkeit bei Berichten und Beobachtungen in 2/3 aller Fälle deutlich höher ausgefallen ist. 14 der 21 Formen von sexueller Diskriminierung, die Frauen beobachtet oder erfahren haben, waren doppelt bis achtmal so hoch wie die Nennungen von Belästigung der direkt betroffenen Frauen. Dabei ist es wichtig, daß fast alle dieser Nennungen sich im Bereich der als sehr stark belästigend eingeschätzten Kategorie befinden.

Es wird deutlich, daß Frauen von vielen sexuellen Übergriffen wissen, die auf ihre Kolleginnen oder Kommilitoninnen verübt worden sind. Sie erfahren untereinander von sexuellen Belästigungen und ihren Folgen. Dies hat jedoch nur eingeschränkt positive Konsequenzen. Das Wissen über die sexuelle Belästigung anderer macht vorsichtig und ermöglicht es, Strategien und Handlungsmöglichkeiten gegen Belästiger zu entwickeln, doch dazu muß das Thema öffentlich werden, und es muß die Möglichkeit bestehen, gemeinsam mit anderen Frauen darüber zu diskutieren und sich sachgerecht zu informieren.

Die zweite Funktion, die dem Wissen über sexuelle Belästigung anderer Frauen zukommt, ist eine kontrollierende. Dadurch, daß eine Frau weiß, was anderen Frauen an der Universität passieren kann, wird sie deutlich auf den Status der Frau als untergeordnet, als Sexualobjekt, hingewiesen. Dadurch wird ihr Aktions- und Lebensradius eingeschränkt und behindert, während andererseits die Belästiger den Status der Männer als hierarisch übergeordnet zementieren.

Sexuelle Belästigungen, die mit der Universität zu tun haben, geschehen meistens auch an der Universität. Entgegen der Annahme, daß beschäftigte Frauen vor allem dann belästigt werden, wenn außergewöhnliche Situationen vorliegen, bei denen Alkohol eine erhebliche Rolle spielt (Feiern), zeigen unsere Ergebnisse, daß die meisten Übergriffe bei der täglichen Arbeit passieren. Studentinnen erfahren sexuelle Belästigungen meist auf dem Universitätsgelände und in Lehrveranstaltungen. Es kommt allerdings auch in sehr hohem Maße zu Belästigungen bei der Betreuung von wissenschaftlichen Arbeiten, einer Situation, in der die Abhängigkeit der Studentinnen besonders hoch ist.

Vergleichen wir die Angaben über selbsterlebte sexuelle Belästigungen und das Wissen um die Belästigung anderer Frauen, so zeigt sich, daß das Wissen um sexuelle Belästigung in Abhängigkeitssituationen, vor allem bei der Betreuung wissenschaftlicher Arbeiten, deutlich höher liegt als die Angaben über selbsterlebte Diskriminierung. Dies beeinträchtigt objektiv insbesondere Studentinnen in ihrem Studium. Es ermöglicht zwar die rechtzeitige Suche nach einem anderen Prüfer und ist somit ein wichtiges Warnsignal. Es handelt sich allerdings bei der Angst vor sexueller Belästigung um ein Problem, mit dem männliche Kommilitonen nicht rechnen müssen, so daß wir hier an einem Punkt angekommen sind, an dem Frauen im Studium gegenüber ihren männlichen Kommilitonen eindeutig benachteiligt sind.

Diese eindeutige Benachteiligung zeigt sich auch bei den Gefühlen, von denen Frauen angeben, daß sie sie in Belästigungssituation empfinden. Viele Frauen empfinden eine Belästigung als Unverschämtheit und den Täter als "blöden Typ". Ebenso häufige Reaktionen sind Aggressionen, Wut, Ärger und Verachtung. Allerdings stehen gegenüber diesen Gefühlen, die die Schuld eindeutig dem Mann zuweisen, auch Gefühle, die wir in unserer Auswertung als defensiv bezeichnet haben. Viele Frauen bestätigen, daß sie sich gedemütigt und unwohl fühlen, hilflos, verwirrt und überrascht.

Belästigte beschäftigte Frauen zeigen zu ungefähr gleichen Anteilen offensive und defensive Gefühle. Bei den Studentinnen dagegen überwiegen die defensiven. Bei dieser Gruppe besteht u. E. die Gefahr, daß Frauen sich selbst Vorwürfe machen und sich auch nicht wehren. Die Gefühle können zwar auch als ein Warnsignal gewertet werden, durch das Frauen gefährliche Situationen vermeiden lernen, allerdings ist es erschreckend, wenn Studentinnen diese Gefühle in erster Linie gegen sich selbst und nicht gegen den Belästiger richten.

Als Folgen sexueller Diskriminierung, die über Gefühle hinausgehen, geben 90% der Studentinnen an, daß ihr Wohlbefinden und das Lernklima beeinflußt wurden und auch Beeinträchtigungen der Gesundheit und der Psyche erfolgten. Ca. 80% der beschäftigten Frauen beklagen eine Auswirkung auf das Arbeitsklima, auf ihr persönliches Wohlbefinden, auf ihre Arbeitswelt und ebenso Konsequenzen für ihre Gesundheit und Psyche.

Belästigte Frauen haben demnach weniger Möglichkeiten, sich mit Spaß und Lust der Arbeit zu widmen und so auch im Beruf oder im Studium aufstiegsorientierte persönliche Lebenskonzepte zu entwerfen. Dies sind zusammengefaßt einige der wichtigsten Ergebnisse unserer Studie. Sie weisen deutlich darauf hin, daß sehr viele Frauen, ca. die Hälfte, an der Freien Universität dort Opfer sexueller Belästigung werden. Außerdem wird deutlich, wie stark eine solche Belästigung die betroffenen Frauen bei der Arbeit und im Studium beeinträchtigt. Das Wissen um sexuelle Diskriminierung und Gewalt gegen andere Frauen ist relativ weit verbreitet, insbesondere über gravierende Fälle. Auch dies kann sich negativ auf die Studien- und Arbeitssituation von Frauen auswirken.

Nachdem die Veröffentlichung unserer Studie inzwischen fast ein Jahr her ist und sie einen breiten Leserinnen- und Leserkreis an der Universität gefunden hat, lassen sich auch erste Ergebnisse festhalten, die ich unter zwei Gesichtspunkten näher beleuchten möchte.

Es hat sich als außerordentlich wichtig herausgestellt, daß wir mit dem Ergebnis der Studie eine Argumentationsbasis erreicht haben, die über spektakuläre Einzelfälle hinausgeht. Dies macht es den Personen in Leitungsfunktionen leichter, sich dem Thema zu öffnen und für ein Arbeitsklima zu sorgen, das sexuelle Belästigung entweder nicht zuläßt oder kontrollierbarer macht, als dies bisher der Fall war. Frauen scheint es leichter zu fallen, Situationen, die sie selbst erlebt haben, als sexuelle Belästigung zu bewerten und die Täter direkt in der Situation mit einem eindeutigen "Nein" und einem deutlichen Verweis auf ihre eigenen Grenzen zu konfrontieren.

Wenig Auswirkungen scheint diese Diskussion auf die Häufigkeit gravierender Fälle sexueller Diskriminierung und Gewalt zu haben. Es wenden sich zwar inzwischen mehr Frauen als zuvor an die verschiedenen Beratungsstellen in der Freien Universität und es gibt in der Universitätsverwaltung inzwischen einen Umgang mit diesen Fällen, der den betroffenen Frauen ermöglicht, eine Beschwerde mit Würde und - im Vergleich zu früher - geringeren persönlichen Kosten durchzuführen. Allerdings hat sich, und dies ist nicht eine Konsequenz unserer Studie, der öffentliche Diskurs um sexuelle Belästigung gewandelt, so daß Frauen, die das, was ihnen widerfahren ist, öffentlich machen wollen, wieder mit starken Anfeindungen rechnen müssen: Vor allem Frauen beziehen in der Öffentlichkeit Stellung gegen belästigte Frauen, werten deren Erlebnisse als Realsatire (TAZ), Mißbrauch sexueller Belästigung (Berliner alternative Stadtmagazine, Zitty und Tip) oder als aufgebauschte Bagatelle (der liberale Berliner Tagesspiegel).

Diese Frauen solidarisieren sich mit den Tätern, nicht mit den Opfern sexueller Belästigung. Dies allein ist nicht unbedingt ein neues Phänomen. Neu in meinen Augen scheint zu sein, mit welcher Vehemenz Frauen diese Argumente vertreten und mit welchem persönlichen Einsatz sie damit Gegenpositionen zu Frauenorganisationen oder Feministinnen beziehen.

Auch in dieser Diskussionsebene hat sich unsere Studie als hilfreich erwiesen, da sie deutlich aufzeigt, daß sexuelle Belästigung kein Problem einzelner neurotischer Frauen und der sie unterstützenden männerfeindlichen Organisation ist, sondern daß sexuelle Diskriminierung und Gewalt an der Universität vorkommt und dort die Hälfte der Frauen betrifft.

Anmerkung

1. Die Ergebnisse der Fragebogenaktion sowie eine Vortragsreihe und eine umfassende Literaturliste sind enthalten in: Christine Färber (Hg.): Dokumentation der zentralen Frauenbeauftragten der Freien Universität Berlin: Sexuelle Diskriminierung und Gewalt gegen Frauen an der Hochschule. Berlin 1992.
2. Derselbe Herr hat es als Berliner Innensenator abgelehnt, die Landesbeschäftigten auf dem Deckblatt ihrer Gehaltsbescheinigungen mit dem Thema zu konfrontieren - andere Themen dagegen, die ebenso allgemein wie ernst sind, werden von ihm problemlos bewilligt (z.B. Aids-Prävention oder Schutz vor Autodiebstählen).

Anschriften der Autorinnen und Herausgeberinnen

Chappell, Annette, Prof. Dr.	Towson State University College of Liberal Arts Towson, MD 21204-7097 USA
Coulter, Sara, Prof. Dr.	Towson State University Dept. of English Towson, MD 21204-7097 USA
Edgington, K., Prof. Dr.	Towson State University Dept. of English Towson, MD 21204-7097 USA
Färber, Christine	Freie Universität Berlin Zentrale Frauenbeauftragte Rudeloffweg 25-27 14195 Berlin
Fleßner, Heike, Dr.	Carl v. Ossietzky Universität Oldenburg Institut für Erziehungswissenschaft 1 Postfach 2503 26111 Oldenburg
Griesebner, Andrea, Mag.	Universität Wien Institut für Geschichte Arbeitsgruppe Frauengeschichte Dr.-Karl-Lueger-Ring 1 A-10 Wien
Hedges, Elaine, Prof. Dr.	Towson State University Women's Studies Towson, MD 21204-7097 USA
Jack, Dana Crowley, Prof. Dr.	Western Washington University Bellingham, Washington 98225-5996 USA
Jähnert, Gabriele, Dr.	Zentrum Interdisziplinäre Frauenforschung Humboldt-Universität zu Berlin Unter den Linden 6 10099 Berlin
Kahlert, Heike	Iflandstraße 74 22087 Hamburg

Kemper, Angela	Oberstufenkolleg des Landes Nordrhein-Westfalen an der Universität Bielefeld Postfach 100 131 33594 Bielefeld
Kriszio, Marianne, Dr.	Frauenbeauftragte der Humboldt Universität Unter den Linden 6 10099 Berlin
Kurth, Rita, Dr.	Bremer Heerstraße 121 f 26135 Oldenburg
Metz-Göckel, Sigrid, Prof. Dr.	Universität Dortmund, HDZ Rheinlanddamm 199 44139 Dortmund
Offers, Ellen	Interfacultaire Werkgroep Emancip./Vrouwenstudies (IWEV) Rijksuniversiteit Groningen Nieuwe Kijk in't Jatstraat 70 9712 SK Groningen Niederlande
Potts, Lydia, Dr.	Carl v. Ossietzky Universität Oldenburg Institut für Politikwissenschaft II Postfach 2503 26111 Oldenburg
Scholz, Hannelore, Dr.	Humboldt-Universität zu Berlin Philosophische Fakultät II Germanistik Unter den Linden 6 10099 Berlin
Stearns, Chris	Wake Forest University, Women's Studies Box 7365 Reynolda Station Winston-Salem, NC 27109 USA
Steenbuck, Giesela	Universität Dortmund Frauenstudien, Fachbereich 14 Emil-Figge-Str. 50 44227 Dortmund
Theobald, Hildegard	Freie Universität Berlin Psychologisches Institut WE 3 Habelschwerdter Allee 45 14195 Berlin

Vanfossen, Beth, Prof. Dr.	Towson State University Institute for Teaching and Research on Women Towson, MD 21204-7097 USA
Weeda, Iteke	Interfacultaire Werkgroep Emancip./Vrouwenstudies (WEV) Rijksuniversiteit Groningen Nieuwe Kijk in't Jatstraat 70 9712 SK Groningen Niederlande
Weiler, Anni, Dr.	Hohe Linde 9 37075 Göttingen
Wellnitz-Kohn, Angelika	Fachhochschule für Wirtschaft Die Frauenbeauftrage Badensche Str. 50-51 10825 Berlin
Wilcox, Helen, Prof. Dr.	Literaturwetenschappen Vrouwenstudies letteren Oude Kijk in't Jatstraat 26 9712 SK Groningen Niederlande

Weitere Informationen über Women's Studies in den USA und in Europa bei:

National Women's Studies Association (NWSA)
7100 Baltimore Avenue
Suite 301
College Park, MD 20740
USA

Women's International Studies Europe (WISE)
Heidelberg Laan 2
3584 CS Utrecht
Niederlande

WISE-Abteilung Deutschland
c/o Dr. Tobe Levin
Martin-Luther-Str. 35
60389 Frankfurt/M.

Verzeichnis internationaler Women's Studies Programme in:
Loulou Brown et. al. (eds.), The International Handbook of Women's Studies (WISH), New York: Harvester - Wheatsheaf 1993

Über die Herausgeberinnen

Dr. Heike Fleßner, geboren 1944, Ak. Rätin im Fach Sozialpädagogik an der Carl von Ossietzky Universität Oldenburg; Prom. über die Geschichte der öffentlichen Kleinkinderziehung; Arbeitsschwerpunkte: Frauen und Kinder als AdressatInnen der Sozialpädagogik; öffentliche Erziehung; Sozialpädagogik als Berufsfeld von Frauen - Geschichte und aktuelle Probleme.

Dr. Marianne Kriszio, geboren 1948, Studium der Soziologie und Politikwissenschaft; seit 1974 Studiengangs- bzw. Fachbereichsplanerin im Fachbereich Sozialwissenschaften der Universität Oldenburg, wissenschaftliche Mitarbeiterin im Institut für Soziologie; 1989/90 im Rahmen eines Austauschprogramms Mitarbeit im Women's Studies-Programm der Towson State University, USA. Seit Sommer 1993 hauptamtliche Frauenbeauftragte der Humboldt-Universität zu Berlin.

Dr. Rita Kurth, geboren 1959, Studium der Fächer Anglistik und Sozialkunde / Politik, 1987-89 wissenschaftliche Mitarbeiterin in der Arbeitsstelle für das amerikanische und kanadische Hochschulwesen an der Carl von Ossietzky Universität Oldenburg, mehrere Aufenthalte in den USA; Promotion (1993) zum Thema Women's Studies und Curriculum Transformation in den USA.

Dr. Lydia Potts, geboren 1957, Studium der Sozialwissenschaften, wissenschaftliche Mitarbeiterin im Institut für Politikwissenschaft II - Politik und Gesellschaft - an der Carl von Ossietzky Universität Oldenburg, Arbeitsschwerpunkte: Migrations- und interkulturelle Frauenforschung; 1991/92 Lehrtätigkeit in Women's Studies und Political Science an der Towson State University, USA.

MIX
Papier aus verantwortungsvollen Quellen
Paper from responsible sources
FSC® C105338

If you have any concerns about our products,
you can contact us on
ProductSafety@springernature.com

In case Publisher is established outside the EU,
the EU authorized representative is:
**Springer Nature Customer Service Center GmbH
Europaplatz 3, 69115 Heidelberg, Germany**

Printed by Libri Plureos GmbH
in Hamburg, Germany